옛 음악
새 연주

옛 음악
새 연주

PUNG
WOL
DANG

들어가는 글

서양 고전음악, 즉 '클래식 음악'은 매우 방대하지만, 사실 우리가 주로 듣는 '표준 레퍼토리'는 제한적이다. 시기적으로는 대략 프랑스 대혁명부터 제2차 세계대전 사이의 음악이라고 할 수 있다. 여기에 앞뒤로 바로크 후기의 바흐, 헨델, 비발디, 그리고 20세기 후반의 몇몇 작곡가를 더할 수 있고, 지역적으로는 독일-오스트리아와 이탈리아를 중심으로 프랑스, 러시아, 체코, 영국 위주다.

하지만 1960년대 이후 20세기 후반에 급속도로 팽창한 분야가 있다. 흔히 고음악Early Music이라 부르는, 중세부터 바로크 시대에 이르는 음악이다. 여기에는 학구적인 관심과 뭔가 새로운 것을 찾는 청중의 요구, 음반 매체에 어울리는 음악이라는 점 등 여러 가지 요소가 있다. 하지만 가장 중요한 건, 옛 음악을 향한 관심과 탐구는 이제는 사라진 시대를 향한 회고적인 재현이나 복원이 아니라 지극히 현대적이고 창조적인 예술 행위라는 점이다. 특히 서양 문명에서 오랫동안 신봉했던 진화론적인 사고, '진보에 대한 환상'이 흔들리기 시작한 사회적 배경을 빼놓을 수 없다. 물론 지금도 많은 이들이 은연중에 하프시코드보다는 피아노가, 헨델 오페라보다는 슈트라우스 오페라가 훌륭한 작품이라고 생각하는 건 사실이다. 하지만 일상적인 소음과 자연의 소리, 침묵마저도 음악의 소재로 쓰게 된 포스트

모더니즘의 시대에 음악이 끝없이 진보하며 발전한다는 생각이 더 이상 절대적 믿음일 수는 없다.

단지 학문적인 호기심이 전부였다면, 14세기에 살았던 기욤 드 마쇼Guillaume de Machaut의 음악을 연주하고 감상하는 사람이 이렇게 늘어났을 리는 없다. 또 미학적인 면을 떠나서, 그 음향을 좋아하는 사람들이 없었다면 거트현을 달고 옛 활로 연주하는 바이올린이나 포르테피아노가 지금처럼 큰 호응을 받지는 못했을 것이다. 단지 시대악기 연주단체만을 말하는 게 아니다. 가령 현대 오케스트라에도 목제 플루트와 내추럴 트럼펫 같은 '구닥다리 악기'가 등장하고 있다. 불과 30여 년 전에 어느 저명한 지휘자가 "18세기식 악기로 연주하느니 그 시대의 외과수술 도구로 수술을 받겠다"라는 독설을 날렸음을 생각하면, 그 변화를 새삼 실감한다.

이 책은 중세 시대부터 프랑스 대혁명 무렵까지, 서양 음악의 긴 역사의 흐름을 파악하는 데 중요하다고 생각하는 주제와 인물, 사건을 골라 담았다. 음악에 관한 이야기와 더불어, 필요한 경우에는 역사와 문화, 종교에 관한 이야기도 함께 엮어내고자 했다. 물론 이런 이야기가 음악의 이해나 감상에 별 도움이 안 되는 경우도 있다. 하지만 미래나 가상의 청중을 상대로 음악 작품을 쓴다는 개념이 없었던 옛 음악에는 여러 문화와 전통이 날줄과 씨줄로 얽힌 경우가 많고, 때로는 하나의 음악 작품에 담긴 이야기가 1,000년을 거슬러 올라가기도 한다. 그리고 위대한 작곡가를 중심으로 한 '점'과 '단절'이 아닌, 거대한 강물처럼 수많은 흐름이 펼쳐진 '선'과 '연속'이라는 관점에서 음악사를 제시하려고 노력했다.

그동안 적지 않은 제의를 받았지만, 이름을 건 책을 내는 데 오랫동안 망설임을 거듭했다. 세상에 좋은 책이 저렇게 많은데 내가 뭔가 덧붙일 수 있을까 하는 마음이었다. 사실은 아직도 잘 모르겠다. 아마 『풍월한담』이 아니었다면 책을 내는 시기는 더 늦추어졌을 것 같다. 『풍월한담』에서 한 연재는 힘들 때도 있었지만 아주 좋은 경험이었고, 몇몇 챕터는 정말 아무 부담 없이 즐거운 마음으로 '놀듯이' 썼다. 그런 의미에서 풍월당은 이 책의 일등 공신이다. 부모님과 아내, 그리고 많지는 않지만 소중한 음악 친구들에게도 고마운 마음을 전한다. 책을 준비하면서 기존 내용을 보강하고 수정했다. 나름대로 힘을 다했고 많은 분이 도와주셨지만, 그래도 잘못된 부분이 있다면 그건 오로지 내 책임이다.

2024년 6월
이준형

차례

1장

조스캥 데프레를 찾아서

지난 2021년은 르네상스 시대를 대표하는 작곡가 조스캥 데프레Josquin des Prés/Josquin des Prez가 세상을 떠난 지 500년이 되는 해였다. 이런저런 행사와 연주회가 열렸고 30여 년에 걸친 전집 녹음을 마무리한 탈리스 스콜라스Tallis Scholars를 비롯해서 음반도 몇 장 나왔지만, 작곡가의 위상을 생각하면 조용히 넘어갔다는 느낌이다. 세상을 집어삼킨 팬데믹 앞에서 옛 르네상스 작곡가도 맥을 못 춘 셈이다.

조스캥 데프레, 르네상스 음악의 상징

고대, 그러니까 서로마 제국이 아직 멸망하기 전에 확립된 단성가 음악이 르네상스 폴리포니로 변하는 데는 거의 1,000년이 걸렸

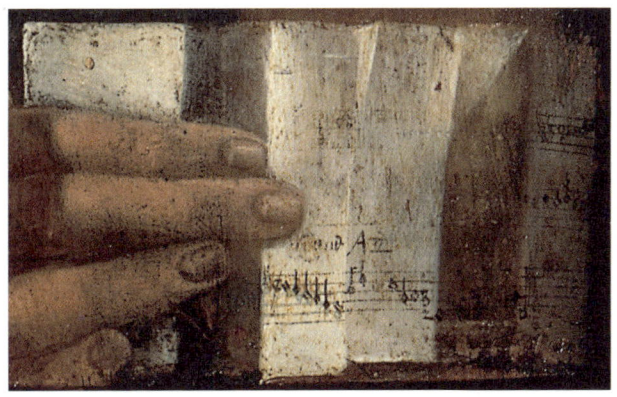

레오나르도 다빈치, 「음악가의 초상」 부분(1483~1487년경)

다. 지금은 상상할 수도 없는, 참으로 느리게 흘러가는 세상이었다. 900년 무렵 처음 등장한 최초의 폴리포니 음악, 즉 초기 오르가눔 organum은 단성가 선율의 4도나 5도 위아래로 나란히 흐르는 또 하나의 선율에 불과했다. 하지만 이 단순한 음악은 무언가 아름답고 창의적인 것을 만들려는 예술적 노력을 향한 첫걸음이라는 점에서 지금 들어도 어딘가 묘하게 감동적이다. 마냥 느리게 흘러가던 음악사의 물결은 중세 후기 아르스 노바Ars nova에 이르러 조금씩 빨라졌고, 조스캥 데프레는 중세음악의 완성자 기욤 드 마쇼가 세상을 떠나고 불과 70여 년 후에 태어났다.

조스캥 데프레는 당대부터 '음악의 제왕'이라 불렸다. 1502년에 궁정악장을 찾던 페라라 공작은 비서에게서 조스캥이 경쟁자인 하인리히 이자크Heinrich Isaac보다 더 훌륭한 작곡가라는 보고를 받았다. 비록 그가 '고용주가 원할 때가 아니라 자신이 쓰고 싶을 때 작곡하고 돈도 더 많이 요구한다'라는 유보 조항이 달려 있기는 했지만 말이다. 그런가 하면 16세기의 스위스 인문학자 헨리쿠스 글라레아누스Henricus Glareanus는 조스캥을 베르길리우스와, 코시모 바르톨리Cosimo Bartoli는 미켈란젤로와 비교했다. 〈'복되신 동정녀' 미사Missa de beata Virgine〉 같은 작품은 현재 70개에 가까운 당대 필사본이 있는데, 이에 근접한 작품조차 없다.

작곡가 사후에도 그 명성은 잊히지 않고 지금까지 이어졌다. 그런 면에서 음악사 최초의 진정한 '클래식'이었다. 20세기 전반의 음악학자 프리드리히 블루메Friedrich Blume는 현대적인 음악 역사학이 1920년대에 조스캥 데프레 전집 출판과 연주로 탄생했다고 말한 바 있다. 물론 단정적이고 과장된 말이지만, 당시 400년 묵은 음악을 다시 출판하고 연주한다는 개념 자체가 낯설었다는 점에서 의미심장하다. 하워드 구달Howard Goodall은 조스캥이 가사의 의미를 가장 중요하게 여긴 역사상 최초의 작곡가였다고 말했고, 리처드 터루스킨Richard Taruskin은 『옥스퍼드 서양 음악사』에서 그의 영향력을 베토벤과 비교했다.

조스캥 데프레의 음악

당대인들은 이구동성으로 그의 음악이 듣는 이의 감정을 자극한다고 말했다. 실제로 듣다 보면 놀랄 만큼 감정이 풍부하다는 느낌을 받는다. 21세기 사람에게도 그의 음악이 호소력을 갖는 가장 큰 이유다. 그렇다면 그의 음악은 오케겜Johannes Ockeghem이나 오브레히

12

트Jacob Obrecht, 콩페르Loyset Compère, 공베르Nicolas Gombert와 무엇이 다른가? 가장 큰 차이점은 아마도 그가 가사에 집중했고, 가사의 의미를 밝히는 데 힘썼으며, 선법의 시대였지만 상성부와 하성부 선율의 강렬한 대조나 근대적 화성을 예감케 하는 저음부가 아닌가 싶다. 사실 설명을 듣고 악보를 열심히 읽어보지 않은 채 음악만 들으면 막연히 '독특하고 매력적이다'라는 느낌만 받는 경우가 많다. 하지만 뒤집어 생각하면, 그렇게 창의적인 면이 자연스러운 음악적 흐름에 아무런 방해가 되지 않는다는 데 진정한 위대함이 있다. 마치 바흐처럼 말이다.

텍스트에 대한 진지한 고민은 조스캥 데프레 음악 전체를 가로지르는 중요한 본질이다. 조슈아 리프킨Joshua Rifkin은 조스캥이 선율과 일종의 '모티브'(물론 여기서 말하는 모티브는 18세기 이후 음악의 모티브보다는 분할된 '음의 집합'에 가깝다)를 동시에 활용해서 가사를 표현했다는 점에서 독보적이었고, 그런 의미에서 근대 음악의 선구자라고 평가했다. 종교개혁자들과 팔레스트리나가 추구했던 새로운 음악을 몇 세대 앞서 구현했다고 할 수 있겠다. 〈복되신 동정녀' 미사〉에서는 각 악장마다 서로 다른 교회 선법과 두 개의 정선율, 복잡한 리듬을 통해서 현란한 기교를 과시하는데, '신앙 고백Credo' 중 '성부와 성자와 더불어Qui cum Patre et Filio' 부분에서는 두 개의 테너 파트가 단순한 카논을 구사하고 알토와 베이스 파트가 여기 가세하는 가운데 그 위에서 소프라노 파트가 매혹적인 선율을 느리게 노래한다. 복잡함과 단순함이 완벽하게 하나로 엮인 르네상스 음악의 빛나는

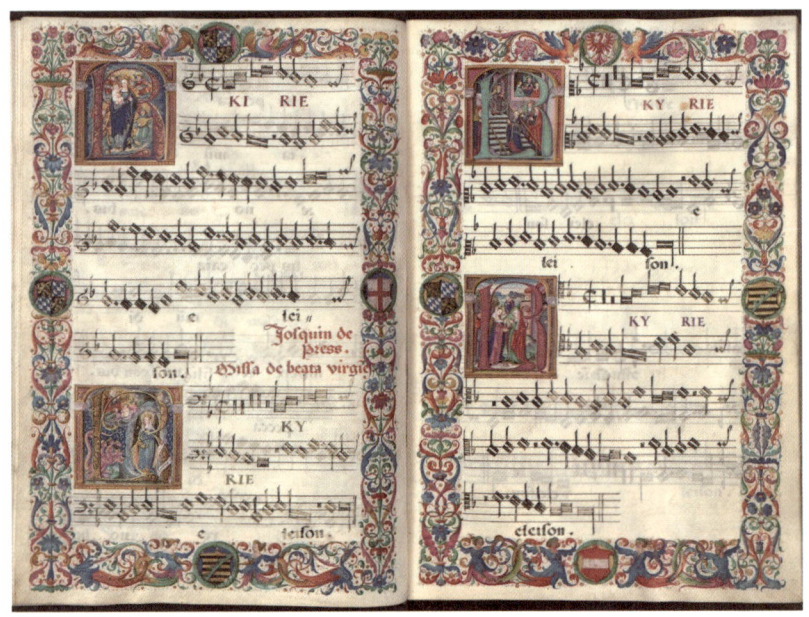

조스캥 데프레, 〈복되신 동정녀 미사〉 중 '키리에' (1511~1514년경)

순간이다.

21세기를 사는 우리에게도 그가 예술가로서 보여준 진지한 모습과 강한 개성은 인상적이다. 전통적으로 음악은 다른 학문과 예술 분야에 종속되었고, 상대적으로 지위가 낮았으며, 후세를 위하거나 미지의 청중을 위해 쓴다는 개념 자체가 없었다. 하지만 조스캥은 자기 작품을 끊임없이 수정하면서 갈고닦았으며, 하룻밤에 미사곡을 써냈다는 오브레히트와는 달리 몇 년이 걸리든 자신이 만족하지 않은 작품은 내놓지 않았다. 또 당대인들은 작품에 담긴 깊은 감정이나 화려한 '비르투오시티' 못지않게 놀라운 풍자와 해학을 좋아했다. 가령 〈'라솔파레미' 미사Missa La sol fa re mi〉는 아마도 로마에서 포로 생활을 할 때 자신을 풀어달라며 온갖 약속을 남발했던 젬 술탄Cem(Jem) Sultan을 풍자한 작품으로, 주제 선율은 '내게 맡겨주시오laisse faire moy/lesse faire a mi'라는 말을 음계로 표현한 것이다.◇

새로운 세계의 수혜자

조스캥 데프레와 그의 음악은 어떤 면에서는 종교개혁으로 서유럽 세계가 분열되기 직전, 라틴어라는 하나의 언어와 가톨릭교회라는 하나의 신앙으로 단일체를 이루었던 '옛 세상'을 음악적으로 보여준 마지막 순간이었다. 그가 세상을 떠나기 3년 전, 마르틴 루터Martin Luther◇가 이른바 95개조 반박문을 발표하면서 종교개혁이 시작되었다.

하지만 한 세대 뒤에 태어난 루터와 마찬가지로, 조스캥 데프레 역시 인쇄술이라는 새로운 기술 혁명의 첫 수혜자이기도 했다. 전례 없는 그의 국제적 명성은 인쇄술 없이는 존재할 수 없었을 것이다.

◇   음계 이름으로 주제를 암시하는 기법을 '소제토 카바토soggetto cavato'라 부르는데, 〈라솔파레미 미사〉는 음악사에서 이 기법을 활용한 최초의, 가장 유명한 작품 중 하나다. 덧붙여 말하자면, 돈을 지불하지 않는 고용주 혹은 의뢰인을 풍자한 작품이라는 이야기도 있다.

◇   뛰어난 아마추어 음악가였던 루터는 "다른 작곡가들이 음표가 명령하는 대로 쓰는 반면 조스캥은 그가 명령하는 대로 음표가 만들어진다"라고 찬사를 보냈다.

1502년에 페트루치Ottaviano Petrucci가 사상 처음으로 미사곡 작품집을 출판했을 때 조스캥을 택한 것은 당연한 일이었겠지만, 또 이 작품집 덕분에 북유럽에서도 선풍적인 인기를 얻은 것도 사실이다. 조스캥의 미사와 라틴어 모테트는 거듭 출판되었고, 당대에 이렇게 방대한 작품이 출판된 작곡가는 오직 그뿐이었다. 사후에도 끊임없이 위작이 만들어지는 바람에 한 독일 출판업자는 "조스캥은 살아있을 때보다 죽은 후에 더 많은 곡을 썼다"라고 말했을 정도였다.

그를 둘러싼 거대한 그림자

하지만 바흐나 베토벤에 비교할 만한 역사적 중요성과 음악적 위상에 비해 우리가 조스캥 데프레에 관해서 아는 것은 많지 않다. 모든 이가 동의하는 유일한 점은 그의 음악이 위대하다는 것뿐이라고 해도 과언이 아니다. 언제 어디서 태어나서 어디서 활동했는지, 300여 곡에 달하는 작품 중 어느 것이 진짜이고 가짜인지, 언제 어느 곳에서 어떤 곡을 썼는지 잘 알지 못한다. 19세기 이래 여러 사람이 애썼고 실제로 20세기 후반부터 상당한 성과도 있지만, 그래도 여전히 아는 것보다는 모르는 것이 훨씬 더 많다. 리프킨은 "우리가 조스캥에 관해서 더 많이 발견할수록, 덜 알게 되는 듯하다"라고 말한 바 있다. 물론 의심스러운 작품을 모조리 제외한다고 해두 평가는 달라지지 않겠지만, 그의 삶에 관한 이해는 음악 작품, 더 나아가 르네상스 음악 전체에 관한 이해와 직결되기에 아주 중요하다. 그렇다면 지금 우리가 아는 것은 무엇인가?

오랫동안 조스캥 데프레는 1440년에 태어났다고 알려졌다. 하지만 1990년대부터 몇 가지 증거가 발견되면서 출생년은 1450년, 혹은 1455년까지 밀려났다. 열 살 이상 젊어진 셈인데, 가장 큰 이유는 오랫동안 초기 활동으로 알려졌던 이른바 '밀라노 시절'의 '유스퀴누스Jusquinus'가 다른 사람으로 밝혀졌기 때문이다. 1490년 이전에 나온 그의 작품이 얼마 없고 또 그를 언급한 최초의 음악 서적이 1496년에야 등장한다는 점도 출생을 늦춰 잡는 정황증거 중 하나다. 그렇게 우리가 100년 넘게 알던 조스캥의 삶이 바뀌면서 그를 둘러싼 역사적 프레임도 바뀌었다. 1440년에 태어난 조스캥은 믿기 힘들만큼 시대를 앞서간 개혁가였지만, 1450년 혹은 1455년에 태어난 조스캥은 좀 더 동시대인들과 자연스럽게 어울리는 모습이 되었다.

그의 고향 역시 명확하지 않은데, 에노Hainaut 지방의 콩데Condé, 혹은 생-캉탱Saint-Quentin이 유력하다. 아무튼, 오늘날 프랑스와 벨기에의 접경 지역에서 나고 자랐음은 틀림없다. 르블로이트Lebloitte라는 진짜 이름(성)도 1994년에 비로소 알려졌는데, '데프레'는 고향의 강 이름에서 따온 일종의 별칭이었던 것 같다. 그는 음악가인 동시에 사제 서품을 받은 성직자였고, 1521년 8월 27일에 콩데쉬르레스코Condé-sur-l'Escaut에서 세상을 떠났다. 그가 묻힌 성당이 프랑스 대혁명 때 파괴되면서 그의 무덤도 사라졌다.

그의 경력은 어떻게 진행되었을까?

조스캥 데프레는 16세기부터 이미 전설이 되어 실제 생애와 작품을 가공된 이야기와 구분하기가 아주 어려워졌다. 15세기 후반 이탈리아와 프랑스는 안팎으로 전쟁이 거듭 일어나는 등 대단히 혼란스러웠고, 게다가 그는 굉장히 여행(혹은 이직)을 많이 다닌 사람이었다. 다만 1475년부터 1480년 무렵까지 엑상프로방스에 있는 앙주 공작 르네René d'Anjou의 궁정에서 일했고, 1489년 6월부터 1494년, 혹은 1495년까지 교황 인노첸시오 8세와 알렉산데르 6세 치하에서 교황청 성가대Coro della Cappella Musicale Pontificia, 즉 시스티나 성가대의 일원으로 일했음은 확실하다. 그사이에 어디서 무얼 했는지는 단편적인 기록 외에 명확하지 않은데, 아마도 1480년에 앙주 공작이 세상을 떠난 후 루이 11세의 궁정에서 한동안 활동하다가 밀라노와 로마에서 아스카니오 스포르차Ascanio Sforza 추기경을 위해서 일한 듯하다. 그 밖에 헝가리에서 활동했다는 기록도 있지만 확실하지는 않다.

조스캥의 교황청 성가대 시절은 우리가 그의 삶에서 가장 명확하고 자세하게 알 수 있는 시기다. 교황청 기록과 필사본 자료를 통해서 그가 얼마를 받고, 누구와 함께 어떤 작품을 노래했는지도 대충 파악할 수 있다. 〈'무장한 사람' 미사Missa L'homme armé〉, 〈'라솔파레미' 미사〉 등 이 시기에 쓴 작품 역시 양적, 질적으로 확실하고 훌륭해서 작곡가로서 원숙한 시기에 도달했다고 할 수 있다. 학문과 예술의 후원자였던 교황 식스토 4세(재위 1471~1484)는 1476년부터 시스티나 경당을 건축했고, 더불어 성가대에도 파격적인 지원을 베풀었다. 그 결과 전 유럽에서 뛰어난 음악가들이 몰려들면서 성부당 여섯 명으로 인원이 늘어났고 미사곡만 150곡이 넘을 정도로 레퍼토리도 크게 확장되었다. 구약 성서에 묘사된 예루살렘 대성전의 지성소와 같은 크기로 설계된 시스티나 경당은 1481년에 완공되었고 내부 단장을 거쳐 1483년에 축성되었다.◈ 당대 최고의 작곡가였던 조스캥의 영입은 식스토 4세가 추진한 '시스티나 프로젝트'의 화룡점정이었다고 할 만하다. 실제로 그는 로마 시절 여러 가지 특권을 누렸고, 성가대를 떠난 후에도 로마와 긴밀한 관계를 유지했다.

그림과는 달리 음악은 오래전에 사라졌다. 그래도 시스티나 경당에는 조스캥의 흔적이 하나 남아있다. 안드레아 아다미Andrea Adami da Bolsena는 시스티나 성가대의 역사를 다룬 책◈에서 시스티나 경당에 조스캥이 이름을 새겼다는 기록을 남겼다. 그런데 1990년대 후반에 시스티나 경당의 성가대석을 복원하는 중에 실제로 발견되었다. 15세기부터 18세기까지 단원들은 성가대석 벽에 자신의 이름을 새겨 넣는 '전통'이 있었는데, 수백 개의 이름 중 15세기의 필체가 확실한 조스캥의 것도 있다. 현재 우리에게 알려진 그의 유일한 친필이다.

시스티나 성가대는 조스캥이 세상을 떠난 후에도 1세기 넘게 그의 작품을 정규 레퍼토리로 노래했다. 성탄의 신비를 노래한 6성부

◈　보티첼리Sandro Botticelli, 기를란다요Domenico Ghirlandaio, 페루지노Pietro Perugino 등이 그린 프레스코 벽화는 1482년에 마무리되었다. 안드레아 아다미는 조스캥이 식스토 4세 교황 때 이미 시스티나 성가대에 있었다고 기록했는데, 만약 그렇다면 보티첼리 등이 작업하는 모습을 직접 목격했을 것이다. 다만 미켈란젤로의 「천지창조」나 「최후의 심판」은 아직 그려지기 전이었다.

◈　*Osservazioni per ben regolare il coro dei cantori della Cappella Pontificia*(1711)

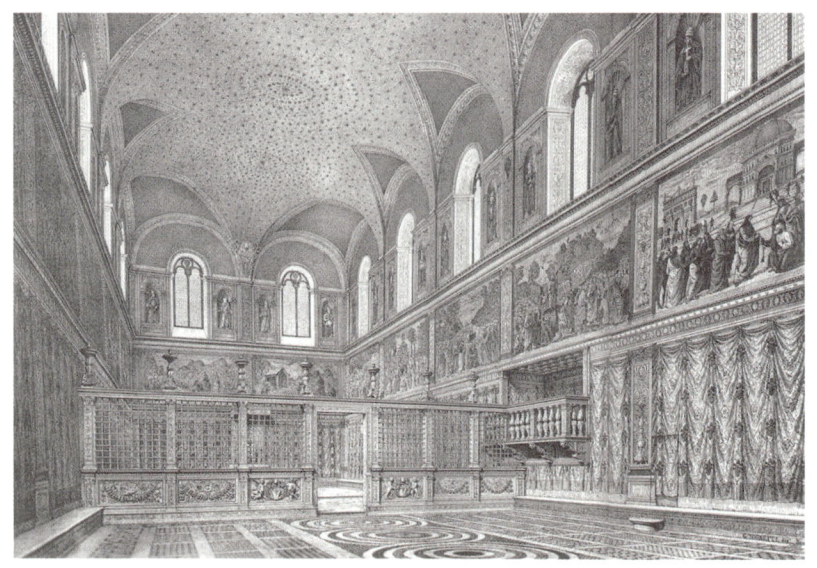

구스타보 토네티, 「시스티나 경당」(1809)
1508년 이전의 모습을 복원한 상상화. 천장에 아직 미켈란젤로의
「천지창조」가 그려지지 않았음을 확인할 수 있다.

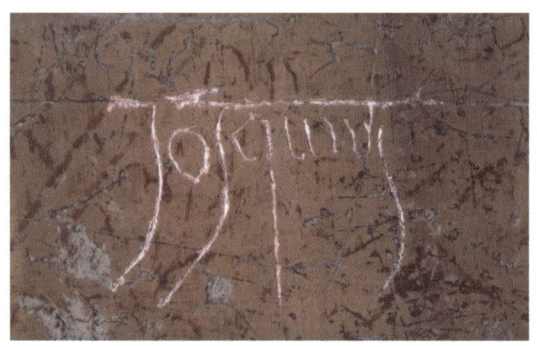

시스티나 경당에 새긴 조스캥 데프레의 서명

모테트 「자연법칙에서 벗어나Praeter rerum seriem」는 대표적인 작품이다. 만토바의 자케트Jachet da Mantova가 "영원한 세상의 흐름과 통제에서 벗어났다"라고 찬사를 보낸 이 대담한 작품에서 작곡가는 작품을 두 부분으로 나누었다. 첫 번째 부분prima pars에서 여섯 성부는 세 개의 위 성부와 세 개의 아래 성부로 나뉘는데, 양쪽에서 소프라노superius와 테너가 각각 옥타브 위아래로 인상적인 단성가 선율을 노래하는 가운데 나머지 파트가 각각의 정선율을 감싸며 대화를 나눈다. 두 번째 부분secunda pars에서는 여섯 파트가 하나로 뭉쳐서 점점 더 빨리 움직이며 정선율이 소멸하고, 긴장감이 고조되면서 '어머니께 하례하나이다Mater, ave!'라는 마지막 가사에서 장엄한 정점에 도달한다. 묘하게도 기쁨보다는 오히려 어딘가 우울한 감정이 흐르는데, 어쩌면 성육신과 삼위일체의 신비를 완전하게 이해할 수 없는 인간의 슬픔을 표현한 것일까? 그 이전의 어느 작품과도 다른, 거의 19세기를 연상케 하는 낭만적인 감정이 인상적인 걸작이다. 치프리아노 데 로레Cipriano de Rore는 이 모테트를 정선율로 쓴 미사곡을 작곡해서 위대한 선배에게 경의를 표했다.

교황청을 떠난 후 한동안 다시 우리 시야에서 사라진 조스캥은 1503년부터 1504년까지 페라라 공작 에르콜레 데스테Ercole d'Este의 궁정에서 근무했다. 앞서 언급한, 조스캥과 이자크를 비교한 편지는 바로 이때의 일이다. 예술 후원자로 유명한 공작은 이자크가 더 순종적이고 돈도 적게 든다는 비서의 권고를 무시하고 200두카트의 고액 연봉으로 조스캥을 고용했고, 〈페라라의 에르콜레 공작'

미사Missa Hercules Dux Ferrariae)를 헌정 받아 음악사에도 이름을 남길 수 있었다. 1498년에 처형된 피렌체의 교회 개혁자 사보나롤라Girolamo Savonarola의 영향을 받은 것으로 알려진 「미세레레Miserere」역시 이 시절 작품인 듯하다. 페라라 시절은 이탈리아를 강타한 전염병을 피해 조스캥이 고향(혹은 고향에서 가까운) 콩데쉬르레스코로 돌아가면서◈ 짧게 끝났다. 그 후 조스캥은 세상을 떠날 때까지 콩데쉬르레스코의 노트르담 대성당에서 참사회 수석 사제praepositus로 봉직했다. 프랑스 왕실과 밀접한 관계가 있는 고위 성직으로 정치적으로도 중요한 자리였는데, 정확한 활동은 알 수 없지만 만년에도 〈'입을 열어 찬송하라' 미사Missa Pange Lingua)와 〈'복되신 동정녀' 미사〉 등 뛰어난 걸작을 여럿 쓴 것을 보면 음악가로서의 활동도 멈추지 않았음을 알 수 있다. 풍성한 선율과 리듬이 단순해진 대신 불순물을 덜어내고 정수만 남았다는 느낌을 주는 작품이 많다.

그의 진짜 작품은 무엇인가?

오래된 작품의 진위를 판가름하기란 쉽지 않다. 필사본이 서로 다른 이름을 가리키거나 작품의 양식이나 분위기가 다른 작품과 다른 경우 사람들은 고민에 빠진다. 특히 100% 확신할 수 있는 기준작

◈ 후임자로 영입된 야코프 오브레히트는 전염병에 걸려서 1505년 8월에 페라라에서 세상을 떠났다.

잔 데 아르티가노바가 페라라 공작 에르콜레 데스테에게 보낸 편지(1502)

"조스캥을 부르신다면 전하보다 더 훌륭한 경당을 가진 군주는 없을 겁니다. 그를 고용하면 우리 경당에 왕관을 얹는 격이 될 겁니다… 하지만 이자크가 조스캥보다 더 적절한 선택 같습니다. 그가 조스캥보다 성품이 온화하고 친절하며, 새 작품을 더 자주 쓸 것이기 때문입니다. 조스캥의 작품이 더 훌륭한 것은 사실이지만, 그는 고용주가 원할 때가 아니라 자기가 하고 싶을 때 작곡합니다. 게다가 조스캥은 200두카트를 요구하는 반면 이자크는 120두카트면 올 겁니다."

이 많지 않은 조스캥 데프레의 작품 목록은 아직 확정되지 않고 계속 변하는 중이다. 지난 수십 년 동안 음악학자들의 노력으로 목록은 많이 줄어들었다. 의심스러운 작품이 계속 '정경canon'에서 삭제되었기 때문이다. 물론 앞서 언급했듯이 조금이라도 의심스러운 작품을 모조리 제외하고 소수의 확실한 작품만 남는다고 해도 위상과 명성에는 아무런 해가 없을 것이다.

그의 작품에 관한 진위 문제는 너무 방대한 주제지만, 「내 아들 압살롬Absalon, fili mi」을 좋은 예로 들 수 있다. 르네상스 시대의 가장 유명한 작품 중 하나인 이 모테트는 오랫동안 조스캥 작품으로 알려졌지만, 초기 필사본에는 작곡가의 이름이 없다. 이 곡이 조스캥 작품인지, 아니면 당대의 또 다른 대가인 피에르 들라뤼Pierre de La Rue의 작품인지에 관해서 음악학자들은 지난 수십 년 동안 열띤 논쟁을 벌였다. 음악을 들어보면 조스캥 작품으로서는 이례적일 만큼 음역이

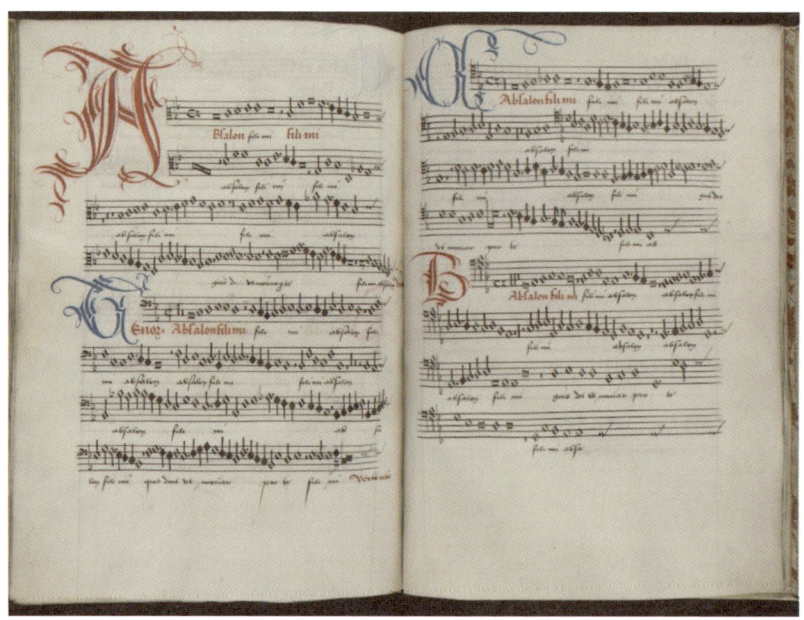

조스캥 데프레(?), 「내 아들 압살롬」(1513~1544년경)
이 필사본은 알라미레Petrus Alamire가 제작한 것으로, 「내 아들 압살롬」이 수록된 최초의 작품집이다.
다만 작곡가의 이름이 명시되어 있지 않은데, 들라뤼의 작품임을 주장하는 이들은 알라미레와
(들라뤼가 근무했던) 합스부르크-부르고뉴 궁정의 친밀한 관계를 강조한다.

낮아서 들라뤼 작품처럼 들리기는 한다. 하지만 조스캥의 '특이한' 작품일 가능성은 없을까? 낮고 길게 이어지는 멜리스마는 가사와 음악의 관계를 약하게 만드는 약점일까, 아니면 아들을 잃은 아버지(다윗)의 슬픔을 적절하게 묘사한 것일까? 들라뤼 전집을 편집한 나이겔 데이비슨Nigel Davison이 제안한 대로, 더 명확한 증거가 나올 때까지는 두 작곡가 모두의 '의심작opus dubium'으로 남을 수밖에 없을 듯하다.

그의 모습은 어땠을까?

오늘날 조스캥 데프레의 '진짜' 초상화는 단 하나다. 1611년에 출판된 책에 실린 목판화로, 작곡가 생전에 만들어진 유화를 모사한 것인데 원본을 얼마나 충실히 재현했는지는 알 수 없다. 당대의 목판 모사화는 원본과 사뭇 다른 경우도 많기 때문이다. 유행에 따라 튀르크풍의 터번을 둘러쓴 모습이 인상적인데, 아마도 원본은 반 아이크Jan van Eyck가 그린 저 유명한 자화상과 비슷하지 않았을까? 브뤼셀의 성 괴델레Saint-Goedele 성당에 있었던 원본 초상화는 1579년과 1581년에 칼뱅파 개신교도들이 우상을 없앤다면서 성당에 난입했을 때 파괴되었다. 물론 옛 음악가 중에서 얼굴이 알려진 사람이 많지 않으므로 목판화라도 있는 건 행운이지만, 그래도 아쉬움이 남는다.

그 밖에도 조스캥의 초상화라는 주장이 제기된 흥미로운 그림이 몇 점 더 있다. 먼저 레오나르도 다빈치가 1483~1487년 무렵에 그린 「음악가의 초상」이 있다. 다빈치가 밀라노에서 그린 이 그림은 오

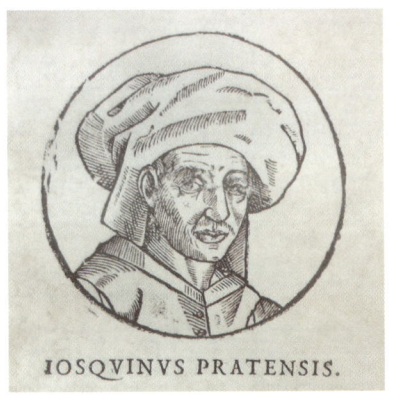

IOSQVINVS PRATENSIS.

조스캥 데프레 초상(1611), 페트뤼스 오프메이르가 쓴
『세상의 연대기』에 실린 동판화

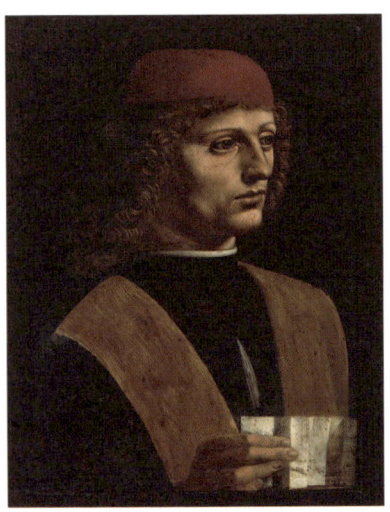

레오나르도 다빈치, 「음악가의 초상」

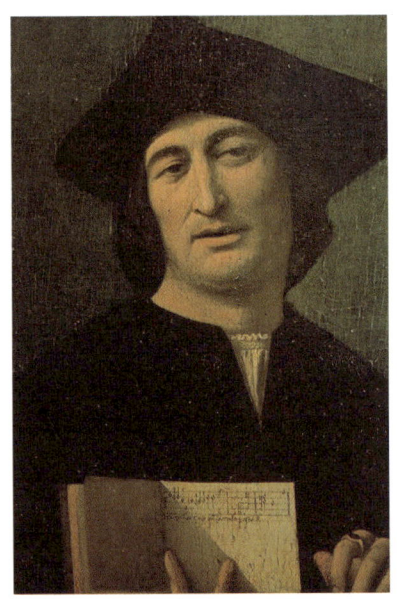

필리포 마촐라, 「음악가의 초상」(1505)

옛 음악, 새 연주

랫동안 밀라노 공작 루도비코('무어인il Moro')의 초상화로 알려졌지만 20세기 초에 이루어진 복원 과정에서 본래는 오른손에 악보를 들고 있음이 확인되었다. 따라서 초상화의 주인공은 음악가일 가능성이 높은데, 당시 밀라노에서 활동했던 조스캥도 자연스럽게 두세 명의 유력한 후보 중 하나로 떠올랐다. 나이 차를 고려해도(목판화의 조스캥이 노년인 데 반해 다빈치 그림의 주인공은 젊은 청년이다) 목판화보다 너무 잘생긴 것 같아서 개인적으로 조스캥이 아니라고 생각하지만, 다빈치가 조스캥의 초상화를 그렸을 가능성만으로도 흥미롭지 않은가? 그 밖에 파르마 국립 미술관에 소장된 필리포 마촐라Filippo Mazzola의 그림도 언급할 만하다. 그림 속의 남자가 든 악보가 조스캥의 카논이기 때문이다. 자랑하듯이 악보를 들고 있는 이 사람이 과연 우리의 조스캥일까? 다빈치의 그림과 마찬가지로, 아마 진실은 영원히 알 수 없을 것 같다. 그래도 우리에게는 초상화보다 훨씬 소중한 음악이 있다.

† Josquin des Prez: Chansons
  Ensemble Clément Janequin & Ensemble les Eléments
  (Harmonia Mundi France)

† Josquin des Prez: Missa 'Hercules Dux Ferrariae' etc
  Paul Hillier, The Hilliard Ensemble
  (EMI-Warner Music)

† Josquin des Prez: Missa Gaudeamus, Motets à la Vierge
  Bernard Fabre-Garrus, A Sei Voci
  (Astrée-Naïve)

† Josquin des Prez: Missa 'Pange lingua', Missa 'La sol fa re mi'
  Peter Phillips, The Tallis Scholars
  (Gimell)

† Josquin des Prez: Missa De beata virgine, Missa Ave maris stella
  Peter Phillips, The Tallis Scholars
  (Gimell)

† Musica della Cappella Sistina(Josquin, Morales, Palestrina, Allegri)
  Andrew Parrott, Taverner Consort
  (EMI-Warner Music)

옛 음악, 새 연주

2장

후아나와 마리아를 위한 음악,
영광과 환멸의 왕국 카스티야

1506년 6월 20일, 아라곤 국왕이자 카스티야의 섭정이었던 페르난도Fernando 2세는 에스파냐 북서부의 레메살Remesal에서 딸 후아나Juana와 사위인 '미남공' 필리프Felipe el Hermoso를 기다리고 있었다. 공식적으로는 아버지와 '가장 사랑하는 자녀들' 사이였지만 실제로는 1504년에 (페르난도의 아내이자 후아나의 어머니였던) 이사벨 1세가 세상을 떠난 이후 정적이자 경쟁자였고, 딸 부부가 자신의 자리를 빼앗기 위해서 플랑드르에서 군대를 이끌고 온 상황에서 이루어진 '강요된 만남'이었다. 페르난도는 1469년에 결혼한 이사벨과 함께 '가톨릭 공동왕Los Reyes Católicos'으로서 30여 년 동안 통치하며 레콩키스타Reconquista를 완수하고 콜럼버스의 신대륙 발견을 후원하는 등

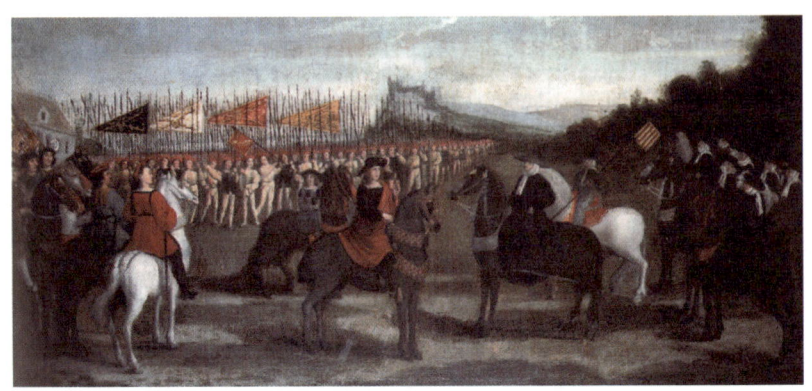

작자 미상, 「레메살에서 만난 페르난도와 필리프」

눈부신 업적을 쌓았으나, 이제 카스티야 귀족 대부분은 그를 '아라곤 늙은이¡Viejo Catalanote'라고 부르면서 노골적으로 배척했다. 페르난도는 근현대 에스파냐로 이어질 집단적 정체성과 국제적 위신을 선사한 주인공이었지만, 결국 카스티야에서는 그저 외국인에 불과했던 것이다.

양쪽 진영은 전쟁과 협상 사이를 저울질하다 결국 협상에 동의했다. 사실상 페르난도의 항복이었다. 그래도 노련하고 교활한 통치자이자 우아한 궁정인이었던 페르난도는 더없이 다정하고 자애로운 표정으로 두 사람을 맞이했으리라. 그가 사위, 그리고 나중에는 첫째 외손자 카를 5세를 그토록 미워했던 것도 이해는 간다. 자신과 이사벨이 평생 이룩한 모든 것이 에스파냐에 별 관심도 없는 플랑드르 출신의 '외국인', 그것도 합스부르크 가문의 자손들에게 넘어갈 운명이었으니 말이다. 그래도 페르난도에게는 후회스러웠을 합스부르크 가문과의 결혼 동맹이 에스파냐 문화에는 축복이었다. 플랑드르와의 교류를 통해서 사실주의 회화, 화려한 고딕 건축, 그리고 무엇보다도 유럽 최고의 음악이 이베리아반도로 전파되었기 때문이다.

'미남공' 필리프와 부르고뉴 궁정악단

필리프 부부는 1502년과 1506년, 두 차례에 걸쳐 카스티야를 방문했다. 1502년에는 후계자로 축성 받고 충성을 맹세하기 위해서, 그리고 1506년에는 앞에서 묘사했듯이 페르난도에 맞서 통치자로 등극하기 위해서였다. 목적은 달랐지만, 두 번 다 필리프가 거느린 부르고뉴 궁정악단◇도 주군을 따라왔다. '그랑드 샤펠la Grande chapelle'이라 불렸던 필리프의 부르고뉴 궁정악단은 당시 유럽 최고의 음악 단체로 꼽혔다. 명성과 실력, 단원들의 유명세에서 신성로마제국 황실악단이나 프랑스 궁정악단도 미치지 못했으며, 오직 교황청 성가대만이 나란히 비교할 만한 위상을 지녔다. 이들의 연주를 들은 베네치아 외교사절은 집으로 보낸 편지에서 "(이곳의) 비단과 태피스트리도 훌륭하지만 음악이야말로 완벽하다고 할 만하다"라고 썼다.

◇   '샤펠chapelle' 혹은 '카펠레capelle'라 불렸던 음악 단체는 이름에서 알 수 있듯이 본래 성당에 딸린 합창단에서 출발했지만 점차 의미가 확장되어 르네상스 시대부터는 성악-기악과 종교-세속음악을 아우르는 궁정악단 전체를 가리키는 뜻으로도 쓰였다. 따라서 이 글에서는 '궁정 합창단'보다 '궁정악단'으로 번역하기로 한다.

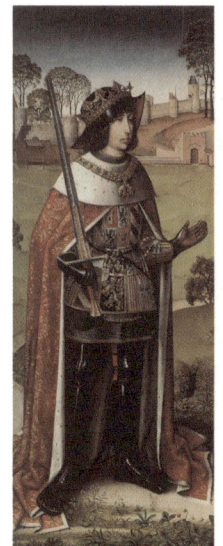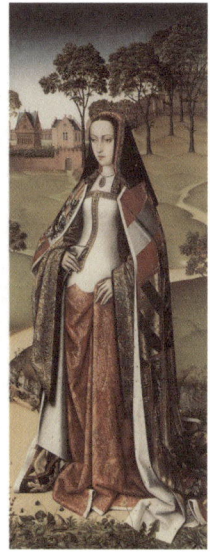

작자 미상, 「브뤼셀 궁전의 필리프와 후아나」(1500년경)

필리프와 함께 카스티야에 왔던 부르고뉴 궁정 음악가 중에는 위대한 작곡가인 피에르 들라뤼, 알렉산더 아그리콜라Alexander Agricola, 앙투안 디비티스Antoine Divitis, 마르브리아누스 데 오르토Marbrianus de Orto를 비롯해서 당대 최고의 오르가니스트이자 건반 음악의 역사에서 중요한 인물인 앙리 브레데머스Henry Bredemers가 있었다. 또 지금까지 이름과 명성이 전해지는 뛰어난 관악기 연주자들도 있었다. 이들 중 아그리콜라는 그만 1506년 8월에 카스티야에서 세상을 떠났다. 조스캥 데프레도 몇 년 앞서 영입을 제안 받았지만 거절하고 밀라노의 스포르차 가문과 페라라의 데스테 가문에서 일했는데, 만약

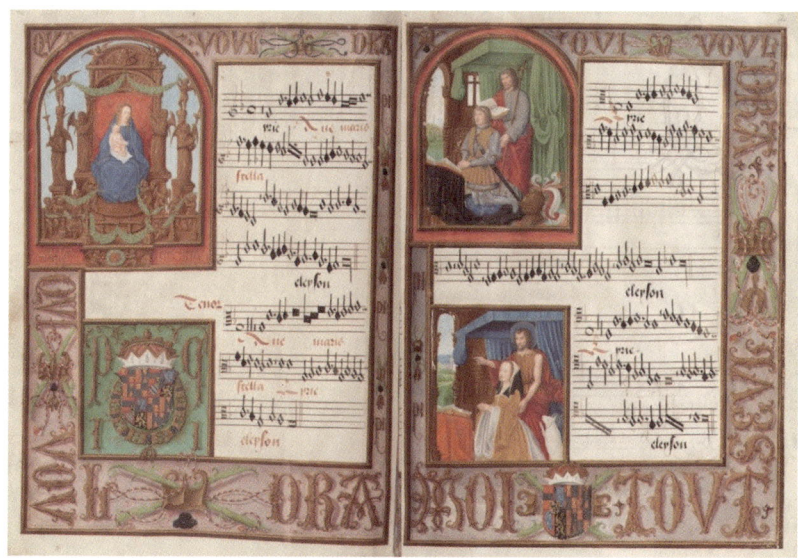

알라미레, 부르고뉴 왕실 악단 악보집(1505)
필리프와 후아나 부부의 모습이 묘사되어 있다.

그마저 가세했다면 그야말로 '드림팀'이 되었을 것이다. 현재 브뤼셀 왕립 도서관에는 카스티야 방문을 준비하면서 당대의 명장인 페트루스 알라미레Petrus Alamire에게 의뢰해서 제작한 악보집이 있다. 이아름다운 필사본(필리프는 아름답게 채색한 악보를 특히 좋아했다)에는 조스캥 데프레를 비롯해서 들라뤼, 아그리콜라 등 단원들의 작품이 실려 있다.

에스파냐 음악과 '광녀' 후아나
한편 부르고뉴 궁정악단만큼 화려하지는 않지만, 가톨릭 공동왕 부부가 거느린 카스티야와 아라곤 궁정악단도 훌륭한 앙상블을 자랑했다. 16세기 초반 무렵 양 궁정악단의 규모는 합쳐서 60명이 넘었으며, 후안 데 안치에타Juan de Anchieta와 프란시스코 데 페냘로사 Francisco de Peñalosa 같은 에스파냐 최고의 음악가들이 있었다. 두 번의 방문 모두(특히 1502년에는) 군주들이 모인 성당과 궁전에서는 장엄한 예식과 화려한 연회가 펼쳐졌고, 부르고뉴, 카스티야, 아라곤 궁정악단은 한데 어울려 활발하게 교류했다. 당대의 한 기록에는 톨레도 대성당에서 거행된 미사에서 80여 명에 달하는 가수들이 함께 모여 노래를 불렀다고 한다. 그 결과는 플랑드르 악파의 영향이 뚜렷한 데 페냘로사의 〈무장한 사람 미사Missa L'homme armé〉 같은 곡에서 뚜렷하게 드러난다. 또 톨레도, 세비야, 마드리드, 바야돌리드, 살라망카 대성당에는 지금도 플랑드르 대가들의 작품을 수록한 필사본 악보집이 남아있다. 전성기 르네상스 음악의 정수가 이베리아반도에 이식되었다고나 할까.

다시 1506년으로 돌아가자. 풍랑을 만나 영국에서 6주 동안 머무르고 상륙을 거부당하는 등 천신만고 끝에 카스티야에 도착한 부르고뉴 궁정악단은 곧 더욱 곤란한 상황에 부닥쳤다. 9월 25일에 필리프가 (아마도 장티푸스나 역병으로) 갑자기 세상을 떠났기 때문이다. 궁정악단은 필리프의 아내 후아나의 소유가 되었는데, 데 오르트 등 일부는 플랑드르로 돌아갔지만 들라뤼처럼 남아서 후아나를 수행한 이들도 있었다. 하지만 이미 이전부터 정신이 불안정했던 후아나는 상태가 크게 악화되었고, 그 후 3년이나 남편 주검의 매장을 거부하고 관을 끌고서 왕국 이곳저곳을 순례했다. 그녀는 밤마다 궁정악단을 불러서 남편을 위한 레퀴엠을 노래하게 했다고 한다. 악장 premier chapelain이었던 들라뤼는 자신의 레퀴엠◈이나 필리프를 추모하는 4성부 모테트 「흐느끼고 슬퍼하며 울어라Plorer, gemier, crier」, 「내 아들 압살롬」◈을 연주했으리라. 모두 베이스 저음이 주도하는 어둡고 침통한 분위기가 인상적인 음악이다. 들라뤼의 대표작이자 16세기에 가장 널리 알려진 작품 중 하나였던 레퀴엠은 트리엔트 전례 개혁 이전 메헬렌 지역에서 거행하던 전례를 반영한다는 점에서도 독특한 매력이 있다.

후아나가 들라뤼에게 다른 단원들의 두 배에 달하는 급여를 지급한 것을 보면 틀림없이 그의 음악이 슬픈 마음을 달래주었던 것 같다. 하지만 들라뤼와 궁정악단은 결국 1508년에 플랑드르로 돌아갔고, 후아나는 권력을 다시 찾은 아버지에 의해 1509년 2월에 토르데시야스Tordesillas의 성녀 글라라 수녀원으로 보내져 세상을 떠날 때까지 거의 반세기 동안 사실상 감금 상태로 살았다. 그녀는 정말로 당대인들에게 (그리고 지금도) 알려졌듯이 '광녀la Loca'였을까? 혹은 몇몇 현대 학자들이 주장하는 대로, 그녀의 권력을 빼앗기 위해서 남편과 아버지가 우울증을 과장했던 것일까? 진실은 영원히 알 수

◈ 확신할 수는 없지만, 작곡 시기로 볼 때 들라뤼의 레퀴엠은 필리프의 죽음을 추모하기 위해서 만들어졌을 가능성이 높다.
◈ 1장에서 언급했듯이 조스캥 데프레의 작품이라는 주장도 있다.

없을 듯하다. 현재 글라라 수녀원에는 후아나가 연주했다는 클라비코드가 한 대 있다.

카를 5세의 제국

1516년에 페르난도가 회한 속에서 세상을 떠난 뒤, 그토록 싫어했던 첫째 외손자 카를이 카스티야와 아라곤을 물려받았다. 카를 5세는 조부모로부터 오스트리아와 플랑드르까지 물려받고 또 신성로마제국 황제에 선출되어 광대한 제국의 통치자가 되었다. 카를은 나라와 더불어 궁정악단도 물려받았다. 플랑드르 궁정악단^{Capilla}이라는 표현은 아니므로—플랑드르 궁정악단^{Capilla flamenca}과 에스파냐 궁정악단^{Capilla española}은 별개로 존재했는데, 특히 플랑드르 궁정악단은 조스캥 데프레와 들라뤼의 다음 세대를 대표하는 음악가로 꼽히는 니콜라스 공베르와 토마스 크레키용^{Thomas Crecquillon}이 이끌었으며 황제를 수행해서 제국 전역을 돌아다녔다. 카를 5세가 1556년에 은퇴하고 에스파냐 유스테^{Yuste}의 성 예로니모 ^{San Jerónimo} 수도원에 은거하면서 플랑드르 궁정악단은 아들 펠리페 2세에게 넘겨졌는데, 제국을 순시하는 중세적 통치자였던 아버지와는 달리 펠리페 2세는 궁전에 앉아서 서류로 통치하는 '상주 국왕'이었으므로 그때부터는 궁정악단도 마드리드에 머물렀다. 하지만 17세기 중반까지 100년 넘게 계속 플랑드르 곳곳의 뛰어난 음악가들이 마드리드의 궁정악단에 들어갔고 그렇게 플랑드르 악파와 에스파냐의 깊은 유대가 이어졌다. 카를 5세는 완벽한 음악 교육을 받은 음악애호가로, 언제나 유럽 최고의 음악가들을 주위에 두었다. 또

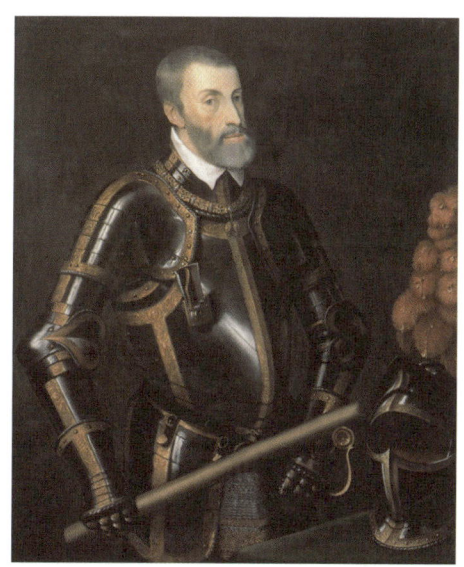

티치아노 원화의 모사, 「제위 말년의 카를 5세」(1550년경)

퇴위한 후에도 수도원에서 성가대와 함께 노래를 부르면서 새로 입수된 폴리포니 음악 악보에 관해 수준 높은 비평을 했다고 한다. 카를 5세의 궁정 음악가였던 루이스 데 나르바에스Luis de Narváez는 조스캥 데프레의 샹송 「천 번의 한숨Mille regretz」을 비후엘라 독주곡으로 편곡하면서 이 노래가 황제가 가장 좋아했던 '황제의 노래Canción del Emperador'라고 밝혔다.

　　창조적이고 역동적인 국가적 활력, 국제적 역학 관계, 그리고 신대륙에서 유입된 금과 은을 바탕으로 카를 5세와 펠리페 2세의 에스파냐는 유럽의 열강으로 떠올랐다. 또 신비주의적 성향이 강하고 사회의 모든 영역에 깊이 녹아든 독특한 종교적 열정, 중세 이래의 음악 전통과 플랑드르 악파로부터 받은 강한 자극이 한데 어우러지면서 에스파냐 폴리포니 음악의 위대한 시대가 열렸다. '에스파냐 음악의 빛'이라 불렸던 모랄레스Cristóbal de Morales를 필두로 그의 제자인 게레로Francisco Guerrero를 거쳐 빅토리아Tomás Luis de Victoria까지, 1세기 동안 탁월한 작곡가들이 계속 등장했다. 이들 '빅스리' 외에도 후안 나바로Juan Navarro, 알론소 로보Alonso Lobo, 세바스티안 데 비방코Sebastián de Vivanco, 후안 에스키벨Juan Esquivel 등 지금까지 제대로 알려지지 않은 작곡가와 작품이 숱하게 많아서 그야말로 황금기라고 할 만한데, 몇몇 개별 작곡가를 제외하면 이 시대에 관한 관심과 연구,

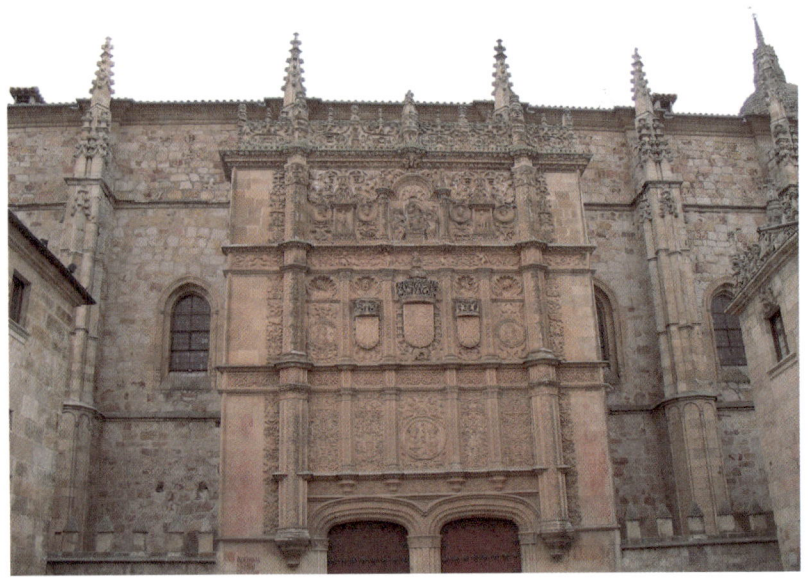

폴라테레스크 양식으로 만들어진 살라망카 대학의 파케이드

옛 음악, 새 연주

연주는 이제 막 시작 단계이며 16세기에서 17세기 초반 에스파냐 음악을 포괄적으로 다룬 책도 아직 없다.◈ 이들의 음악은 당대 에스파냐의 독특한 플라테레스크plateresque 건축 양식이나 엘 그레코의 그림처럼 어딘가 환상적이면서도 깊은 종교적 감성이 감동적이다. 에스파냐가 라틴아메리카 대륙에 광대한 식민지를 건설하면서 저 멀리 멕시코와 볼리비아, 칠레에서도 장엄한 폴리포니 음악이 울려 퍼지게 되었다.

펠리페 2세의 제국

하지만 에스파냐, 특히 그 중심인 카스티야는 갑자기 유럽의 열강이자 세계 제국의 중심이 되기는 했지만 정치적, 경제적으로 여전히 중세적인 나라였다. 그리고 카를 5세는 물론, 아버지보다 훨씬 정돈된 영토를 물려받은 펠리페 2세의 제국마저도 통합국가와는 거리가 멀었고, 보기보다 허약했으며, 심각한 분열이 내재되어 있었다. 그리고 무엇보다도 펠리페 2세의 에스파냐는 가톨릭 공동왕의 에스파냐와는 달리 폐쇄된 사회였다. 그의 제국은 1570년대에서 1580년대에 걸쳐 레판토 해전의 승리(1571), 트리엔트 공의회와 수도원 개

◈ 로버트 스티븐슨Robert Stevenson의 선구적인 저작인 『황금시대의 에스파냐 교회 음악 Spanish Cathedral Music in the Golden Age』(1961)이 유일한 예외라고 할 수 있지만 이미 출판된 지 반세기가 넘어서 그동안의 연구 성과가 담기지 않았고 내용도 모랄레스, 게레로, 빅토리아에 편중되었다.

혁으로 일어난 가톨릭교회의 종교적 열정, 일시적인 국가 재정의 회복, 포르투갈 합병(1580)으로 자신감을 회복하고 잠시 공세에 나섰지만, 1590년대에 이르면 한계에 도달했다. 무적함대의 패배(1588)와 국가 파산 선언(1596)은 그 상징적인 사건이었다. 한 세기에 걸친 놀라운 성공과 제국의 환상은 사라졌고 펠리페 2세가 세상을 떠나는 1598년 무렵이면 경제적으로 완전히 고갈되고 인구는 감소하기 시작한 퇴락한 왕국에 국가적 환멸desengaño과 체념, 패배 의식이 감돌았다. 세르반테스의 『돈키호테』(1605/1615)는 당대의 시대정신을 반영한 책으로, 환상 속에서 풍차를 공격하는 미친 기사는 다름 아닌 카스티야를 상징한다. 음악도 마찬가지였다. 화려한 복합창을 구사했던 로메로Mateo Romero 같은 뛰어난 작곡가가 없지는 않았지만 예전 같은 예술적 활력은 사라졌고, 대중음악과의 긴밀한 관계에서 생겨난 소박한 아름다움이 돋보이는 사르수엘라zarzuela와 가스파르 산스Gaspar Sanz의 기타 춤곡 같은 음악으로 간신히 예술적 활력을 이어나갔을 뿐이다.

빅토리아의 레퀴엠

1세기 동안 빛을 발했던 위대한 시대와 장엄한 종교적 예술의 마지막 빛을 발한 인물은 세르반테스와 동년배였던 빅토리아였다. 사제였던 그는 '침묵의 작곡가'였다. 겸손했고, 자신을 잘 드러내지 않았다. 평생 오직 라틴어 교회 음악만 썼으며, 작품도 동시대 작곡가에 비해 상대적으로 적다. 그는 팔레스트리나와 더불어 이른바

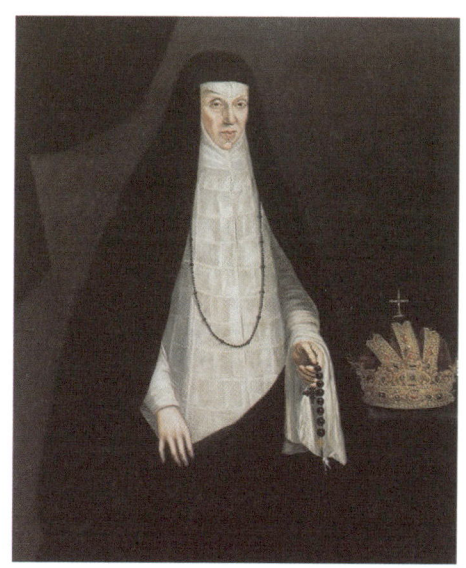

후안 판토하 데 라 크루스, 「마리아 황태후」

반동 종교개혁Counter Reformation의 상징적 존재였다고 할 만하다. 다만 두 사람의 음악은 사뭇 다른데, 팔레스트리나가 보수적인 측면을 강조한 물처럼 맑은 음악이라면 빅토리아는 새로운 열정을 강조한 불처럼 뜨거운 음악이라고나 할까? 빅토리아는 아빌라Ávila 출신으로, 아빌라의 성녀 데레사와 십자가의 성 요한 같은 신비주의자들이 잇따라 등장했던 종교적 분위기에서 성장했고(빅토리아와 데레사의 조카는 같은 학교에 다녔다) 그 자신도 사제였다. 그는 1562년에 아빌라의 데레사가 새로운 수도회를 창설하는 것도 직접 지켜보았을 것이다.

빅토리아는 펠리페 2세의 후원으로 1564년에 로마로 건너가 1585년까지 머물면서 팔레스트리나 같은 선배 작곡가들과 교류하며 로마 악파의 대표적인 작곡가로 명성을 얻었다. 에스파냐로 돌아온 후에는 카를 5세의 딸이며 펠리페 2세의 여동생이자 막시밀리안 2세의 아내였던 마리아 황태후의 전속 사제가 되었다. 어릴 적에 안토니오 데 카베손Antonio de Cabezón에게 건반 악기를 배웠던 마리아는 합스부르크 가문 사람들이 흔히 그렇듯이 신앙심이 대단히 깊었는데, 남편이 세상을 떠난 후 1582년에 고향인 카스티야로 돌아와 마드리드의 왕실 수녀원Monasterio de las Descalzas Reales에서 지냈다. 수녀원에서 빅토리아의 음악을 듣는 마리아의 모습은 어딘가 할머니 후아나를 떠올리게 한다. 물론 마리아는 후아나처럼 광기에 사로잡히거나 감금된 것은 아니었지만 말이다. 빅토리아는 황태후가 세상을 떠날 때까지 모셨고, 그 후에도 이 수녀원에서 조용히 살았다.

1603년 2월에 황태후가 세상을 떠나자 당연히 빅토리아는 3주 동안 거행된 장엄한 장례식에서 전례 음악을 총괄했고, 이때 연주된 곡이 바로 저 유명한 〈위령 성무Officium defunctorum〉⑤다. 16세기 에스파냐 작곡가들은 유독 아름다운 레퀴엠을 많이 남겼지만, 빅토리아의 작품은 모랄레스의 것과 더불어 르네상스 폴리포니 음악을 대표할 만한 작품이자 21세기 청중에게도 큰 감동을 주는 위대한 걸작이다. 어둡고 엄격하지만 그 안에는 가사의 의미를 담아낸 숭고하고

⑤　6성부 레퀴엠Missa pro defunctis과 다른 전례문으로 구성되었으며 1605년에 출판되었다.

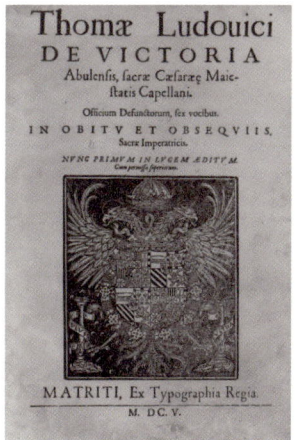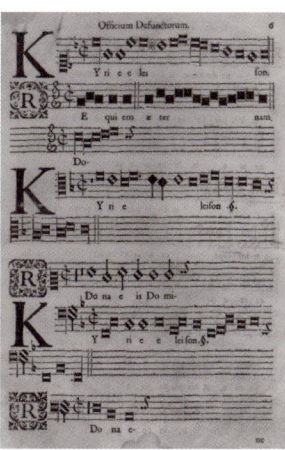

빅토리아의 〈위령 성무〉 표지와 '키리에'(1605년 출판본)

내밀한 열망과 심오한 깊이가 있다. 들라뤼의 레퀴엠이 저음을 중심으로 감정을 풀어낸다면, 빅토리아의 레퀴엠은 처음부터 투명하고 맑은 고음이 듣는 이를 압도한다. 특히 봉헌송Offertorium에서 가사에 색을 입히는 강렬한 감정 표현을 듣다 보면 르네상스 음악의 틀이 거의 깨진다는 느낌이다. 빅토리아는 악보에 쓴 헌사에서 이 작품을 자신의 '백조의 노래'라고 표현했다. 지휘자 브루노 터너Bruno Turner가 다소 감상적으로 말했던 것처럼, 이 작품은 '에스파냐의 황금기의 종말, 르네상스 음악의 종말, 그리고 빅토리아 자신의 마지막을 알리는, 한 시대를 위한 레퀴엠'이다.

추천 음반

† Pierre de la Rue: Mass & Motets
The Hilliard Ensemble
(EMI-Warner Music)

† Morales, Guerrero, Victoria
Jordi Savall, Hespèrion XXI
(Alia Vox)

† Victoria: Officium Defunctorum (Requiem)
The Sixteen
(Coro)

† Victoria: Officium Defunctorum (Requiem)
Paul McCreesh, Gabrieli Consort
(Archiv)

† Carlos V
Jordi Savall, Hespèrion XXI
(Alia Vox)

† From Spain to Eternity
Ensemble Plus Ultra
(Archiv)

3장

르네상스를 꿰뚫었던 '불꽃 남자', 윌리엄 버드

거대한 역사 앞에서 한 개인의 힘은 크지 않다. 마치 바다 위에 뜬 작은 돛단배 같다고나 할까. 풍랑이 몰아치고 폭풍이 불면 사정없이 흔들리며 떠내려갈 뿐이다. 그러나 위대한 예술가들은 때때로 이런 상황에서도 눈부신 빛을 뿜어내기도 한다. 그 빛은 비록 순간일 수 있지만, 역사는 또한 이를 놓치지 않는다. 아마도 영국이 배출한 역사상 가장 위대한 작곡가였던 윌리엄 버드William Byrd가 바로 그런 사람이었다. 그는 자신을 둘러싼 모든 것이 붕괴하는 어지러운 세상에서 실로 불꽃같은 삶을 살았다. 그가 자신의 고통과 괴로움을 불살라 만들어낸 음악은 당대의 수많은 음악가의 칭송을 받았고, 지금도 듣는 이에게 깊은 감동을 전해준다.

갈라진 세상과 영국의 종교개혁

버드가 태어날 무렵 서유럽 세계는 서로마 제국 멸망 이후 일찍이 없었던 대분열을 겪는 중이었다. 1,000년 가까이 하나의 언어(라틴어)와 종교(가톨릭)로 결합했던 서유럽 사회는 종교개혁으로 산산이 조각났고, 여러 정치 세력과 종교 세력이 복잡하게 얽히면서 격렬한 갈등이 일어나기 시작했다. 영국(잉글랜드)은 그중에서도 매우 독특한 경우였다. 주로 특정 계층이나 지역, 나라에 따라 종교가 갈라졌던 프랑스나 독일과는 달리 영국은 왕실부터 평민 계급까지, 모든 국민이 가장 엄격한 개혁주의자부터 열렬한 가톨릭 신자에 이르는 다양한 믿음으로 뒤죽박죽 섞여 있었다. 이는 영국 특유의 정치적인 종교개혁에서 비롯되었다.

헨리 8세(재위 1509~1547)는 1521년 루터의 교리를 반박하는 논문을 발표해서 교황 레오 10세로부터 '신앙의 수호자Defender of Faith'라는 명칭까지 받았으나(역설적으로 이는 지금까지도 영국 군주의 공식 칭호 중 하나이다), 매우 모순적인 사람이었다. 하루에 다섯 번이나 미사에 참석할 정도로 신앙심이 깊었지만 다른 한편으로는 탐욕스럽고 잔인한 데다 미신에 집착했다. 결국, 그는 첫 아내인 아라곤의 캐서린Catherine of Aragon과의 이혼을 둘러싼 갈등 끝에 1534년, '수장령Act of Supremacy'을 발표하고 직접 국교회의 수호사가 되며 로마와 결별했다. 하지만 '로마 주교 없는 로마 교회'를 만들고자 했던 국왕의 종교개혁은 가톨릭 신자도, 개혁주의자도 만족시키지 못했다.

헨리 8세의 '개혁'은 1536~1541년에 걸쳐 600곳이 넘는 수도원을 모두 해산하고 막대한 재산을 몰수하면서 완성되었다. 수도원 해산은 영국 역사를 완전히 바꾼 사건으로, 이것으로 중세 영국이 끝났다고 해도 과언이 아니다. 이는 예술적인 측면에서 막대한 손실이었는데, 수많은 필사본 악보가 불쏘시개로, 신발 깔창으로, 포장지로 영원히 사라졌고 또 합창단과 음악 교육 제도가 붕괴하면서 많은 음악가가 자리를 잃고 쫓겨났다. 이때 일자리를 잃은 음악가 중에는 버드의 스승이자 영국 교회 음악의 아버지라 불리는 토머스 탈리스Thomas Tallis도 있었다.[1] 수 세기 동안 중단 없이 이어지며 헨리 8세 시절에 윌리엄 코니시William Cornysh, 존 태버너John Taverner, 로버트 페어팩스Robert Fayrfax 등 위대한 대가들에 의해 황금기에 도달했던 영국의 교회 음악 전통은 이렇게 일거에 단절되었다.

윌리엄 버드의 세상

윌리엄 버드는 바로 이 무렵[2] 런던에서 태어났다. 그의 스승 탈리스가 전통적인 방식으로 음악 교육을 받은 마지막 세대였다면, 버드는 새로운 세상에서 음악가가 된 첫 세대였다고 할 수 있겠다. 그렇기에 불과 한 세대 차이였지만 탈리스가 자란 세상과 버드가 자

---

[1] 당시 탈리스는 월텀 수도원에서 일했고, 수도원이 해산되자 런던으로 가서 왕실 경당의 오르가니스트가 되었다.

[2] 버드의 정확한 생년월일은 알 수 없다. 다만 훗날에 직접 쓴 문서에 의하면 1539년 혹은 1540년에 태어난 듯하다.

란 세상은 완전히 달랐다. 버드가 탈리스 밑에서 공부하던 10대 시절 영국은 격렬한 혼란을 거듭 겪었다. 열 살 무렵 음악을 처음 배우기 시작했을 때, 소년 버드는 자신과 비슷한 또래였던 '소년왕' 에드워드 6세(재위 1547~1553)가 등극하고 엄격한 개혁주의가 득세하며, 성당의 스테인드글라스가 박살 나고 오르간이 철거되며, 그레고리오 성가도 폐지되는 모습을 직접 목격했을 것이다. 얼마 후인 1553년에 에드워드 6세가 세상을 떠나고 짧은 혼란기를 거쳐 어머니인 캐서린 왕비를 닮아 열렬한 가톨릭 신자였던 메리 1세(재위 1553~1558)가 등극했다. 소년 버드는 왕국이 다시 가톨릭 신앙으로 복귀하고, 소년왕 시절에 '한 음절에 한 음표만 붙는for every syllable a note' 단순하고 소박한 영어 교회 음악을 썼던 탈리스나 존 셰퍼드John Sheppard가 다시 장엄하고 화려한 라틴어 음악을 쓰는 모습도 직접 목격했을 것이다. 1554년에 메리 여왕과 결혼하기 위해 런던을 방문한 에스파냐 왕세자(훗날의 펠리페 2세)를 수행했던 플랑드르 궁정악단 Capilla Flamenca의 안토니오 데 카베손Antonio de Cabezón과 필리프 데 몬테 Philippe de Monte도 직접 만나봤을 것이다. 그리고 1558년에 '기묘한 삼남매' 중 마지막으로 엘리자베스 1세(재위 1558~1603)가 즉위했을 때, 버드는 성인이 되어 세상에 나섰다.

중세 시대보다는 좀 낫지만, 르네상스 시대 예술가의 생애는 탁월한 작품들과 알려지지 않은 생애 사이에 존재하는 거대한 공백을 채우는 일이다. 조스캥 데프레나 셰익스피어는 당대 최고의 예술가였지만 그들의 생애는 여전히 새하얀 공백으로 가득하다. 그에 비하

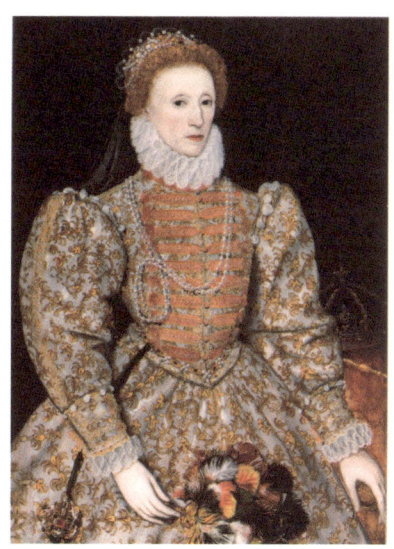

작자 미상, 「엘리자베스 1세 여왕」(1575년경)

면 버드는 그래도 상당히 운이 좋은 편에 속한다. 당대 음악가로서는 꽤 많은 것이 알려져 있고 1차 증언도 꽤 있기 때문이다. 버드는 스물세 살이었던 1563년, 링컨Lincoln 대성당의 오르간 연주자이자 합창 감독이 되며 음악가 경력을 본격적으로 시작했다. 모든 자료와 증언은 버드가 강한 자기주장과 신념을 지닌 고집 센 사람이었음을 시사한다. 링컨 대성당에서 그는 '지나치게 표현이 강하고 복잡한 오르간 연주'로 청교도적 성향의 성직자들과 줄곧 마찰을 일으켰으며, 1572년에 결국 자리를 버리고 런던으로 향했다. 당시 교회 음악의 수준이 매우 저하된 영국에서 런던의 왕실 경당Chapel Royal을 제외하고는 화려하고 복잡한 교회 음악을 연주할 수 있는 곳이 한 군데도 없었지만, 이미 꽤 명성을 누리던 버드는 바로 왕실 경당에서 직책을 얻었다. 어쩌면 스승 탈리스가 도와주었을지도 모르겠다.◇ 국교회를 신봉했지만 개인적으로는 라틴어를 사랑했고 옛 의식과 음악을 선호했던 여왕의 경당(실제로 급진적인 개혁파는 여왕의 이런 종교적 취향을 대단히 못마땅하게 여겼다)은 버드에게 좋은 안식처였을 것이다.

그러나 이미 가톨릭 신앙이 불법이 되어버린 왕국에서 공개적인 가톨릭 신자였던 버드에게는 언제나 적이 있었고 그를 위협하는 사람도 있었다. 당시 영국은 치세 초기 엘리자베스 여왕의 관용 정책에도 불구하고 종교적으로 대단히 불안정했다. 미사는 법으로 금지되었고 가톨릭 신자에 대한 박해가 끊임없이 이루어졌으며, 국교회 예식에 참석하지 않는 '국교회 거부자recusant'에게는 투옥이나 벌금이 따랐다. 버드 역시 직접 조사를 받은 적도 있고 두 번이나 가택 수색을 당했으며, 하인이 체포된 적도 있다. 게다가 월급의 몇 배에 달하는 벌금을 내야 했다. 하지만 버드는 신앙을 버리지 않았다. 역경에서 더욱 용기를 내는 것은 이 작곡가의 가장 큰 특징이었던 것 같다. 그는 큰아들을 토머스 모어의 증손녀와 결혼시킬 정도로 가톨릭 서클 한가운데 위치한 사람이었다. 하지만 "그토록 크나큰 음악의 즐거움such that delight in music"이라는 말을 남겼을 정두로 음악을 사랑

◇ 직접적인 원인은 왕실 경당 음악가이자 버드와 가까운 사이였던 로버트 파슨스 Robert Parsons가 익사 사고로 세상을 떠나면서 자리가 비었기 때문이다.

했고 직접 노래를 부르며 악기도 연주했던 엘리자베스 여왕은 버드를 직접적인 위협으로부터 보호해주었다. 다혈질이었던 여왕은 버드에게 '신발을 집어 던지겠다고fling a shoe at her Master of Music' 위협할 정도로 다투기도 했지만, 그의 음악을 사랑했고 충성을 의심하지 않았다. 여왕은 1573년 탈리스와 버드에게 공동으로 향후 21년 동안 독점 인쇄 저작권을 수여했는데, 이것만 보아도 그들을 얼마나 아꼈는지 알 수 있다. 그 결과 두 사람은 1575년에 영국 최초의 음악 인쇄물인 『성음악집Cantiones quae ab argumento sacrae vocantur』을 출판했는데, 이를 통해 가톨릭 신자이면서 여왕의 충실한 신하임을 선언했다고 할 수 있다. 20여 년 동안 런던에서 궁정 음악가로 일하면서 버드는 낮에는 국교회 궁정과 경당에서 일하고 밤에는 촛불 아래서night labors 영국 가톨릭 신자들의 고통과 슬픔, 희망을 새겨 넣은 숭고한 라틴어 작품을 썼다.

음악으로 주고받은 우정

앞서 언급했듯이 런던에서 만나 친교를 맺었던 버드와 데 몬테는 그 후 30여 년 동안 꾸준히 작품을 교환하며 우정을 이어나갔다. 빈에서 막시밀리안 2세 황제의 궁정 음악가로 봉직하던 데 몬테는 1583년, 버드에게 모테트 「바빌론 강기슭 거기에 앉아 시온을 생각하며 우네Super flumina Babylonis」를 보냈고, 버드는 여기에 답해 다음 해 데 몬테에게 모테트 「우리 어찌 주님의 노래를 남의 나라 땅에서 부를 수 있으랴?Quomodo cantabimus」를 보냈다. 데 몬테는 시편 137(136)

편의 1~4절에 곡을 붙였고 버드는 4~7절에 곡을 붙였다. 이 시편은
엘리자베스 여왕 치세 영국 가톨릭 신자들의 절망과 고통을 은유적
으로 표현하는 수단으로 쓰였다. 데 몬테는 시편 가사를 일부러 다
르게 배열해서 2절을 맨 뒤로 뺐는데, 그 숨은 메시지는 아마도 가
톨릭 신앙을 박해하는 영국을 떠나 유럽 대륙으로 오라는 뜻일 것이
다. '거기 버드나무에 우리 비파를 걸었네'라는 마지막 가사는 의미
심장하다. 반면 버드는 여기에 응답해서 8성부 모테트를 썼는데, 3
성부 카논으로 시작된다. 버드의 작품은 데 몬테보다 더 긴장감이
흐르며 음향은 단단해서 마치 자신의 믿음이 여전히 굳건하다는 것
을 보여주려는 것만 같다. '우리 어찌 주님의 노래를 남의 나라 땅에
서 부를 수 있으랴?'라는 가사로 모테트를 시작한 것은 아마도 고국
을 떠나지 않고 신앙과 예술을 지키겠다는 다짐과 약속의 표현일 것

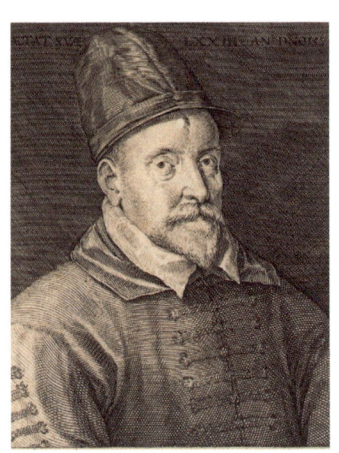

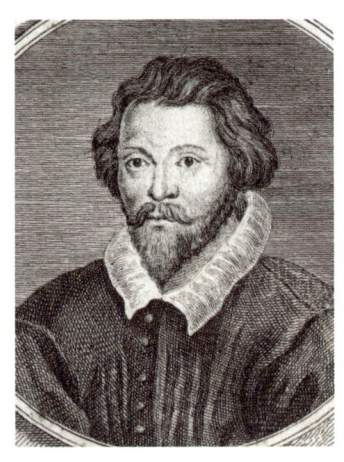

라팔 사델러르, 「필리프 데 몬테」(1594)   제러드 밴더구트, 「윌리엄 버드」(1730~1770년경)

이다.

하지만 시간이 흐르면서 가톨릭 신자들의 사회적 위치는 점점 더 불안정해졌다. 링컨 시절 그를 비난했던 성직자 존 엘머John Aylmer 는 런던 주교가 되어 버드를 고발했다.◈ 결국 버드는 1577년, 미들섹스의 시골 마을인 할링턴Harlington으로 이주했다. 오늘날 히스로 공항이 있는 곳이다. 에드먼드 캠피온Edmund Campion(1581년 순교)처럼 가톨릭 성직자들이 처형되고 모든 가톨릭 신자들이 '잠재적인 반역자'로 취급받는 시대적 상황에서 버드는 끊임없이 당국의 감시를 받는 요주의자로, 정보원들이 주기적으로 그의 근황을 보고할 정도였다. 1588년에 에스파냐 무적함대가 잉글랜드를 공격하면서 상황은 더 나빠졌다. 교황이 교회의 수장이라고 주장하는 것은 반역죄로 간주되었으며, 가톨릭 신자들은 집에서 5마일 이상 떨어진 곳으로 여행하는 것도 금지되었다. 그런데도 영국에는 여전히 적지 않은 가톨릭 신자들이 신앙을 지켰으며 지방 곳곳에 유력한 신자 귀족을 중심으로 공동체를 형성해서 비밀리에 신앙생활을 했다.◈

〈칸티오네스 사크레〉와 미사곡집

◈　존 엘머는 가톨릭과 청교도를 모두 박해할 정도로 완고한 성직자였는데, 얼마 후에는 셰익스피어의 연극을 비난하기도 했다.

◈　당시 가톨릭을 믿는 귀족의 저택에는 비상시에 사제를 피신시키기 위한 비밀 통로가 있었는데, '사제의 굴Priest hole'이라고 불렀다.

스승 탈리스가 세상을 떠난 후 1589년과 1591년에 단독으로 출판한 〈칸티오네스 사크레Cantiones sacrae〉를 보면 이 시기 버드의 마음 속에 있던 불안과 슬픔, 그리움이 그대로 표출되어 있다. 수록된 라틴어 모테트에는 거의 모든 곡마다 상징적인 뜻이 숨어있다. 가령 '무너진 예루살렘'은 신앙을 잃은 잉글랜드를 가리키며, 바빌론 포로 생활은 영국 가톨릭 신자들의 삶을 가리킨다. 주님께 고통을 호소하는 「주님, 정의로운 분노를 거두시고Ne Irascaris」는 좋은 예다. 이 작품의 후반부에서 버드는 갑자기 호모포닉한 어법으로 가사를 더욱 선명하게 드러내면서 '시온은 황야가 되어버렸고 예루살렘은 버림받았나이다Civitas sancti tui'에서 깊은 회개와 회한, 성부 간의 균형, 완벽한 분위기, 악절 사이의 침묵으로 큰 울림을 만들어낸다. 빅토리아

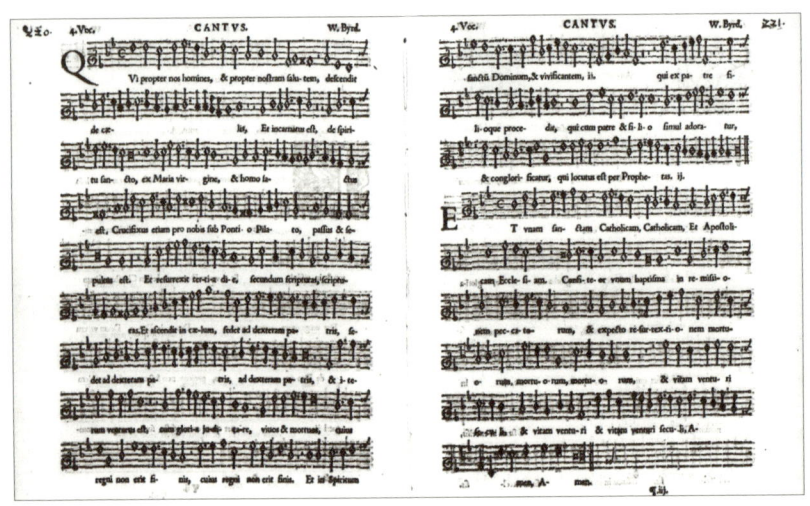

버드, 〈4성부 미사〉 중 '크레도' (1592~1595)

처럼 여기서도 르네상스 음악의 틀이 깨질 정도로 뜨거운 표현이 꿈틀댐을 느낄 수 있다.

버드는 1593년에 다시 에식스의 스턴던Stondon Massey으로 물러났는데, 중요한 후원자이자 가톨릭 신자였던 존 피터 남작의 집인 잉게이츠스톤 홀Ingatestone Hall에서 가까운 곳으로, 남작의 보호를 받으며 신앙생활과 음악 활동을 이어나갔다. 여전히 왕실 경당에 속해 있긴 했지만 사실상 은퇴 생활로 접어든 셈이다. 여기서 만년의 버드는 3, 4, 5성부 미사곡, 그리고 가장 야심적이면서 위험한 작품인 〈그라두알리아Gradualia〉(1605, 1607)를 썼다. 세 곡의 미사곡에는 표지도, 날짜도, 피헌정자와 출판업자의 이름도 없이 오직 작곡가의 이름만 있는데, 그 내밀하고 어둡고 신비스러운 분위기는 감시를 피해 비밀리에 모여 미사를 거행했던 환경과 무관하지 않을 것이다. 버드는 탈리스 이후 30년 이상 누구도 쓰지 않았던 미사곡을 쓰면서 중세 이래의 오랜 영국 교회 음악 전통에서 벗어났으며, 미사 통상문 가사 중 중요한 부분을 강렬하게 드러냈다. 가장 인상적인 부분은 '신앙고백' 중 '하나이고 거룩하고 보편되며 사도로부터 이어오는 교회를 믿나이다Et in unam sanctam Catholicam et apostolicam Ecclesiam'로, 여기서 모든 성부는 돌연 다 함께 이 구절을 노래하면서 가사를 되풀이한다. 버드의 굳은 신념이 그대로 드러나는 감동적인 순간이다.

영국 음악의 황혼
엘리자베스 1세가 세상을 떠난 후 버드의 말년은 점점 더 힘겨

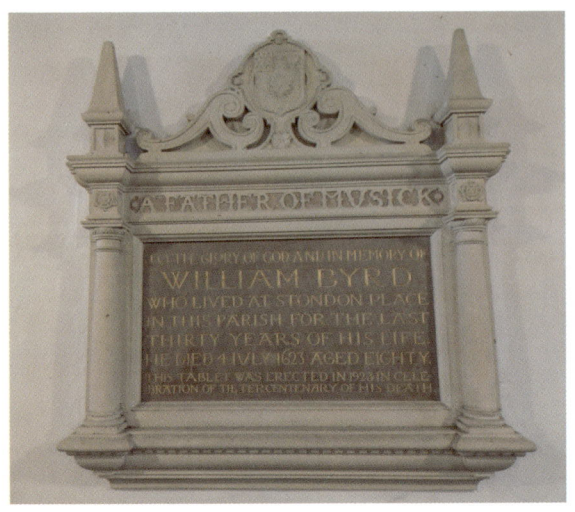

스턴든의 성 베드로와 바오로 성당에 있는 윌리엄 버드 기념비

위졌다. 그의 곡은 연주가 금지되었고 연금도 끊겼다. 심지어 어떤 사람이 버드의 악보를 지니고 있다는 이유만으로 체포되어 투옥된 일도 있다. 버드 역시 국교회 예식에 참여하지 않는다는 이유로 계속 벌금을 내야 했다. 그는 1622년에 작성한 유언장에서도 여전히 가톨릭 신앙을 고수하고 있지만, 역설적이게도 그토록 참석을 거부하던 바로 그 국교회 성당St Peter's and St Paul's에 묻혔다. 가톨릭 신자로서 별다른 표식도 없이 묻혔기에 지금도 정확히 그의 무덤이 어디인지는 알 수 없다. 지금은 성당 안에 그를 기리는 기념비가 있다. 그가 세상을 떠났을 때, 왕실 경당의 기록은 소식을 전하면서 그를 '음악의 아버지Father of Musick'라고 표현했다.

56

영국 르네상스 음악의 마지막 빛이었던 탈리스와 버드는 같은 가톨릭 신앙을 고수했지만 각자 다른 길을 걸었다. 온화하고 조용한 성품을 지닌 스승 탈리스는 시대적 상황에 순응하며 자신에게 요구되는 양식의 음악을 썼다. 그리고 제약과 규범을 예술적 한계로 여기기보다는 새로운 도전의 기회로 삼아 두 세계를 자유롭게 오갔다. 반면 제자 버드는 그야말로 불꽃같은 삶을 살며 온몸으로 시대와 맞섰다. 그는 겸손한 언사를 일상으로 썼던 당대 예술가들과는 달리 자신감이 넘치고 자신의 가치를 아는 사람이었다. 작품집 서문에서 그는 "내 음악은 많이 들으면 들을수록 더 좋은 것을 많이 찾을 수 있을 것이다"라고 당당하게 선언하면서 자신이 "음악을 사랑하거나 배우는 모든 사람의 친구friend to all that love or learn music"라고 했다.

20세기의 부활

하지만 작곡가 사후 20세기까지, 영국인들은 버드의 참다운 친구가 될 수 없었다. 버드는 탈리스와 더불어 '영국 음악의 아버지'라 불렸지만, 그의 가톨릭 신앙과 라틴어 교회 음악 작품은 굳이 알고 싶지 않은 '불편한 진실'이었기 때문이다. 그렇기에 오랫동안 영어 작품과 일부 건반 작품만 주로 알려졌으며, 토머스 몰리Thomas Morley, 존 불John Bull, 토머스 톰킨스Thomas Tomkins 등 버드의 제자와 후배들도 대체로 보다 가벼운 이탈리아 음악으로 기울어졌을 뿐 그들이 '깊은 기술deep skill'이라고 칭송했던 버드 음악의 본질을 계승하지는 못했다. 어쩌면 어쩔 수 없는 시대적 한계였을 수도 있지만, 바로크 이후 조금씩 빛을 잃게 되는 영국 음악의 쇠퇴는 이때 그 씨앗이 뿌려졌는지도 모른다. 버드가 이룩한 음악적 성과, 특히 건반 음악 전통은 영국보다는 오히려 스베일링크 같은 외국 작곡가들이 이어받게 되었다. 그리고 버드에 대한 총체적이고 깊은 이해와 재평가는 20세기 접어들어, 더 정확히 말하자면 1980년대 이후 비로소 이루어지기 시작했다. 이제 우리는 나란히 공존하며 흔들리는 두 개의 세상을 살았던 버드에게 가톨릭 순교자에 대한 찬가와 제목도 없는 미사곡, 에스파냐를 격파한 영국의 승리를 찬양하는 노래를 동시에 쓰는 게 모순이 아니었음을 이해할 수 있다. 그리고 그가 언어에 대한 정밀한 감각과 대담한 화성, 예리하고 극적인 표현으로 르네상스 음악의 종착역인 동시에 새로운 시대의 선구자였음도 알게 되었다. 버드는 틀림없이 뒤늦게 생긴 여러 친구를 반가워할 것이다.

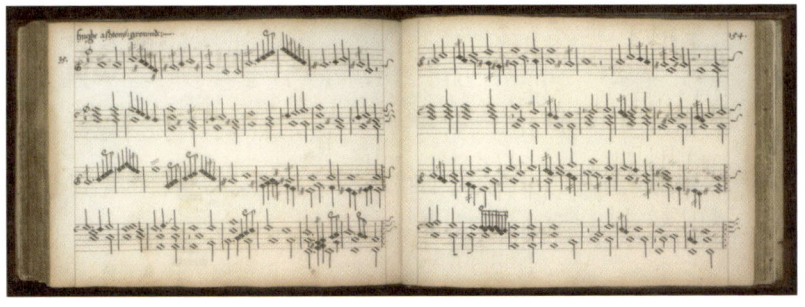

윌리엄 버드,「휴 애스턴의 그라운드」(《너빌 부인의 음악책》, 1591)

추천 음반

---

† The Byrd Edition(Complete Sacred Music)
  Andrew Carwood, David Skinner, The Cardinall's Musick
  (ASV, Hyperion)

† Byrd: The Three Masses
  Peter Phillips, The Tallis Scholars
  (Gimell)

† Byrd: The Complete Keyboard Music
  Davitt Moroney
  (Hyperion)

† Byrd: Keyboard Works
  Gustav Leonhardt
  (Alpha)

† Byrd: Consort Music and Songs
  Sunhae Im, bFIVE Recorder Consort
  (Coviello)

† Byrd: Complete Consort Music
  Phantasm
  (Linn)

4장

오페라의 시대를 열다,
몬테베르디 〈오르페오〉

우리는 종종 역사가 점이 아닌 선으로 이어진다는 사실을 잊는다. 특정한 개별 인물의 빛이 너무나 밝아서 생기는 현상으로, 몇몇 위대한 '영웅'은 잠시나마 역사 그 자체가 되는 것처럼 보일 정도다. 특히 혼란스러운 과도기에 이런 위대한 대가들은 더욱 두드러지는데, 클라우디오 몬테베르디Claudio Monteverdi가 바로 그런 사람이었다. 그는 르네상스가 저물고 바로크의 여명이 밝아오는 음악사의 대전환기를 주도한 위대한 작곡가로, 여러 선배와 동시대 작곡가들의 음악적 성과를 하나로 종합해서 "사람의 감정을 지배하기 위해 태어난 사람"①, "해가 달을 무색하게 만들 듯 모든 당대인을 무색하게 만드는 존재"②라는 찬사를 받았다. 그의 강렬한 음악은 21세기에도 묘하

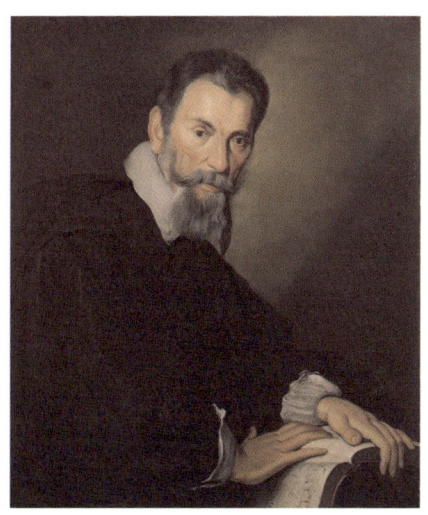

베르나르도 스트로치, 「몬테베르디 초상」(1630년경)

게 현대적으로 들리는데, 그래서인지 바흐 이전 작곡가 중 가장 많은 현대 예술가에게 영감을 준 인물이기도 하다. 동시대에 활동했던 셰익스피어, 카라바조, 세르반테스처럼 몬테베르디 역시 모든 계층의 사람이 품은 복잡한 감정을 예리하고 생생하게 표현할 수 있는 예술가였다.

　몬테베르디가 살았던 시대, 즉 16세기 후반에서 17세기 초반은

ⓘ　몬테베르디 오페라 〈아이네아스와 라비니아의 결혼Le nozze d'Enea con Lavinia〉 대본 서문(1641)

◈　사크라티 오페라 〈방랑하는 율리시스L'Ulisse Errante〉 대본 서문(1644)

'위기의 시간'이자 격렬한 변화가 일어난 과도기였다. 서유럽 세계는 종교개혁과 반동 종교개혁 이후 혼란스러웠고 전쟁과 역병이 창궐했지만, 다른 한쪽에서는 새로운 움직임이 싹트고 있었다. 음악도 마찬가지여서, 음악이 나아갈 길을 놓고 완전히 반대되는 두 가지 생각이 대립했다. 한쪽에서는 중세 시대부터 꾸준히 발전해서 절정에 이른 르네상스 폴리포니 음악이 완벽한 경지Ars perfecta에 도달해서 더는 발전할 여지가 없다고 생각했다. 하지만 다른 쪽에서는 언어에 밀착된 새로운 음악을 개척해야 한다고 주장했는데, 옛 음악을 뜻하는 '제1작법prima prattica'과 대비를 이루는 '제2작법seconda prattica'이라는 새로운 음악 언어를 낳았다. 그리고 이 과정에서 우리가 오늘날 바로크 음악이라고 부르는 새로운 음악이 탄생했다.

크레모나에서 태어나 만토바의 곤차가Gonzaga 궁정에서 22년, 그리고 베네치아 산마르코 대성당의 음악감독으로 31년 동안 활동했던 몬테베르디는 새로운 음악의 흐름을 이끈 장본인이었다. 만토바에서 쓴 마드리갈 4권(1603), 5권(1605), 6권(1614)◈은 르네상스 음악이 바로크 음악으로 바뀌는 과정을 생생하게 보여준다. 또한 당대 이탈리아에서 생겨난 새로운 시문학과 음악 양식, 진보적인 무대 연출 기법, 그리고 동시대 피렌체 작곡가들의 성과를 면밀하게 탐구하면서 '음악 이야기Favola in musica'의 새로운 기회를 찾아냈고, 그 결과 1607년에 만토바에서 〈오르페오L'Orfeo〉를 발표하며 최초의 위대한

◈　6권은 1614년 베네치아에서 출판되었지만 작곡은 대부분 만토바에서 이루어졌다.

오페라 작곡가가 되었다.

피렌체 카메라타와 오페라의 탄생

널리 알려졌듯이, 오페라는 16세기 말 피렌체의 메디치 궁정에서 일종의 '공동 작업'으로 태어났다. 저 유명한 과학자의 아버지인 빈첸초 갈릴레이Vincenzo Galilei, 줄리오 카치니Giulio Caccini, 에밀리오 데 카발리에리Emilio de' Cavalieri, 야코포 페리Jacopo Peri, 지롤라모 메이Girolamo Mei 등 음악가와 학자들은 카메라타Camerata라는 모임을 통해서 고대 그리스의 연극이 단성 독창곡으로 이루어졌다는 (아마도 잘못된) 믿음을 공유했다. 이런 연구로 모노디가 만들어졌고, 이어서 모노디를 극에 적용한 '음악극opera in musica', 즉 오페라가 탄생했다. 1597년에 초연된 페리의 〈다프네Dafne〉는 현재 알려진 최초의 오페라다.◈ 다만 카발리에리는 페리가 아니라 자신이 최초의 오페라 작곡가라고 주장했는데, 1600년에 로마에서 초연된 카발리에리의 〈영혼과 육체의 극Rappresentatione di Anima, et di Corpo〉은 오늘날 '종교 오페라'로 분류된다. 뒤를 이어 페리와 카치니가 각각 1600년과 1602년에 〈에우리디체Euridice〉를 발표했다.

이렇게 오페라 탄생에 결정적인 역할을 한 모노디는 길고 불규칙한 가사에 대응하는 음악으로, 당대 연극에서 쓰던 웅변조의 낭송과 노래의 결합이라고 할 만하다. 카발리에리는 이를 '노래로 하

◈   대본만 남아있고 음악은 극소수 단편을 제외하면 소실되었다.

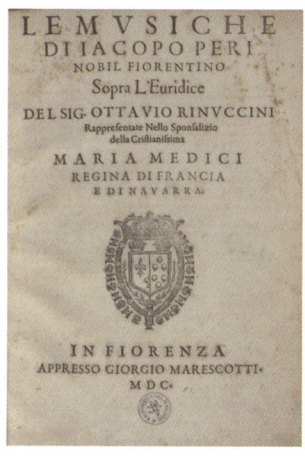

야코포 페리, 〈에우리디체〉(1600)

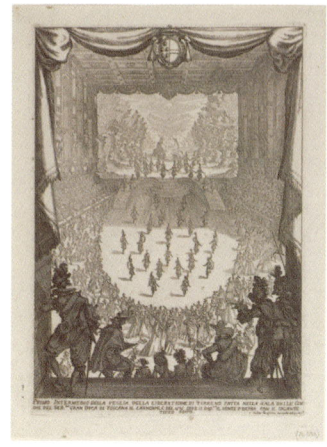

피렌체 메디치 궁정의 우피치 극장(1617)

는 낭송recitar cantando'이라고 불렸고 페리는 '낭송 양식stile recitativo'이라고 불렀는데, 새로운 모노디의 본질을 잘 보여주는 작품은 카치니가 1602년에 피렌체에서 출판한 『새로운 음악Le nuove musiche』이다. '제2작법'을 이론적, 음악적으로 서술한 중요한 문헌으로, 여기에는 자세한 이론적-실제적 설명이 붙은 서문에 열두 곡의 마드리갈과 열 곡의 아리아가 실려 있다.

다만 학자와 음악가들이 그리스 비극을 재현하기 위해 오페라를 만들어냈다는 말은 복잡한 현실을 담기엔 지나치게 단순한 설명이다. 물론 피렌체 음악가들이 고대 그리스의 소포클레스와 에우리피데스, 그리고 아리스토텔레스의 『시학』에서 영감을 받은 것은 사실이다. 하지만 여기서 언급하는 극예술은 대단히 이론적이고 추상적이었기에 실제적인 도움이 되지는 못했고, 오히려 로마제국의 세네카, 플라우티누스, 베르길리우스, 오비디우스에게서 더 직접적인 영향을 받았다. 초기 오페라 작곡가들이 소재로 삼은 오르페우스 이야기 역시 베르길리우스의 『농경시Georgica』와 오비디우스의 『메타모르포세스Metamorphoses』에서 가져왔다. 다만 고대 그리스든 로마든 실제 음악은 거의 사라졌고, 극소수의 단편도 극음악과는 거리가 멀었다.

그런 면에서 초기 오페라는 음악적으로 르네상스 시대 이탈리아의 궁정 연극과 인테르메디오intermedio에 더 직접적인 기반을 두고 있다. 실제로 대부분의 초기 오페라는 아리스토텔레스의 연극 법칙과는 거리가 멀며 이야기도 대부분 과리니Giovanni Battista Guarini의 「친절한 양치기Il pastor fido」 같은 당대의 전원극, 이상화된 고대의 아르카디아Arcadia를 다루는 연극에 뿌리가 닿아있다. 대규모 연극의 막간에 상연되는 음악 유흥물인 인테르메디오도 오페라의 탄생에서 빼놓을 수 없는데, 음악적 표현은 물론 여기서 쓰였던 화려한 무대 연출과 의상, 기계 장치도 오페라에 그대로 이어졌다. 1589년 토스카나 대공 페르디난도 1세Ferdinando I de' Medici와 로렌의 크리스틴Christine de Lorraine의 결혼을 축하하기 위해 피렌체에서 상연된 〈순례자 여인La Pellegrina〉은 대표적인 작품이다.

몬테베르디와 오페라

몬테베르디는 만토바에서 동시대 피렌체의 동료 음악가들, 혹은 경쟁자들이 이룬 성과를 면밀하게 연구했고, 직접 관람했던 것 같다. 하지만 피렌체 음악가들의 이론적이고 딱딱한 모노디풍 오페

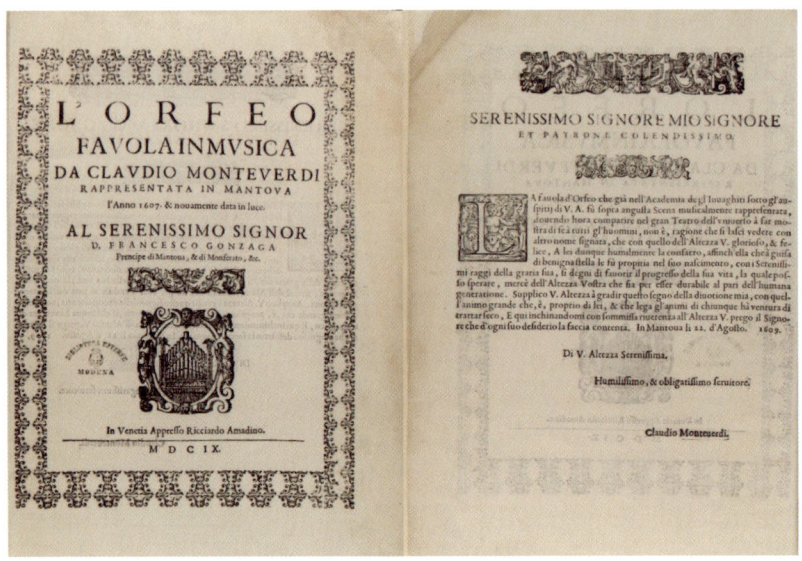

몬테베르디, 〈오르페오〉 악보 표지와 서문(1609)

라를 그대로 받아들이지는 않았다. 스트리조^{Alessandro Striggio}◇의 대본에 음악을 붙인 〈오르페오〉는 다양한 전통과 음악 형식을 집대성한 실험적 작품이다. 그는 모노디 양식에 정교하고 섬세한 다성 마드리갈과 기악 신포니아, 춤곡을 더해서 다채로움과 깊이를 더했다. 특히 16세기 중반부터 급격하게 변하며 대단히 실험적인 장르로 변모한 다성 마드리갈은 모노디 못지않게 중요한 음악적 요소로, 마렌치오^{Luca Marenzio}나 제수알도^{Carlo Gesualdo} 같은 선배 작곡가들이 실험한 서사적 표현과 대담한 화성, 전조, 불협화음을 과감하게 끌어들였

◇　알레산드로 스트리조(c.1573~1630)는 같은 이름을 지닌 작곡가의 아들이다.

다. 또 기악 리토르넬로가 붙은 유절 형식 노래를 쓸 때도 중요한 부분에서는 모노디 양식을 사용해서 긴장감을 끌어올렸다. 카치니, 페리, 카발리에리의 작품이 음악에서 낭송과 수사적 표현의 가능성을 모색한 준비 단계였다면 〈오르페오〉에서 진정한 오페라의 역사가 열렸다고 할 수 있겠다. 물론 '음악사상 최초의 위대한 오페라'라는 영광스러운 호칭을 떼고 보면, 실험적인 성격이 강한 〈오르페오〉보다는 훗날 베네치아에서 쓴 〈율리시스의 귀향Il ritorno d'Ulisse in patria〉이나 〈포페아의 대관L'incoronatione di Poppea〉이 더 원숙하고 조화로운 걸작일 것이다. 그래도 자신의 음악 양식이 급변하는 시기에 새로운 장르에 처음 도전한 진지한 음악적 실험에는 다른 작품에서 찾아볼 수 없는 묘한 감동이 있다. 힌데미트나 레스피기, 오르프, 베리오 같은 20세기 작곡가들이 유독 이 작품에 열광한 것도 그런 이유에서였다.

곤차가 공작의 장남인 프란체스코의 주도로 1607년 2월 24일에 만토바의 지식인 모임인 아카데미아 델리 인바기티Accademia degli Invaghiti를 위해서 이루어진 〈오르페오〉의 초연에 대해서는 구체적으로 알려진 것이 많지 않다. 초연 장소가 궁전인 것은 확실하지만, 구체적으로 어디였는지는 알 수 없다. BBC 텔레비전에서 제작한 다큐멘터리 필름◈에서 〈오르페오〉가 초연된 방이라고 소개하는 기념품 매장은 사실일 가능성이 거의 없고, 한때 초연 장소로 알려졌던 '강들의 방Sala del Fiumi'이나 '제국의 방Sala Imperiale' 역시 오늘날에는 후보

◈ 「Monteverdi in Mantua - The Genius of the Vespers」(Coro, 2015)

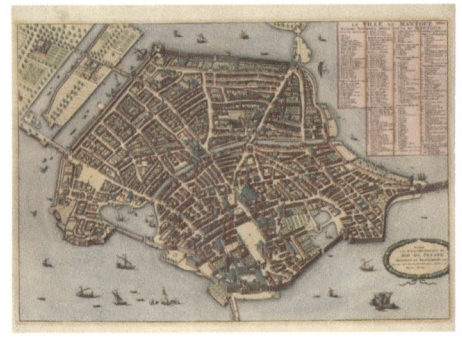
피에르 모르티에, 만토바 조감도(1704)

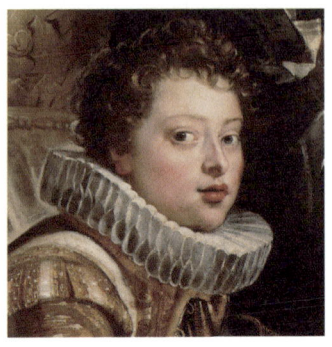
루벤스, 「성삼위를 찬미하는 곤차가 가족」
중 프란체스코 곤차가(1604~1605년경)

에서 탈락한 분위기이며, 최근에는 또 다른 장소들이 거론되지만 확실하지는 않다.

음악을 노래하는 오페라

〈오르페오〉의 주제는 '음악' 그 자체다. 전편에 걸쳐 등장하는 주인공 오르페우스, 마지막에 나타나서 모든 갈등을 해결하는 아폴로, 그리고 '음악', 즉 '라 무지카La Musica'는 음악의 서로 다른 측면을 드러내는 존재다. 먼저 프롤로그에 등장하는 '라 무지카'는 음악의 힘과 승리를 상징한다. 그녀는 자신을 소개하고 음악의 힘을 이야기하면서 영혼을 천상의 화음으로 이끄는 임무를 선포하는데, 이때 서주와 긴 독창 사이에 인상적인 리토르넬로ritornello◇가 다섯 번에 걸쳐되풀이된다. 리토르넬로는 F장조에서 D장조로 움직이며 옛 도리아선법을 암시하며, 그 후에도 다시 등장해서 음악의 존재를 계속 드러낸다. 즉, 지하 세계에서 펼쳐지는 3막과 4막에서는 오르페우스가 여전히 음악의 힘을 품고 있음을 암시하며, 5막에서는 에우리디케를 잃은 절망적인 상황에서도 작은 희망을 준다.

'라 무지카'의 신포니아와 더불어 음악의 힘과 작품의 주제가 가장 강렬하게 드러나는 곡은 3막에서 오르페우스가 부르는 「위대한 정령이여Possente spirto」가 아닐까 싶다. 음악 역사상 최초의 위대한 아리아로 꼽히는 이 노래는 5막으로 이루어진 대본의 정중앙인 3막 중간에 위치하며, 고도의 상징성을 내포한다. 저승의 수문장 카론Caronte을 향해 문을 열어달라고 호소하며 부르는 노래는 오르페우스 신화를 다룬 모든 오페라에서 중요한 장면으로, 몬테베르디 역시 많은 공을 들였다. 먼저 악보에 장식음이 없는 판본과 있는 판본, 두 가지를 준비했고◈ 통상적인 장식음 외에 트릴처럼 피렌체 악파에서 새롭게 선보인 기술도 다양하게 시도했다. 또 각 절을 연결하는 리토르넬로에서도 자신에 관해 이야기할 때는 바이올린, 죽음에 관해 이야기할 때는 코르네토, 천국에 관해 이야기할 때는 하프를 넣어서

◇ '라 무지카'는 야코포 페리의 〈에우리디체〉 프롤로그에 등장하는 '라 트라제디아La Tragedia'를 염두에 두고 만들었음이 확실한데, 고도의 상징성과 정교한 구조 등 모든 면에서 '라 트라제디아'를 능가한다. 텍스트, 음표, 음정, 조성에서 정교한 대칭 형식을 취하며, 거의 회문palindrome 형식에 가깝다. 다만 몬테베르디는 의도적으로 몇몇 변칙을 더해서 의미심장한 여운을 남겼다.

◈ 몬테베르디가 제시한 장식은 코렐리 바이올린 소나타의 장식음처럼 고정된 텍스트라기보다는 일종의 모범적인 '예시'에 가깝다. 하지만 역설적으로 오늘날 이 장식을 무시할 수 있는 지휘자와 가수는 거의 없다.

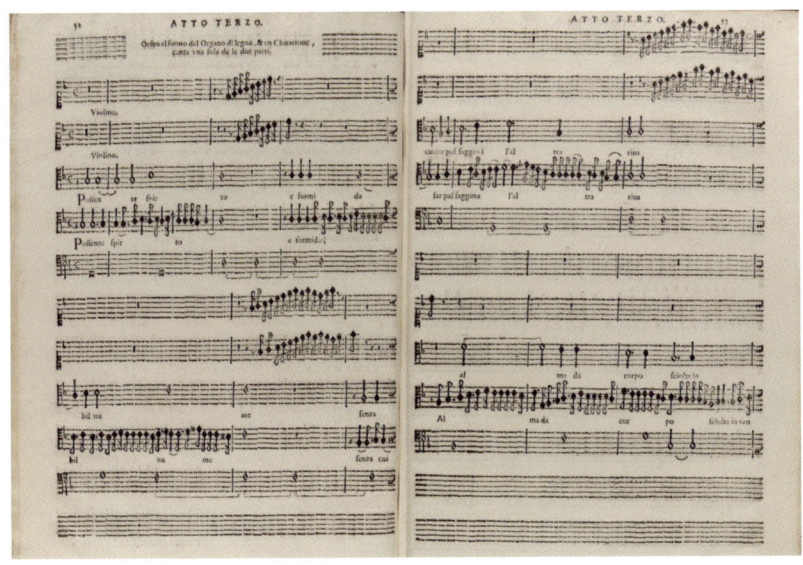

〈오르페오〉 3막, 「위대한 정령이여」

상징적인 효과를 더했다.

그러나 이 대목의 상징성은 여기서 그치지 않는다. 오르페우스의 노래를 듣고 나서 카론은 기쁨은 느꼈지만 감동하지는 않았다고 말한다. 즉 화려하고 장식적인 노래로는 그의 연민과 동정심을 끌어내지 못한다고 암시한다. 이 노래에서 거의 가사가 붕괴될 정도로 끊임없이 되풀이되는 음절은 화려하지만 공허하기 때문이다. 오르페우스는 그 뜻을 바로 알아듣고 장식음이 전혀 없고 반음계로 가득한, 불안정한 모노디풍의 노래를 부르고 리라를 연주한다. 그리고 언뜻 기교가 없고 그저 즉흥적으로 보이는 이 노래를 듣고 카론은 마법에 빠져 잠든다. 여기서 우리는 시인이자 음악가인 오르페우스

옛 음악, 새 연주

가 단지 옛 신화 속의 인물이 아니라 1600년 무렵의 새로운 음악, 즉 언어를 음악으로 표현하는 '재현 양식stile rappresentativo'을 상징하는 존재임을 깨닫게 된다. 또한 몬테베르디가 이 작품을 통해서 새로 생겨난 오페라 장르의 본질과 음악에 관해서 질문을 던진다는 사실도 깨닫게 된다. 오페라는 과연 인간의 강렬한 감정을 탐구하는 도구인가, 아니면 언어와 시에 담긴 감정을 전달하는 도구인가? '새로운 음악'이 추구하는 길, 즉 — 우리의 시점에서 — 근대 음악은 어디로 흘러갈 것인가?

오케스트라와 음악 구조

르네상스 말기부터 귀족들의 후원 아래 무대에 올려진 마드리갈극Madrigal Comedy과 인테르메디오에는 대규모의 관현악단이 등장했다. 이러한 전통을 따른 〈오르페오〉에는 40여 개의 악기가 사용되었는데 악보 서두에 관현악기의 목록이 나온다. 〈오르페오〉에는 26개의 관현악 합주를 위한 토카타, 신포니아, 춤곡, 리토르넬로 등이 삽입되었으며 각 성부에는 악기의 이름을 명시했다. 몬테베르디는 피렌체 작곡가들의 오페라와는 달리 다양한 음악 형식을 엮은 종합적인 양식을 추구하면서 대규모 오케스트라를 능숙하고 다채롭게 이용했다.

몬테베르디의 악보는 당대 음악을 기준으로 볼 때 대단히 세심하다. 필요한 곳에서 악기를 명확하게 지정했을 뿐만 아니라, 때로는 악기의 '위치'도 지시했다. 중요한 특정 인물에는 특정 악기를 붙

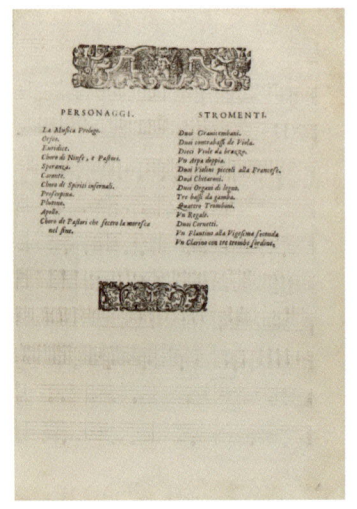
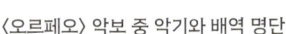
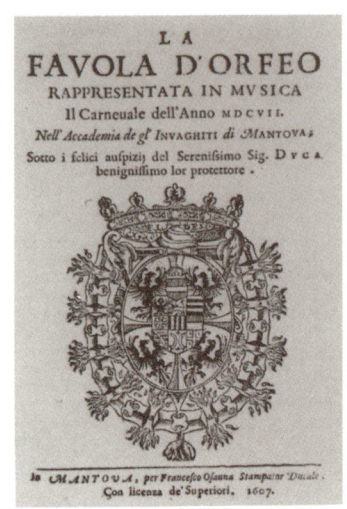

〈오르페오〉 악보 중 악기와 배역 명단   스트리조, 〈오르페오〉 대본집 표지와 서문(1607)

였는데, 가령 카론을 상징하는 레갈^{regal}과 오르페우스를 상징하는 하프-오르간을 예로 들 수 있다. 또 곧바로 이어지는 목가적인 장면과 지옥 장면을 대조시키기 위해서 음색을 활용했다. 즉 지옥 장면은 저음 합창과 낮은 음역의 금관악기로 표현했으며, 목가적인 장면에서는 피리 같은 악기를 썼다. 에우리디케를 구출하고 잃어버릴 때와 같은 극적인 상황에서는 갑작스러운 전조나 기악과 성악 사이에 의도적인 불협화음으로 날카로운 음향을 만들었다. 갑작스럽게 감정이 변하는 장면에서는 콘티누오 악기를 교체해서 음향적으로 알리며 5막 도입부처럼 같은 악기 조합(오르간-키타로네)을 무대 양옆에 배치해서 에코 효과를 내기도 한다.

두 가지 결말

〈오르페오〉에 얽힌 마지막 미스터리는 결말 부분이다. 초연 당시 출판된 대본(1607)과 출판 악보(1609)는 결말이 서로 다르다. 대본에는 오르페우스가 에우리디케를 다시 잃은 뒤에 퇴장하고 바쿠스의 여사제들이 등장해서 오르페우스에게 복수할 것을 다짐하고 바쿠스 신을 찬양하면서 끝난다. 우리가 아는 오비디우스의 결말에 가깝다고 할 수 있겠다. 반면 악보는 오르페우스가 하늘에서 구름을 타고 내려온 아폴로와 함께 승천하면서 끝난다.◈ 이렇게 결말이 다른 이유는 명확하지 않다. 재상연 때 일반 대중을 염두에 두고 고친 것일까? 아니면 초연 때 현실적인 문제로 어쩔 수 없이 결말을 바꾸었고, 나중에 작품의 원래 결말을 복원했을까? 몬테베르디의 악보가 그가 (혹은 대본 작가가) 의도한 결말이라고 한다면, 오르페우스는 디오니소스 제전에서 희생되는 운명에서 아버지인 아폴로의 손에 구원받는 운명으로 바뀐 셈이다. 하지만 오르페우스가 상징하는 '새로운 음악'은 결국 아내를 구원하지 못하고 아폴로의 '신성한 천상의 음악'에 의지했다. 이 결말이 과연 '해피엔딩'일까? 혹시 '현세의 것은 영원할 수 없다'라고 말하는 아폴로의 '천상의 음악'은 견고하고 안정적인 '제1작법'을 뜻하는 것인가? 어쩌면 몬테베르디는 자신이 주창하는 새로운 음악, 혹은 오페라의 미래에 내재된 위험성을

◈　로마 작가 히기누스Gaius Julius Hyginus, c.64BC~AD17의 작품으로 알려진 『아스트로노미카De Astronomica』에 있는 오르페우스 이야기가 이렇게 끝난다.

내다보았던 것일까? 그 답이 무엇이든 간에, 실제로 몬테베르디 사후 〈오르페오〉는 점차 잊혔고, 오페라 장르는 급속도로 일관된 서사와 언어보다는 「위대한 정령이여」가 추구한 화려한 기교를 좇는 장르로 흘러갔다. 그렇다고 해도 〈오르페오〉의 빛나는 위상은 변함이 없다. 이 작품이 처음으로 제시한 여러 가지 모범이 후기 바로크와 빈 고전파까지 이어지는 오페라 전통의 핵심을 이루었기 때문이다. 그야말로 음악사의 흐름을 바꾼 작품이라고 할 만하다.

추천 음반

† Monteverdi: ⟨L'Orfeo⟩
  Emiliano Gonzalez Toro, I Gemelli
  (Naïve)

† Monteverdi: ⟨L'Orfeo⟩
  Rinaldo Alessandrini, Concerto Italiano
  (Naïve)

† Monteverdi: ⟨L'Orfeo⟩
  Jordi Savall, Le Concert des Nations
  (Naxos)

† Monteverdi: ⟨L'Orfeo⟩
  John Eliot Gardiner, English Baroque Soloists
  (Opus Arte)

5장

'암스테르담의 오르페우스'
스베일링크

네덜란드 암스테르담의 암스테르담 박물관에는 재미있는 전시품이 하나 있다. 바로 하프시코드 덮개다. 악기 본체는 오래전에 사라졌는데 이 부분만 지금까지 남아있는 이유는 여기에 피터르 이사크스Pieter Isaacsz가 1604~1606년 무렵에 그린 「세계무역의 중심 암스테르담의 알레고리Allegorische voorstelling van Amsterdam als centrum van de wereldhandel」라는 그림이 있기 때문이다. 척 봐도 뭔가 범상치 않은 그림인데, 암스테르담을 상징하는 여신이 저 멀리 아시아 대륙을 바라보는 모습은 암스테르담(더 나아가 네덜란드)이 세계무역을 주도한다는 정치적 메시지가 역력하고 실제로 암스테르담 시청에 두기 위해 특별히 주문 제작한 악기였다. 당시 암스테르담시는 당대 최고의

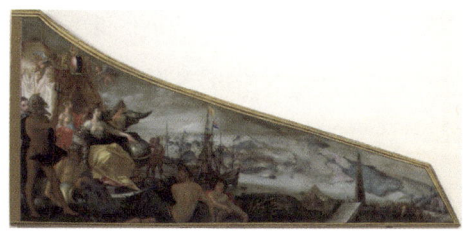

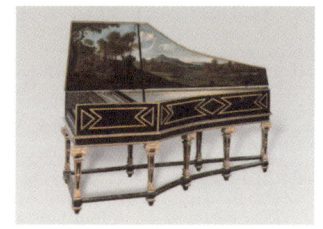

피터르 이사크스, 뤼커르스 하프시코드 덮개　　요아네스 뤼커르스 하프시코드(1624)
「세계무역의 중심 암스테르담의 알레고리」(1604~1607년경)

악기 제작자인 안트베르펜의 뤼커르스^{Ruckers} 공방에 악기를 주문했고, 도시 최고의 음악가를 특사로 파견했다. 안트베르펜에 가서 악기를 구해오는 임무를 맡은 음악가의 이름은 얀 피터르스존 스베일링크^{Jan Pieterszoon Sweelinck}였다.

건반 음악 전통의 출발점

생전부터 '암스테르담의 오르페우스^{Orpheus van Amsterdam}'라 불렸던 스베일링크는 프레스코발디^{Girolamo Frescobaldi}와 더불어 당대부터 국제적인 명성을 누린 최초의 위대한 건반 비르투오소였다. 두파이와 오케겜을 시작으로 조스캥 데프레와 오브레히트를 거쳐 라수스까지, 한 세기 이상 유럽 음악을 이끌었던 '네덜란드 음악의 황금시대'◊

◊ 이때 '네덜란드'라는 명칭은 지금의 네덜란드와 벨기에, 프랑스 북동부를 아우르는 보다 넓은 의미로, 18세기 후반부터 19세기 초에 '네덜란드 연합 왕국'이 형성되면서 정치적으로 강조된 이름이다.

가 끝나고 오랜 침체기가 시작되기 직전, 그리고 칼뱅파 개신교를 믿는 북부와 가톨릭 신앙을 간직한 남부가 갈라질 무렵, 또 렘브란트Rembrandt, 할스Frans Hals, 페르메이르Johannes Vermeer 등 네덜란드 회화의 전성기가 막 시작될 무렵 네덜란드 음악의 마지막 빛이 등장했다는 사실은 의미심장하다.

스베일링크는 위대한 작곡가이자 연주자였을 뿐만 아니라 북독일 곳곳에서 몰려든 수많은 제자를 길러내며 국제적인 명성을 누렸고 광범위한 영향을 미쳤다. 독일에서는 그를 가리켜 '오르가니스트 제조자Der Organistenmacher'라고 불렀다. 연주자로서의 명성과 후대에 미친 영향력, 길러낸 제자들을 고려할 때 건반 음악 역사에서 바흐나 리스트와 나란히 비교할 만하다. 그의 제자들이 한자 동맹 도시들을 중심으로 북유럽 곳곳에 자리 잡고 스승의 건반 음악 전통을 이어나가며 위대한 '북독일 오르간 악파'의 거대한 흐름이 시작되었다. 이 빛나는 전통은 여러 대가를 거쳐 대바흐까지 이어졌고, 다시 카를 필리프 에마누엘 바흐와 하이든, 더 나아가 베토벤까지 이어진다. 건반 음악의 역사에 등장한 최초의 위대한 작곡가 윌리엄 버드의 음악이 영국보다는 오히려 대륙에서 꽃피고 이어졌듯이, 스베일링크의 음악 역시 정작 네덜란드보다는 북독일에서 그 열매를 맺었다. 독일 건반 음악의 역사는 암스테르담에서 시작된 것이다.

당대 많은 작곡가가 그랬듯이 사후 대부분 잊혔던 그의 음악은 다행스럽게도 20세기 후반부터 점점 더 큰 관심을 모았다. 21세기 접어들어 새로운 비평판 악보가 둘이나 출판되었고 그에 발맞춰 훌

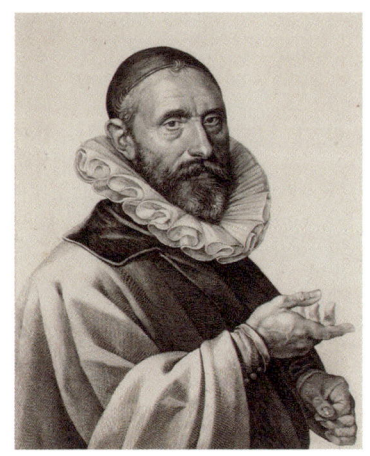

얀 하르먼스 뮐러르, 「스베일링크 초상」(1624, 동판)

링한 전곡 녹음도 몇 개 등장했다. 또 키트 암스트롱Kit Armstrong 같은 젊은 피아니스트는 현대 악기로 스베일링크를 연주해서 좋은 반응을 얻고 있다. 그래도 일반적인 음악애호가들에게 그의 이름은 여전히 낯설다. 젤렌카Jan Dismas Zelenka처럼 스베일링크도 여전히 베일에 싸인 작곡가이다. 믿을 만한 정보도 여전히 제한적이어서 전기 작가와 음악학자들은 얼마 안 되는 정보로 상상력을 동원할 수밖에 없다. 마치 거대한 성처럼 우뚝 솟은 존재지만, 그리로 가는 길은 안개와 울창한 숲으로 뒤덮여 있다고나 할까. 그래도, 단절되지 않고 계속 이어진 건반 음악의 역사와 본질을 이해하기 위해서는 '암스테르담의 오르페우스'를 찾지 않으면 안 된다.

스베일링크의 생애

스베일링크는 1562년에 데벤테르^{Deventer}에서 태어났다. 할아버지와 아버지 모두 오르가니스트였는데, '피터르의 아들'이라는 뜻의 피터르스존^{Pieterszoon}은 아버지를 가리키며, 30대 이후부터 쓰기 시작한 스베일링크는 어머니의 성인 스베일링^{Sweeling}을 따른 것이다. 왜 어머니의 성을 따랐는지는 명확하지 않다. 아주 어렸을 때(최소 네 살 이전) 가족은 암스테르담으로 이주했으며, 그곳에서 아버지는 성 니콜라우스 교회, 일명 구교회^{Oude Kerk}의 오르가니스트로 일했다. 어린 스베일링크의 첫 교사는 틀림없이 아버지였을 텐데, 그의 할아버지와 아버지는 모두 독일(라인란트)에서 성장했거나 공부했던 것 같다. 훗날 스베일링크가 보여주는 국제적인 감각은 일정 부분 여기에서 연유했을지도 모른다. 소년은 구교회의 아름다운 오르간을 연주하며 성장했을 것이다. 1566년에 칼뱅의 교리를 따르는 성상 파괴주의자들이 구교회에 있는 십자가와 성상 등 내부를 박살냈지만 다행히도 오르간 두 대는 파손되지 않았다. 하지만 아버지는 1573년에 갑자기 세상을 떠났다. 당시 스베일링크는 열한 살이었는데, 시의 공적인 지원을 받으며 공부할 수 있었다. 100년도 훨씬 후에 요한 마테존이 스베일링크가 베네치아에 가서 차를리노^{Gioseffo Zarlino}에게 배웠다고 썼지만 사실이 아닌 듯하다.◇ 아무튼, 자세한 상황은 알 수 없지만 대략 열다섯 살 때인 1577년 무렵에 구교회 오르가니스트가

◇ 화가가 된 그의 동생이 한동안 로마에서 활동했던 사실이 와전되었을 가능성이 있다.

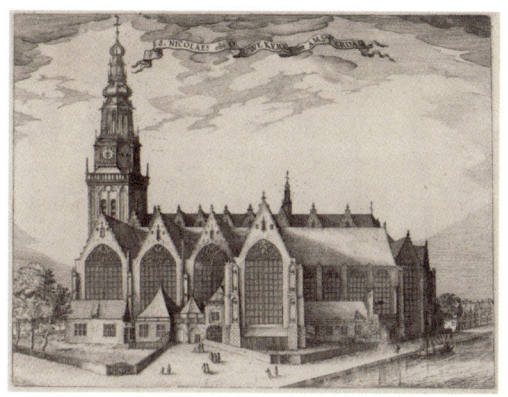

클라스 얀스 피스허르, 「성 니콜라스 교회(구교회)」(1612)

된 것으로 보이며 세상을 떠날 때까지 40년 넘게 국제적인 명성을 누렸다.

이 시기 암스테르담은 당대 유럽 최고의 상업도시로 성장해서 국제무역을 주도했지만, 도시와 네덜란드의 국내외적인 정세는 아주 긴박하고 역동적이었다. 루터파 개신교는 실패했지만 칼뱅파 개신교가 북부에서 크게 번졌고, 급기야 에스파냐 통치에 저항해서 사실상 독립을 성취한 북부 일곱 개 주 연합◇과 가톨릭을 고수한 남부(벨기에)는 분열되었다. 이런 종교적 상황은 스베일링크 개인, 더 나아가 네덜란드 음악 역사에 큰 영향을 미치게 된다. 그가 막 성인이 되어 구교회 오르가니스트가 됐을 무렵인 1578년, 암스테르담은 공

◇　지금의 네덜란드, 정식 독립은 1648년에 가서야 인정받았다.

식적으로 가톨릭에서 칼뱅파 개신교로 개종했다. 스베일링크의 종교적 신념은 명확하지 않다. 평생 가톨릭교회의 라틴어 전례 음악을 작곡했지만, 동시에 칼뱅파 개신교의 제네바 시편이나 종교시에도 곡을 붙였고 심지어 루터파 개신교의 코랄도 다루었다. 공식적으로 개신교로 '개종'하지 않은 것을 보면 어쩌면 가톨릭 신앙을 버리지 않았던 것 같은데, 칼뱅파로 돌아선 도시의 '공무원'으로 일해야 하는 처지라서 종교적으로 모호한 태도를 보였는지도 모른다. 아무튼, 소설과 영화 「진주 귀고리 소녀」에서도 나타나듯이 적대적이기는 해도 이렇게 여러 종파가 한 도시에 비교적 평화롭게 공존할 수 있었던 것은 네덜란드여서 가능한 일이었다.

칼뱅은 루터와는 달리 교회 음악에 대단히 엄격했다. 다성음악을 금지했고, 성경에 나오지 않는 악기는 교회에서 연주하지 못하도록 규정했다. 그래서 많은 오르간이 철거되었는데, 다행스럽게도 교회를 직접 관리했던 암스테르담시는 오르간도 시의 재산으로 간주해서 보호했다. 하지만 예배에서는 오르간을 연주하지 않았고, 오르가니스트의 임무는 예배 앞뒤로 하루에 두 번 오르간 리사이틀을 해서 '사람들이 술집에 가지 않고 교회에 오도록' 이끄는 것이었다. 스베일링크는 이 리사이틀에서 빛나는 즉흥 연주로 큰 명성을 누렸고, 외국에서도 사람들이 찾아오는 명사이자 도시의 자랑이 되었다. 스베일링크의 이름이 동시대 출판물에 처음 언급된 것은 1604년이다. 화가이자 역사가였던 카럴 판 만더르Carel van Mander는 당시 네덜란드 화가들을 나열하며 '가장 뛰어난 오르가니스트이자 암스테르담의

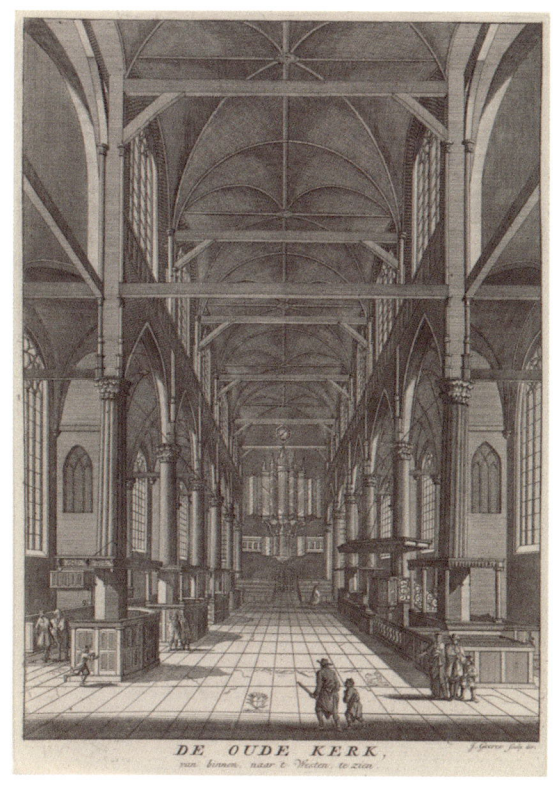

얀 후레이, 「구교회 내부」(1700)
이 그림에 묘사된 오르간이 스베일링크가 연주했던 악기다.

오르페우스uytnemensten Orgelist oft Orpheus van Amsterdam의 동생'이라고 작곡가의 동생 헤릿Gerrit Sweenlick을 소개하는데, 이미 드높은 스베일링크의 위상을 알려준다.◈

◈   지금도 남아있는 작곡가의 유화 초상화는 바로 동생이 그린 것이다.

스베일링크는 평생 여행을 별로 하지 않았다. 그러나 국제무역과 출판의 도시 암스테르담에 살았기에 존 불, 피터 필립스Peter Philips 같은 다양한 음악가를 직접 만나고 다양한 악보를 구할 수 있었다. 또 그 자신이 위대한 교사로 명성을 누렸기에 건반 작품을 한 곡도 출판하지 않았음에도 북독일 곳곳에서 제자들이 몰려왔는데, 이들은 스승에게 배우는 한편 반대로 스승에게는 마르틴 루터 이후 북독일 음악의 핵심이 된 코랄을 알려주었다. 함부르크에서는 샤이데만Heinrich Scheidemann과 야코프 프레토리우스Jacob Praetorius가, 할레에서는 사무엘 샤이트Samuel Scheidt가, 단치히에서는 지페르트Paul Siefert가, 라이프치히에서는 안드레아스 뒤벤Andreas Düben이 왔다. 말하자면 북유럽이 그에게로 온 것이다. 그래서 그의 음악에는 영국 건반 악파 작곡가들의 화려한 장식과 세속 노래 주제에 의한 변주곡, 안드레아 가브리엘리Andrea Gabrieli와 차를리노 같은 이탈리아 작곡가들의 즉흥적인 토카타 형식 등이 모두 녹아있다. 그중에서도 가장 중요한 모범은 영국의 윌리엄 버드라고 생각한다. 버드는 다양한 양식을 실험하며 아직 근본적으로 성악곡에 종속되어 있던 건반 음악에서 새로운 전통을 만들어냈다. 또 당대 음악의 모든 규칙을 과감하게 깨뜨리고 다양한 양식을 함께 엮어서 건반 음악의 규모를 크게 확장하면서 아직 좁고 아담한 세계에 거대한 균열을 냈다. 스베일링크는 버드의 다양한 형식과 독특한 표현을 완벽하게 습득했고, 버드가 낸 균열을 활짝 열어젖혔다.

스베일링크의 건반 작품들

스베일링크는 오르간을 위한 푸가를 쓴 최초의 작곡가 중 한 명으로, 정교하고 복잡한 대위법과 성부를 늘려가며 쌓아가는 건축미는 당대의 그 누구와도 비교할 수 없다. 또 발건반으로 독립적인 푸가 성부를 연주하도록 지시했으며, (일부 작품이기는 하지만) 오르간과 하프시코드를 위한 음악을 구분한 최초의 작곡가이기도 하다. 그런가 하면 가톨릭, 칼뱅파, 루터파 세 종파의 찬가를 모두 사용해서 오르간 변주곡을 썼다. 스베일링크가 세운 거대한 건반 음악의 전통이 네덜란드가 아니라 북독일에서 펼쳐지게 된 가장 큰 이유는 아마도 음악에 대한 루터파 개신교와 칼뱅파 개신교의 인식 때문이지 않을까 싶다. 루터교 전통에서는 오르가니스트가 예배 중에 음악과 가사의 관계를 탐구하면서 교회에 모인 신자들에게 코랄의 '의미'를 제시하는 것이 '존재 이유raison d'être'였다. 반면 칼뱅파 전통에서는 (최소한 초기에는) 예배 중에 오르간을 연주하지 못했으며, 그 전후에 신자들에게 찬가의 '선율'을 가르치는 것이 중요한 의무였다. 이렇게 대조적인 관점은 두 종파의 음악 예술에도 영향을 미쳤으며, 네덜란드에서는 스베일링크 이후 몇몇 뛰어난 연주자–작곡가가 나오기는 했지만 그의 참다운 정신을 계승하지는 못했다. 반면 독일에서는 제자들이 스승에게 배운 다양한 양식을 바탕으로 루터교 코랄을 혼합한 코랄 프렐류드와 코랄 환상곡을 확립해서 루터교 음악의 형성에 결정적인 역할을 했다. 그의 손자 제자뻘인 디트리히 북스테후데Dietrich Buxtehude, 요한 아담 라인켄Johann Adam Reincken, 게오르크 뵘Georg

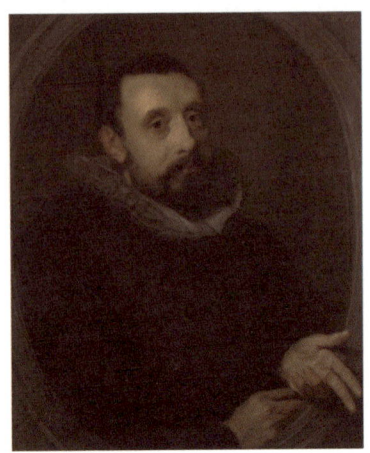

헤릿 피터르스 스베일링크, 「스베일링크 초상」(1606)

Böhm, 마티아스 베크만Matthias Weckmann이 펼쳐냈던 '환상적 양식Stylus fantasticus'에 담긴 상상력과 자유로움은 스베일링크의 존재 없이는 상상할 수 없다.

스베일링크의 건반 작품은 몇 가지 유형으로 분류할 수 있다. 종교적 선율에 의한 변주곡은 대부분 오르간을 위한 작품으로, 제네바 시편이나 「그리스도는 빛이요 낮이시니Christe qui lux es Anthem et dies」처럼 칼뱅파 개신교 전례에서 정기적으로 썼던 선율이 있는가 하면 그레고리오 성가나 루터교 코랄에서 따온 것도 있다. 최만년 작품으로 추정되는 「주님, 자비를 베푸소서Erbarm dich mein, o Herre Gott」는 이 장르의 대표작으로, 프리지아 선법으로 장엄한 선율에 여섯 개 (1-2/3-4/5-6)의 변주를 붙여 나가는데, 정교한 대위법도 인상적이지만 마지막 부분에 등장하는 장식은 황홀할 정도로 아름답다. 한편 세속 선율에 의한 변주곡은 오르간과 하프시코드 어느 쪽으로든 연주할 수 있으며 특히 영국 건반 악파의 영향이 두드러진다. 스베일링크 작품 중 대중적으로 가장 널리 알려진 〈내 젊음이 다하려 하네 Mein junges Leben hat ein Endt〉는 작곡가의 변화무쌍한 변주 기법이 빛을 발하는 화려한 작품이다. 더 자유로운 건반 작품으로는 무엇보다도 환상곡이 있다. 환상곡은 16세기 초반부터 많은 인문주의자와 예술가들에게 가장 예술적이고 중요한 장르로 꼽혔다. 특히 모방 대위법과 엮이면서 더욱 그랬는데, 이탈리아와 영국 건반 음악 양식이 융합된 스베일링크의 환상곡 20여 곡은 대단히 개성적이면서도 구조적으로 매우 치밀하다. 당대의 인기 있는 기법을 사용한 몇 곡의 〈에코 환상곡〉은 누구나 친근하게 즐길 수 있다. 그런가 하면 〈반음계적 환상곡Fantasia Crommatica〉과 〈헥사코드 환상곡Hexachord Fantasia〉으로 알려진 D단조와 F장조 환상곡은 각각 하프시코드와 오르간을 위한 한 쌍의 작품으로, 르네상스 기악 음악의 귀결점이라는 생각이 들 정도로 정제되고 균형 잡힌 걸작들이다.

작곡가 사후의 망각과 부활

하지만 수많은 당대 음악가들이 그랬듯이, 스베일링크의 빛나는 이름은 세상을 떠난 후 곧 잊혔다. 특히 건반 음악은 교회 음악과는 달리 생전에 한 곡도 출판되지 않았기 때문에 필사본을 지닌 소수의 전문가 집단을 제외하고는 그 존재 자체를 잘 몰랐다. 마테존이 1740년에 쓴 글을 보면 그도 스베일링크 건반 작품이 있다는 말은 들었지만 직접 보거나 들은 적은 없었던 것 같다. 그 뒤 18세기를 거쳐 19세기 초까지 스베일링크와 그의 음악은 거의 알려지지 않았다. 1840년대 들어 비로소 애국적, 민족적 감정의 영향으로 네덜란드에서 스베일링크에 관한 관심이 되살아났으며, 1870년에 그의 건반 작품 일곱 곡이 처음으로 출판되며 오랜 망각에서 깨어나기 시작했다. 비록 1851년과 1893년에 암스테르담에 그의 동상을 세우려는 캠페인이 사람들의 관심 부족으로 좌절되기도 했지만, 그래도 (유로화가 생기기 이전) 옛 네덜란드 화폐에 그의 초상이 등장하기도 하고, 한때 암스테르담의 음악원 이름이 '스베일링크 음악원'◈으로 불리면서 네덜란드 음악의 상징처럼 쓰였다. 하지만 그의 음악은 20세기

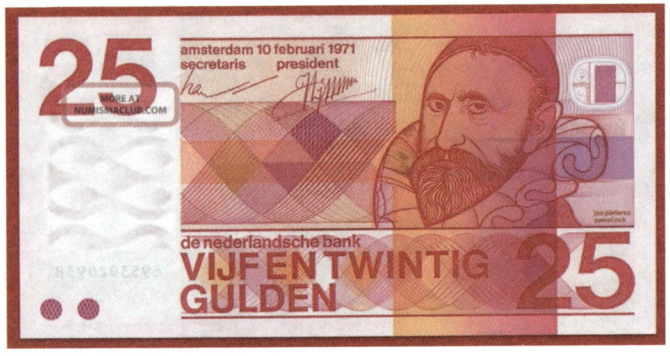

옛 25굴덴 지폐(스베일링크)

◈ 1994년에 통폐합 과정을 거치면서 '암스테르담 음악원'으로 바뀌었다. 옛 흔적은 120석 규모의 '스베일링크 홀'에 남아있다.

후반부터 비로소 일반 애호가들에게도 사랑받기 시작한 것 같다.

내게는 이를 실감할 수 있는 작은 경험담이 있다. 1990년대 중반에 구교회를 처음 방문했을 때는 그곳에 있는 누구도 스베일링크가 교회에 묻혔다는 사실조차 몰랐다. 오직 렘브란트의 아내인 사스키아가 묻힌 곳으로 유명했을 뿐이다. 2015년에 방문했을 때는 스베일링크의 무덤이 있다는 것은 알았지만 정작 어디 있는지는 몰랐다. 내가 직원에게 문의하자 여기저기 전화를 걸어본 다음 장소를 알려주었다. 2019년에 다시 갔을 때는 친절하게 안내판이 놓여있었다. 그런데, 그 장소는 전에 내게 알려준 곳이 아니었다. 나는 엉뚱한 무덤을 향해 고개를 숙였던 것이다! 그 뒤로 지금까지, 나는 잘못된 무덤을 알려준 직원이 미안한 마음에 제대로 된 안내판을 만들어놓지 않았을까 하고 마음대로 생각하고 있다. 물론 확인해보고 싶은 생각은 없다.

스베일링크의 건반 작품은 현재 70여 곡 남아있다. 아마 세월이 흐르면서 많은 작품이 유실되었을 것이다. 그래서 정확한 작품 숫자는 여전히 유동적이고, 아마 앞으로도 오랫동안 계속 그럴 것 같다. 앞서 언급했듯이 작곡가 생전에 출판된 곡이 없는 데다 심지어 자필 악보도 없기에, 지금도 계속 '신곡'이 나타나는가 하면 기존 작품이 탈락하기도 한다. 1894년에 사상 처음으로 작품 전집의 일부로 건반 음악이 출판되었을 때 작품 숫자는 36곡이었다. 그 뒤 1943년 개정판에서는 73곡, 1968년 3판에서는 69곡(52곡만 진작으로 인정)을 제시했다. 21세기 접어들어 두 개의 에디션이 각각 출판되었는데, 브라이트코프 & 헤르텔 에디션(2004~2007)은 진작(65곡)과 의심스러운 작품(13곡)으로만 구분한 데 비해 베렌라이터 에디션 (2003~2010)은 확실한 진작(48곡), 불확실한 작품(18곡), 추정작(11곡), 의심스러운 곡(2곡)으로 더 세분화해서 분류했다. 어쩌면 스베일링크 음악의 본질은 그가 세상을 떠나면서 수많은 사람을 감동시켰던 즉흥 연주와 함께 사라져버렸는지도 모른다. 그래도, 지금 남아있는 작품만으로도 '독일 건반 음악의 아버지'라는 찬사를 듣기에는 충분하다.

추천 음반

---

† Sweelinck: Complete Keyboard Works
  Léon Berben
  (Aeolus)

† Sweelinck: The Complete Keyboard Works
  Bob van Asperen, Pieter-Jan Belder etc
  (Glossa)

† Sweelinck: Organ Works
  Gustav Leonahrdt
  (Deutsche Harmonia Mundi)

† Sweelinck: Toccatas, Fantasias, Variations
  Péter Ella
  (Hungaroton)

† Sweelinck – Der Organistenmacher (Maker of organists)
  Léon Berben
  (RaumKlang)

6장

알레그리 「미세레레」
– 사실과 신화의 이중주

중세 시대 음유시인의 20세기 버전이라고 할 만한 레너드 코엔 Leonard Cohen의 「할렐루야Hallelujah」에는 이런 구절이 나온다.

You saw her bathing on the roof
Her beauty and the moonlight overthrew ya

당신은 옥상에서 그녀가 목욕하는 것을 보았지
그 아름다움과 달빛이 당신을 무너뜨렸지

이는 구약 성서 사무엘서에 나오는 이야기로, 다윗 왕은 부하의

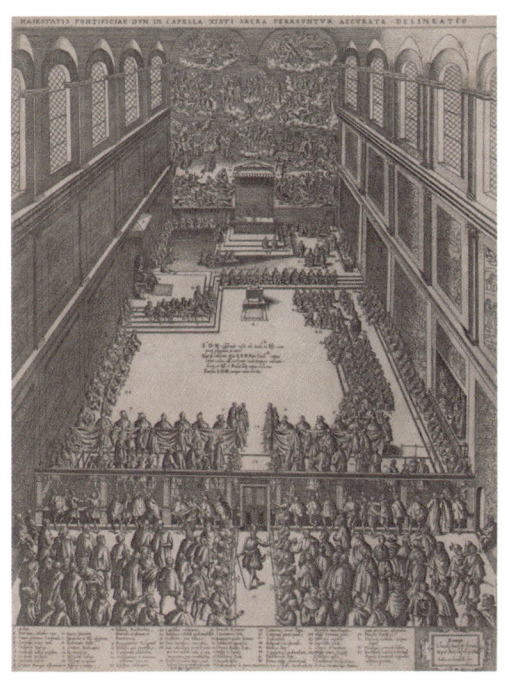

안토니오 라페리, 암브로지오 브람빌라,
「시스티나 경당의 교황 미사」(1582)

아내인 밧세바의 아름다움에 반해 그 남편을 전쟁터에서 죽게 만들
고 제 아내로 취했다. 이에 예언자 나탄이 주님의 명을 받고 왕을 꾸
짖으니, 다윗은 죄를 고백하는 참회의 기도(노래)를 바친다. 그것이
바로 시편 51편(라틴어 불가타 성서에서는 50편), 저 유명한 「미세레
레Miserere」이다. 정말 다윗이 썼는지는 알 수 없지만, 이른바 '탄원 시
편' 중에서 가장 유명한 이 감동적인 노래는 오랜 세월에 걸쳐 유대
교와 그리스도교 전례에서 널리 쓰였다. 르네상스 시대부터 21세기

까지 수많은 작곡가가 「미세레레」에 곡을 붙였지만 아마도 가장 유명한 곡은 그레고리오 알레그리Gregorio Allegri의 작품이 아닐까? 이 곡은 서양 음악 역사상 최초의 '전설' 중 하나다.

하지만 「미세레레」와 그 신비로운 전설은 단지 작곡가의 악보만으로는 온전히 설명할 수 없으며, 오랫동안 이 곡을 독점적으로 연주했던 공간과 연주 관습, 그리고 19세기부터 일어난 르네상스 음악 재발견 등을 종합적으로 이해해야만 한다. 그런 의미에서 우리가 흔히 '고음악'이라고 뭉뚱그려 부르는 시대악기 및 역사주의 연주의 본질에 맞닿아 있다고 할 수 있다. 지금처럼 불특정의 '청중'과 '연주회장'이 존재하지 않았던 옛 음악 중 상당수는 특별한 공간과 음악가, 연주 관습과 떼려야 뗄 수 없는 일체였고 「미세레레」는 이를 상징적으로 드러내는 작품이기 때문이다.

시스티나 경당과 시스티나 성가대

흔히 시스티나 성가대라 불리는 교황청 성가대는 세계에서 가장 오래된 음악 단체로, 그 기원은 4세기 초 교황 실베스테르 1세(재위 314~335) 때 설립된 스콜라 칸토룸Schola Cantorum까지 거슬러 올라가며, 현재 이름으로만 봐도 1471년부터 지금까지 이어지고 있다. 중세까지 수도자와 비성직자 가수, 소년들로 이루어졌던 교황청 성가대는 교회 대분열(1309~1376) 시기에 큰 변화를 맞이한다. 교황청이 로마를 떠나 남프랑스의 아비뇽으로 이주한 시기에 단성가와 폴리포니 음악을 부르는 '상설 단체'로서의 교황청 성가대가 확립되었기 때문이다.

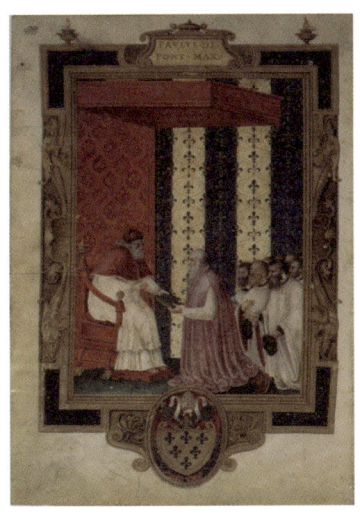

교황 바오로 3세에게 시스티나 성가대 규칙을 헌정하는
루도비코 마냐스코(1543)

교황 식스토 4세(재위 1471~1484)가 바티칸에 교황의 개인 경당인 시스티나 경당을 지으면서(1475~1481) 교황청 성가대는 점차 '시스티나 성가대'로 불리게 된다. 예술과 학문의 후원자였던 식스토 4세는 시스티나 성가대도 적극적으로 지원했다. 경당이 막 완성되고 조스캥 데프레가 단원으로 활동했던 15세기 말, 성가대는 프랑스와 플랑드르, 이탈리아, 에스파냐 출신 가수들이 모인 국제적 조직이었다. 그리고 대략 이 시기부터 시스티나 성가대는 교황이 전례를 집전하는 곳이라면 어디든 수행해서 전례에 참여했다. 15세기부터 성가대에는 소프라노와 알토를 맡은 소년 가수들이 사라졌는데 처음에는 팔세토falsetto 가수들이, 나중에는 카스트라토castrato들이 그 자리를 채웠다. 메디치 가문 출신 교황 레오 10세 치하(1513~1521)에서 시스티나 성가대는 예술적인 도약을 이룬다. 이탈리아 르네상스 예술이 황금기에 도달했던 이 당시, 30명이 넘는 시스티나 성가대는 미사곡만 150곡이 넘는 방대한 레퍼토리를 갖추었으며 동시대의 모든 폴리포니 양식을 소화했다. 또 그중 뛰어난 가수들은 로마의 여러 궁전에서 벌어지는 오페라와 오라토리오 공연에도 참여해서 두 장르의 초기 발전에 큰 역할을 했다.

'팔소보르도네' 성가

16세기 후반에서 17세기 초반, 로마는 종교개혁에 대항한 가톨릭교회의 대대적인 자체 개혁, 이른바 '반동 종교개혁'을 본격적으로 시작했다. 트리엔트 공의회(1545~1563)에서는 교회 음악의 개혁을 중요한 안건으로 다루었다. 공의회는 음악을 전례에 종속시키고 '공허한 기쁨을 주는 것이 아니라 가사를 뚜렷하게 알아들을 수 있는 음악'[1]을 요구했다. 훗날 성인품에 오른 카를로 보로메오^{Carlo Borromeo} 추기경은 공의회 후반부를 주도한 인물 중 한 명이었다. 추기경은 공의회가 끝난 뒤 밀라노 대교구장에 임명되었는데, 1565년에 밀라노에 도착하고서[2] 강도 높은 개혁을 앞장서서 추진했고 다

---

[1] 트리엔트 공의회 제22차 회기 교령(1562)

[2] 보로메오 추기경은 80년 만에 처음으로 실제로 자신의 교구에 상주한 밀라노 대교구장이었다.

른 교구도 그의 모범을 뒤따랐다. 교회 개혁 중에는 물론 음악도 있었다. 마드리갈 양식을 싫어했던 추기경은 지나치게 복잡하거나 화려한 교회 음악을 금지했고, 성가대원들의 복장까지 규정할 정도로 엄격한 규율을 부과했다. 그러면서 1570년대부터는 기존의 폴리포니 음악 대신 단성가 시편창을 정선율cantus firmus로 노래하는 테너 파트에 가벼운 호모포니풍의 화성을 붙인 이른바 '팔소보르도네falsobordone' 양식이 모범으로 제시되었다. 단순한 화성과 느린 템포, 호모포니 구조는 공의회가 요구하는 교회 음악에 적절했다.

그러나 어떤 면에서 모든 개혁은 이상주의적이고 예술가의 상상력에는 한계가 없다. 본래 음악을 단순하게 만들고 교회 음악에 제약을 가하기 위해서 쓰인 형식에서 작곡가들은 곧 예술적 욕구를 자유롭게 표현할 수 있는 '우회 도로'를 찾아냈다. 즉, 다채로운 장식음abbellimenti과 즉흥 연주, 투티tutti와 리피에노ripieno로 나뉜 복합창, 에코echo 효과, 기악 반주를 이용해서 애초의 의도와는 반대로 대단히 복잡하고 화려한 '자유로운 팔소보르도네' 음악을 만들었다. 심지어 선율적인 즉흥 연주를 넘어 화성적인 즉흥 연주까지 생겨났을 정도였다. 그러면서 어떤 의미에서는 원곡 악보보다 화려한 장식이 더욱 중요한 요소이자 매력이 되었는데, 마지막 단계에 도달한 '자유로운' 팔소보르도네 형식을 대표하는 작품이 바로 알레그리의 「미세레레」이다.

알레그리와 테네브레

로마 출신의 그레고리오 알레그리는 사제이자 가수, 작곡가였으며 1629년에 콘트랄토 가수로 시스티나 성가대에 들어갔다. 그가 쓴 기악 작품은 최신 바로크 음악의 콘체르타토 양식이었지만 교회 음악만은 보수적인 시스티나 성가대에 어울리는 옛 양식으로 되어 있다.「미세레레」는 알레그리 작품 중 현대에도 꾸준히 연주되는 유일한 작품으로, 교회력의 핵심이자 가장 엄숙한 시기인 성주간 중 부활절 직전 성삼일을 위한 곡이다. 성삼일의 시간 전례 중 밤중 기도matins와 아침 기도lauds◈를 합쳐서 '테네브레tenebrae'라고 불렀는데, 라틴어로 '어둠'을 뜻한다. 신약성서 루카 복음서 23장 44절◈에서 유래한 말로, 그렇게 부른 이유는 이 전례를 어둠 속에서 거행했기 때문이다. '예레미아의 애가'를 비롯해서 독서가 끝날 때마다 촛불을 하나씩 껐고, 마지막에는 제대 뒤에 있는 촛불 하나만이 켜진 가운데 완전한 암흑에서「미세레레」를 노래했다.◈ 시스티나 경당에서 성가대가「미세레레」를 노래할 때 교황과 추기경들은 제대 앞에 무릎을 꿇었으며, 연주가 끝나면 발로 바닥을 두들기며 소음을 만들었

◈ 본래는 성목요일, 성금요일, 성토요일 새벽에 거행하는 전례지만, 중세 후기부터 1955년까지는 대개 그 전날 저녁에 앞당겨 연주했다. 그래서 실제로는 수요일, 목요일, 금요일에 거행했다.

◈ "낮 열두 시쯤 되자 어둠이 온 땅에 덮여 오후 세 시까지 계속되었다Et erat iam fere hora sexta, et tenebrae factae sunt in universa terra usque in horam nonam."

◈ 전례 개정 이후 지금은 마지막에「미세레레」를 낭송하거나 노래하지 않는다.

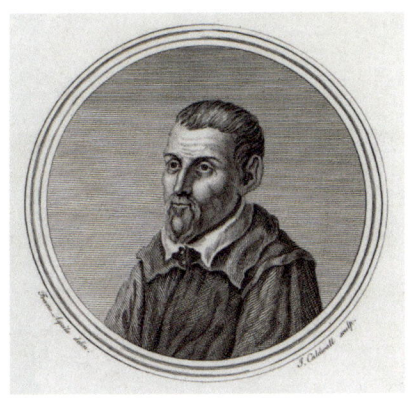

작자 미상, 「그레고리오 알레그리」(18세기)

다. 그리스도가 사라진 세상의 혼돈을 상징하는 의미였다.

　알레그리가 1638년 무렵◈에 작곡한 「미세레레」는 5성부(SATTB)와 4성부(SSAB), 두 대의 합창단을 위한 9성부 작품으로, 단성가를 사이에 두고 두 합창단이 부르는 팔소보르도네 찬가가 번갈아 등장한다. 이런 형식의 「미세레레」는 콘스탄초 페스타Constanzo Festa가 1514년에 처음으로 쓴 이래 시스티나 성가대의 전통으로, 많은 작곡가가 비슷한 편성과 형식의 작품을 썼고 알레그리 이후에도 토마소 바이Tommaso Bai가 비슷한 「미세레레」를 썼다.◇

◈　피에로 알피에리가 1840년에 장식음 붙은 판본을 처음으로 출판하면서 제시한 작곡 연도
◇　토마소 바이가 1713년 무렵에 쓴 「미세레레」는 알레그리 작품과 편성이 같고 화성 구조도 비슷한데, 알레그리 작품을 바탕으로 좀 더 '현대적으로' 다듬었다는 느낌이다.

이 곡을 수록한 최초의 필사본은 작곡가가 세상을 떠나고 9년 뒤인 1661년에 만들어졌는데,◈ 우리에게 익숙한 「미세레레」와 비교하면 매우 단순하고 소박하다. 교대로 노래하는 두 대의 합창단은 기본적으로 호모포니이고 장식음도 없으며, 작품의 상징처럼 알려진 이른바 '하이C' 고음도 없다. 물론 알레그리 자신도 작품을 악보 그대로 연주하지는 않았을 것이다. 팔소보르도네 양식의 핵심은 르네상스 시대부터 시스티나 성가대의 전통으로 내려왔던 화려한 장식과 즉흥 연주에 있기 때문이다. 실제로 작곡 후 100여 년 후에 만들어진 두 번째 필사본◈을 보면 첫 번째 필사본과 상당히 달라졌음을 확인할 수 있다. 이와 관련해서 찰스 버니Charles Burney가 전해주는,⑩ 신성로마제국 황제 레오폴트 1세의 일화는 주목할 만하다. 황제는 로마에서 「미세레레」를 듣고 감동한 나머지 교황에게 악보를 요청해서 받았는데, 빈에서 황실 가수들이 장식음 없이 악보대로 부르는 연주에 크게 실망했다고 한다. 황제는 자신이 사기를 당했다고 의심해서 교황에게 항의했지만, 사실 악보는 진짜였다. 단지 구전과 전통으로 내려온 장식음이 악보에 기보되어 있지 않았을 뿐이다. 결국 「미세레레」의 아름다움은 본질적으로 독특한 연주 관습과 전통, 가수들

◈ Biblioteca Apostolica Vaticana MS 205 & 206(1661)

◈ Biblioteca Apostolica Vaticana MS 185(1731)

⑩ Charles Burney, 『프랑스와 이탈리아의 현재 음악적 상황The Present State of Music in France and Italy』(1771)

의 기량, 종교적 분위기에서 만들어졌음을 알려주는 일화이다.

모차르트의 전설

알레그리의 「미세레레」는 작곡가 사후 금세 시스티나 성가대의 인기 레퍼토리가 되었으며, 작품의 명성이 밖으로 퍼져나가기 시작했다. 그리고 1660년 무렵부터 성가대가 사실상 붕괴되는 1870년까지, 2세기에 걸쳐 시스티나 경당에서 거행되는 성주간 전례의 하이라이트이자 시스티나 성가대의 독점 레퍼토리였다. 교황이 이끄는 엄숙한 전례, 거의 암흑 속에서 반주도 없이 노래하기에 면밀한 리허설을 거쳐 모든 장식음을 정확히 암기해야 하는 특수한 상황, 악보의 외부 유출을 금지했던 비밀스러운 분위기[11]가 어우러져 오늘날 우리가 알고 있는 '전설'이 탄생했다.

그중 가장 유명한 것은 단연 모차르트의 일화다. 사실 너무 유명해서 시간이 흐르며 사실과 허구가 뒤섞인 전설, 혹은 신화가 되었다. 그 핵심은 1770년 4월, 아버지와 함께 로마를 방문한 열네 살 소년 모차르트가 시스티나 경당에서 「미세레레」를 두 번 듣고 완벽한 악보를 만들었다는 것이다. 19세기에 접어들면서 여기에 모차르트가 악보를 모자에 숨기고 들어갔다는 식의 이야기가 덧붙여졌고,

---

[11] 다만 악보를 유출하면 파문한다는, 전설처럼 내려오는 이야기는 사실이 아니다. 레오폴트 모차르트도 그렇게 믿었을 정도로 오랜 전설이긴 하지만, 그런 포고령이 반포되었다는 기록이나 근거는 없다.

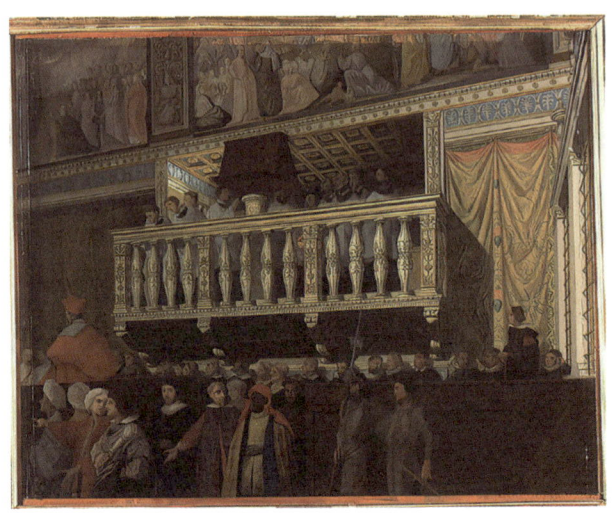

아고스티나 타시의 원작을 장 오귀스트 앵그르가 모사,
「17세기 초반 시스티나 경당의 성가대석」(1848)

'신동 모차르트'를 상징하는 일화로 알려지면서 마치 200년 동안 봉인되었던 작품이 모차르트에 의해서 세상 밖으로 나왔다는 식으로 확대, 재생산되었다.

　　그러나 모차르트가 만든 필사본이 얼마나 정확했는지 여부는 차치하더라도,⑫ 이 곡의 필사본을 처음 만든 사람이 모차르트는 아니었다. 그리고 앞서 언급한 레오폴트 1세를 비롯해서 포르투갈 국왕과 작곡가 조반니 마르티니Giovanni Battista Martini 등 몇몇 인사들이 교황청으로부터 공식적으로 악보를 받았으며, 모차르트가 태어나기도

⑫　현재 모차르트가 기록한 악보는 남아있지 않다.

전에 런던과 빈에서도 연주되었다. 게다가 모차르트 부자는 몰랐을지 몰라도 그들이 방문했을 무렵에는 로마를 찾는 관광객이 필사본 악보를 그리 어렵지 않게 구할 수 있었다. 또 같은 시기에 로마를 방문한 찰스 버니는 1771년에 직접 「미세레레」 악보를 출판했다. 버니가 모차르트에게서 악보를 입수했다는 추측도 있지만, 그가 시스티나 성가대원 주세페 산타렐리Giuseppe Santarelli를 통해서 악보를 여럿 입수했다고 직접 밝혔고 또 출판 악보에 장식음이 전혀 없는 걸 보면 사실이 아닌 듯하다.⑬

시스티나 성가대의 붕괴와 현대 판본

버니는 성가대의 기량에 감탄하면서도 이들의 보수가 오페라 가수보다 적기 때문에 장차 쇠퇴하리라고 예측했는데, 내부 사정을 전해 들은 게 아닌가 싶다. 실제로 성가대는 19세기에 접어들면서 뛰어난 가수들의 이탈과 나폴레옹 전쟁의 여파로 점차 쇠락의 길을 걸었다. 하지만 역설적이게도 「미세레레」의 대중적 인기와 관심은 더욱 치솟았다. 그러면서 성주간 테네브레를 종교예식이라기보다는 일종의 관광 코스로 방문하는 외국인이 늘어났으며, 멘델스존(1830~1831), 베를리오즈(1831~1832), 찰스 디킨스(1845) 등 여러 예술가가 저마다 감상문을 남겼다.

---

⑬ 버니의 출판본은 산타렐리를 통해서 구한 몇몇 필사본을 나름대로 취사선택한 것 같다.

오늘날 우리가 연주회장에서나 음반으로 흔히 듣는 형태의 「미세레레」는 19세기에 기보된 몇몇 연주 관습을 20세기에 정리한 것이다. 나폴레옹 전쟁이 끝나고 새로운 세대의 성가대원들은 낭만주의 시대에 어울리는 새로운 형태의 「미세레레」를 노래하기 시작했는데, 이 시기부터 장식음이 기보된 악보가 만들어지기 시작해서 지금도 열 개가 넘는 필사본이 남아있다. 대략 이 시기부터 피치가 점점 올라가는 경향을 보이는데, 낭만주의 미학의 영향인 듯하다. 1840년에는 교황청 출판인이자 사제였던 피에로 알피에리^{Pierro} ^{Alfieri}가 처음으로 장식음과 다이내믹 표시가 포함된 악보[19]를 출판했다. 19세기 이래 조금씩 쇠퇴했던 시스티나 성가대는 1870년에 이탈리아의 통일에 따른 교황령의 해체로 결정적인 타격을 받는다. 전례 예식이 대폭 축소되었고, 교황청 산하의 여러 성가대가 축소 및 통폐합되는 과정에서 시스티나 성가대도 사실상 붕괴되었기 때문이다. 오랜 전통이 사라지고 「미세레레」 연주 전통도 중단된 상황에서 몇몇 단원들은 자신이 노래했던 방식대로 「미세레레」의 악보를 기록해서 후세에 남기고자 했다. 이름난 카스트라토 가수이자 오랜 세월에 걸쳐 시스티나 성가대의 음악감독을 지낸 도메니코 무스타파

---

[19] Il Salmo Miserere posto in musica da Gregorio Allegri e da Tommaso Bai, Publicato cogli Abbellimenti per la prima volta, 이 악보는 당대 관습대로 알레그리와 바이의 「미세레레」를 혼합한 형태다. 다만 이 악보에 표기된 장식음은 출판을 위한 '축약판'인 듯하다.

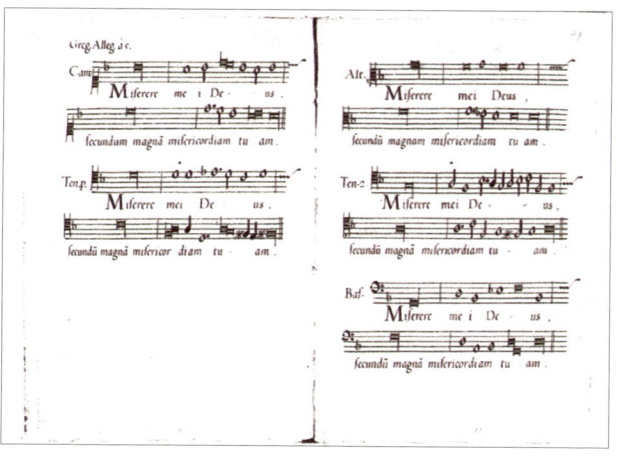

「미세레레」 필사본(1661)

Domenico Mustafà가 1892년에 만든 필사본⑮은 그중 최후이자 가장 중요한 기록이다.

　　현재 대중적으로 널리 알려진 형태의 「미세레레」는 1880년대부터 1930년대까지 영국에서 만들어진 것으로, 기본적으로 찰스 버니 출판본의 1합창단과 몇몇 19세기 출판본을 짜깁기한 2합창단을 복잡하게 결합한 형태다. 묘하게 아름답기는 하지만 알레그리의 원본은 물론 그 어느 시대, 어느 장소의 연주 형태나 관습과도 맞지 않는 20세기의 '키메라'이며, 여기 등장하는 '하이C' 역시 멘델스존이

---

⑮　Biblioteca Apostolica Vaticana MS 375, 무스타파가 기록한 「미세레레」 역시 알레그리와 바이의 「미세레레」가 혼합된 형태다.

1831년에 기록한 장식음을 오해한 결과다. 이런 역사적 상황을 생각해보면, 17세기부터 21세기까지 사람들은 시대와 지역에 따라 다른 저마다의 「미세레레」를 들었음을 알 수 있다. 그리고 1980년대부터 휴 케이트Hugh Keyte, 그레이엄 오라일리Graham O'Reilly를 비롯한 몇몇 음악학자와 음악가들이 작품의 원래 모습과 역사적 연주 관습을 파고들면서, 이제 우리는 얼마간 추측에 의지한다고 하더라도 다양한 형태의 「미세레레」를 모두 감상할 수 있게 되었다. 17세기 로마의 「미세레레」와 20세기 런던의 「미세레레」, 21세기 서울의 「미세레레」는 모두 그 시대를 반영하는 거울이라고 할 수 있겠다. 그 거울에서 과연 무엇을 발견할지는 각자의 몫이다.

추천 음반

---

† Nova Metamorfosi
Vincent Dumestre, Le Poème Harmonique
(Alpha)

† Musica della Cappella Sistina
Andrew Parrott, Taverner Consort
(EMI-Erato)

† Allegri Miserere & The Music of Rome
Andrew Carwood, The Cardinall's Musick
(Hyperion)

† Miserere
Martin Neary, Westminster Abbey Choir & Consort
(Sony)

† Allegri & Bai: Miserere etc
Graham O'Reilly, Ensemble William Byrd
(Naïve)

† Allegri: Miserere etc
A Sei Voci
(Astrée)

7장
뢸리와 코렐리,
오케스트라의 탄생

오케스트라는 현대 클래식 음악의 주인공이다. 오케스트라는 르네상스 시대부터 시작된 서구 음악 전통의 한 귀결점이자, 그 가장 강력한 도구이며, 음악 산업의 핵심적 요소이기도 하다. 오케스트라 없이는 교향곡도, 협주곡도, 오페라도 존재할 수 없다. 또한 오케스트라는 그 자체만으로도 음악사의 혁명이자 사회적인 혁명이기도 했다. 바이올린족 현악 앙상블이 주축이 된 여러 음악가가 리더 한 사람의 주도로 같은 연주 방식과 같은 동작을 취하며, 청중을 향해서 다 함께 연주하는 오케스트라는 모든 면에서 그 이전의 연주 형태와는 근본적으로 다른 존재였다. 또한 그전까지는 상상도 할 수 없었던 '시끄러운' 소리를 낼 수 있게 되었다는 점에서 근대 시민사

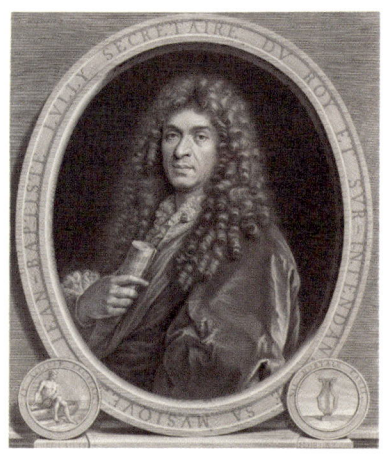

폴 미냐르, 「장 바티스트 륄리」(1675)

회를 예고한 선구자이기도 했다.

근대 오케스트라의 등장

그렇다면 오케스트라는 언제, 어디서, 어떻게 태어난 것일까. 오페라가 처음 만들어진 1600년 무렵, 누구도 음악 앙상블을 가리켜 '오케스트라'라고 부르지 않았고 실제로 그런 단체도 없었다. 하지만 1800년 무렵이 되면 유럽의 거의 모든 대도시에 오케스트라가 있었고 사람들도 이를 '오케스트라'라고 불렀다. 즉 클라우디오 몬테베르디와 피렌체 카메라타의 시대에는 존재하지 않았고, 17세기 중반부터 서서히 그 조짐이 나타나기 시작해서 17세기 후반에 뚜렷한 실체가 생겨났다. 다른 말로 표현하자면, 짧게는 1세기, 길게는 2세기 동안 서서히 태어난 것이다.

오케스트라란 과연 무엇일까? 무엇을 가리켜 오케스트라라고 할 수 있을까? 물론 정답은 없다. 하지만 대략 바이올린족 악기들이 주도하고, 한 성부에 여러 대의 악기가 있으며, 악기 배치가 안정되어 있고, 악단으로서의 정체성이 있고, 규율과 리더십이 있는 음악 앙상블이라고 합의할 수 있을 것이다. 그런 의미에서는 몬테베르디와 카치니의 악단은 오케스트라가 아니었다. 17세기 인테르메디오 악보나 이를 묘사한 그림에서도 볼 수 있듯이, 르네상스 시대와 바로크 초기의 기악 앙상블은 본질적으로 폴리코랄polychoral풍이었다. 즉 성부당 한 명의 가수와 한 개의 악기로 이루어진 여러 개의 소그룹coro이 분리된 형태였으며 하프시코드, 류트, 테오르보, 오르간 등 콘티누오 악기가 주인공이었다. 음향적인 이유로 여러 그룹으로 갈라져 연주할 때도 대개 각각의 콘티누오 악기와 가수들이 함께 배치되었다. 또 악보에 특정 악기를 명시하지 않고 상황에 따라 다양한 악기로 연주하는 경우가 많았고, 때때로 특정 악기를 지시한 경우에도 해당 악기의 상징성을 고려한 선택인 경우가 많았다. 가령 1589년 토스카나 대공 페르디난도 1세와 로렌의 크리스틴의 결혼식에서 상연된 인테르메디오 〈순례자 여인〉◆을 보면, 천상의 정령들이 등장하는 장면에서 하프, 류트, 리라, 살터리 등의 악기가 등장한다. 같은 시대 종교화에서 그리스도나 성모를 둘러싼 천사들이 흔히 연주하는 악기다.

◆　음악은 에밀리오 데 카발리에리, 루카 마렌치오 등 여섯 명의 작곡가가 나누어 썼다.

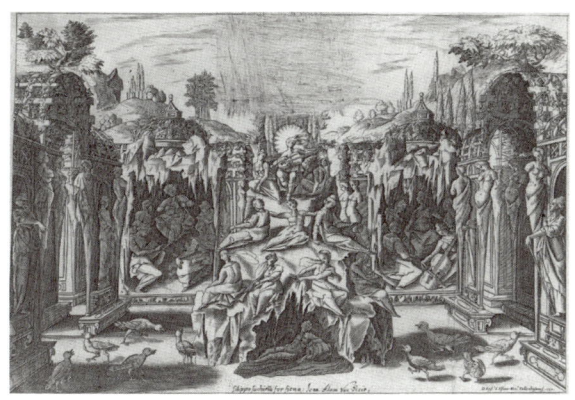

〈순례자 여인〉 무대 장치 도판(1592)

　　하지만 시간이 흐르면서 새로운 흐름이 생겨나기 시작했다. 물론 체계적으로 일관성 있게 일어난 사건은 아니었기에 반대되는 흐름도 있고, 동시에 여러 가지 형태가 혼재하기도 했다. 그래도 17세기 중후반, 파리(베르사유)와 로마에서는 분명 '오케스트라의 탄생'이라고 부를 수 있는, 뚜렷하고 집중적인 움직임이 생겨났다. 그 주역은 먼저 베르사유의 장-바티스트 륄리Jean-Baptiste Lully 그리고 그보다 조금 늦게 로마의 아르칸젤로 코렐리Arcangelo Corelli였다. 프랑수아 쿠프랭François Couperin은 「륄리 찬가L'apothéose de Lully」와 「코렐리 찬가 L'apothéose de Corelli」에서 두 사람을 프랑스 음악과 이탈리아 음악의 대표로 칭송했지만, 이들은 또한 근대 오케스트라의 아버지이기도 했다. 사실 두 사람은 공통점이 많다. 륄리와 코렐리는 모두 강력한 후원자의 도움을 얻어 당대 음악계를 주도했다. 두 사람 모두 직접 오케스트라를 조직해서 이끌었으며 레퍼토리도 직접 작곡했다. 또 두 사람 모두 새로운 것을 창조했다기보다는 이미 존재하는 전통과 유산을 이어받아 이를 바탕으로 그 모두를 하나로 종합하고 체계화해서 완성했다.

륄리와 베르사유 악단

바이올린족 악기의 고향은 이탈리아지만, 그 악기들이 주도하는 최초의 상설 단체는 프랑스에서 생겨났다. 바로 1618년, 루이 13세의 궁정에서 만들어진 '국왕의 24바이올린단Vingt-quatre Violons de Roy'이었다. 이 단체는 궁정 발레ballet de cour를 위한 악단으로, 여전히 르네상스풍 앙상블이긴 했지만 바이올린족 악기들이 훨씬 더 늘어났다. 당시 바이올린은 비올보다 격이 떨어지는, '춤곡에 어울리는 악기'였기 때문이다. 그렇기에 최초의 오케스트라는 '댄스 밴드'에서 출발했다고 할 수 있겠다. 그 얼마 후에는 또 '작은 바이올린단Petits Violons/Petite Bande'도 생겨났고, 미셸 앙리Michel Henry나 루이 콩스탕탱Louis Constantin 같은 궁정 음악가들이 이를 위한 작품을 썼다. 하지만 이 모든 흐름을 종합해서 새로운 차원으로 인도한 사람은 륄리였다. 이탈리아 피렌체 출신의 륄리Lulli는 어린 시절에 프랑스로 넘어와 비슷한 또래의 소년왕 루이 14세의 총애를 얻었고, 프랑스인 륄리가 되어 국왕의 음악감독으로서 역사상 가장 막강한 권력을 지닌 음악가가 되었다. 1653~1661년 사이에 두 궁정악단을 모두 장악했고 얼마 후에는 오페라 오케스트라까지 손에 넣어 사실상 왕국에 존재하는 모든 '오케스트라'를 자기 것으로 만들었기 때문이다.

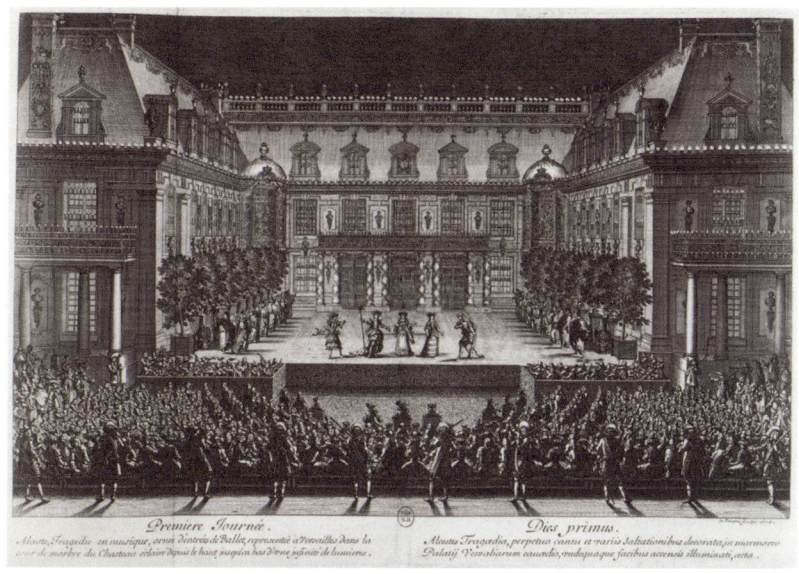

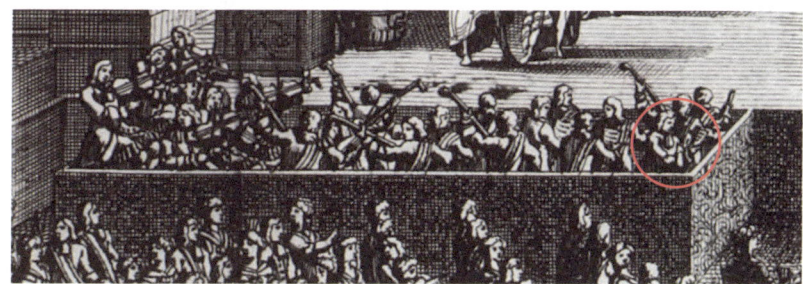

(상) 베르사유 궁전에서 상연된 륄리의 〈알세스트〉(1674)
(하) 위 그림의 오케스트라 부분을 확대한 이미지
악단 우측 모서리에 악보를 말아 쥐고 서 있는 사람(붉은 원)이 지휘자 륄리다.

천재적인 조직가였던 륄리는 태양왕을 위해서 '코메디-발레
comédie-ballet'와 '음악 비극tragédie en musique' 장르를 만들면서 '24바이올
린단'을 유럽 최고의 음악 앙상블로 키워냈다. 그러면서 륄리는 바

이올린족 악기들을 악단의 중심으로 삼으면서② 플루트를 오케스트라에 추가했고, 서로 다른 음역의 리코더 앙상블과 오보에 앙상블을 이용해서 현악과 목관 악기의 음색을 다양하게 조합하는 음악적 실험을 거듭했다. 악단 규모도 차츰 확장되어 1681년 생제르맹 궁전에서 초연된 발레 음악 〈사랑의 승리Le triomphe de l'amour〉에는 75명이 넘는 연주자가 동원되었다. 또 륄리는 자신의 악단에 프랑스 최고의 음악가들을 끌어모았으니, 플루트와 오보에로 유명했던 필리도르Philidor와 오테테르Hotteterre 가문 음악가들과 하프시코드 연주자 당글베르 부자Jean-Henry D'Anglebert, Jean-Baptiste-Henry D'Anglebert, 비올 연주자 마랭 마레Marin Marais와 장 테오발도 드 가티Jean Theobaldo de Gatti 등이었다. 뛰어난 바이올리니스트이자 무용가, 배우였던 륄리는 그 이전까지 연주자들이 했던 무분별한 장식음을 엄격하게 통제하고 현악기의 보잉을 통일했으며 세심한 리허설을 거듭하며 앙상블을 다듬었다. 또 단원들을 무자비하게 다루면서 엄격한 규율을 확립했다. 그는 자신의 지시를 따르지 않는 단원의 바이올린을 뺏어 등짝을 내리쳐서 악기를 산산조각 낸 적도 여러 번 있었다고 한다. 그런 다음에는 세 배로 악기 값을 물어주고 근사한 저녁을 사주며 달랬다는 것이다. 현대에는 상상도 하기 힘든 난폭한 독재자였지만 '밀당'이 무엇인지를 알았다고나 할까.

---

② 기본적으로 바이올린-3비올라-베이스의 5성부 구조였는데, 여기서 베이스는 현대 첼로보다 약간 더 큰 악기를 가리킨다.

태양왕 루이 14세와 륄리는 악단에 대한 독점권을 법으로 규정해서 '오케스트라'를 절대왕정의 상징으로 만들었다. 오직 군주만이 현악-관악-건반 악기를 망라한 대형 악단을 보유할 수 있었던 것이다. 1672년 국왕의 칙령으로 궁정악단을 제외하고는 오직 오페라(아카데미) 악단만이 '여섯 대의 바이올린이나 다른 악기 이상'을 보유할 수 있었다. 따라서 절대군주가 되고 싶은 통치자들은 오케스트라를 보유해야만 했고, 실제로 런던과 빈, 드레스덴과 코펜하겐 등 유럽의 크고 작은 궁정에 베르사유를 모방한 악단이 만들어졌다. 이렇게 륄리는 오케스트라에 정치적이고 예술적인 상징성과 실제적인 모범을 선사했다. 동시대 사람들은 프랑스에서 탄생한 새로운 형태의 기악 앙상블에 매우 놀랐던 것 같다. 세바스티아노 로카텔리 Sebastiano Locatelli라는 이탈리아 여행객은 1664년에 프랑스에서 접한 현악 위주의 악단에 대해서 "이곳의 음악을 어떻게 묘사해야 할지 모르겠다. 바이올린, 비올라, 베이스 연주자들이 모인 악단 규모는 40~50여 명에 이르며… 동시에 다 함께, 강하게 활을 긋는데 마치 전쟁터로 돌진하는 것 같다"라고 썼는데, 완전히 새로운 형태의 음악을 들으며 느낀 당혹감을 엿볼 수 있다.

코렐리와 로마 악단

하지만 곧 이탈리아에서도 비슷한 움직임이 시작되었다. 이미 베네치아를 중심으로 한 이탈리아 교회 음악에서는 폴리코랄 앙상블이 점차 악군이 서로 경쟁하는 콘체르타토 concertato 원칙에 따른 앙상블, 즉 콘체르티노(독주군)와 리피에노(총주군)로 이루어진 '콘체르토 그로소concerto grosso' 형식으로 바뀌고 있었다. 그중 일부는 다시 리피에노를 기악만으로 연주하기도 했고, 기악 앙상블이 '콘체르토 그로소' 원칙을 받아들이면서 다이내믹과 편성에서 새로운 가능성을 얻게 되었다. 또 몬테베르디 오페라에서 알 수 있듯이 초기 오페라에서 기악 앙상블은 소규모에 콘티누오 악기 위주였지만 조금씩 규모가 커지기 시작했다. 하지만 1650~1660년대까지도 여전히 이탈리아의 기악 앙상블은 동시대 프랑스와는 다르게 '오케스트라'라는 느낌이 별로 없는 르네상스 악단이었다. 그런데 1680~1690년대에 이르면 로마의 기악 앙상블은 앞에 언급한 '오케스트라'의 정체성을 대부분 획득했다. 바이올린족 악기들이 대폭 확대되며 주류를 이루게 되었고◇ 기악과 성악 연주자들이 분리되었으며, 여러 개의 악군으로 분리되었던 기악 앙상블이 하나의 단일체로 발전했다. 이런 움직임을 주도하고 완성한 사람은 바로 코렐리였다.

라벤나 근처의 푸지냐노Fusignano 출신인 코렐리는 볼로냐를 거쳐 1675년 무렵 로마로 이주했다. 그 후 잠깐씩 다른 도시에서 활동한 것을 제외하면 평생 로마에서 살면서 활동했다. 로마에서 코렐리는 중요한 궁정과 성당에서 연주하면서 빠르게 두각을 드러냈고, 알레산드로 스트라델라Alessandro Stradella와 카를로 로나티Carlo Ambrogio Lonati 등이 도시를 떠난 후 1680년 무렵에는 가장 중요한 후원자들의 총애

◇　중남부 이탈리아는 프랑스와는 달리 2바이올린-비올라-첼로의 4부 편성이었다.

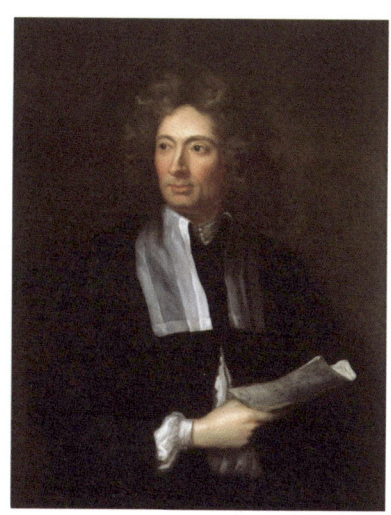

휴 하워드, 「아르칸젤로 코렐리」(1697)

를 받는 최고의 비르투오소이자 기악 작곡가로 떠올랐다. 그리고 연주자들의 앙상블이 '단체'로서 정체성을 갖는 데도 결정적인 역할을 담당했다.

17세기 로마는 파리와 여러모로 비교할 만하다. 우선 절대군주가 다스리는 국가의 수도라는 점에서는 두 도시가 비슷했다. 로마의 추기경들은 대부분 이탈리아의 귀족 출신으로 다른 나라의 대귀족들과 비슷한 역할을 했다. 또 로마는 국제 정치의 중심지로서 제한적이기는 하지만 오늘날의 UN과 비슷한 역할을 했기에 각국의 대사들이 모여 있어서 이 또한 귀족 문화의 발전에 공헌했다. 한편 로마가 파리와 다른 점은 절대군주(교황)의 치세가 상대적으로 짧고 오페라나 연극 등 세속 예술을 공식적으로 후원할 수 없기에(몇몇 교황은 적극적으로 억눌렀다) 예술 후원을 독점할 수 없었다는 점이다. 따라서 유력한 성직자와 귀족, 프랑스와 에스파냐 등 각국 대사들이 서로 경쟁하며 예술을 후원했고 여기에 중요한 성당과 수도원이 가세했다. 그렇기에 파리와 로마의 음악 문화는 서로 다르게 진행되었고, 이는 오케스트라의 형성과 발전에도 영향을 미쳤다. 베르사유의 오케스트라가 본질적으로 군주의 도구인 궁정악단이었다면, 로마의 오케스트라는 도시 전체를 아우르는 '공공재'였다.

이렇게 로마에서 오케스트라는 여러 후원자와 여러 연주 장소를 전전하는 다양한 환경에서 탄생했다. 그리고 이 과정에서 코렐리는 오케스트라가 '단체'로 정체성을 갖는 데 가장 중요한, 결정적인 역할을 담당했다. 코렐리는 1680년 무렵부터 1709~1710년 은퇴할 때까지 30여 년 동안 오케스트라를 조직하고 레퍼토리를 작곡하며 사실상 독주 바이올리니스트, 콘서트마스터, 작곡가, 기획자 역할을 동시에 수행했다. 이 기간에 연주 규모가 열 명이 넘는 거의 모든 음악 행사는 코렐리가 이끌었다고 해도 과언이 아니다. 즉 17세기 후반과 18세기 초반, 로마의 모든 오케스트라는 사실상 '코렐리 오케스트라'였다. 코렐리가 이끌었던 연주자들은 대부분 '프리랜서'로, 코렐리 밑에서 연주하는 것이 중요한 소득원이었다. 따라서 현대 오케스트라와 같은 개념의 상설 단체는 아니었지만,◈ 코렐리가 고용했던 연주자들과 규모, 악기 편성은 대단히 안정적이고 일정했다.

◈ 원칙이 그럴 뿐, 사실 따지고 보면 대다수의 현대 오케스트라도 객원 단원이 적지 않다.

옛 음악, 새 연주

또 규모가 큰 작품은 서너 번에 달하는 상세한 리허설을 거쳤고 륄리와 마찬가지로 리허설에서 통일된 보잉을 강조하는 등 언제나 악단의 규율을 엄하게 유지했다고 한다.

현대 오케스트라를 향해서

코렐리는 륄리보다 조금 늦게 등장했고 륄리의 영향을 많이 받았다. 그러나 륄리의 오케스트라가 본질적으로 주역이 아니라 오페라나 발레, 즉 '무대'의 일부분이었던 반면 코렐리는 륄리보다 더 큰 오케스트라◈를 만들어 음악의 주인공으로 만들었고, 안정적이고 효율적인 악단 구조를 유지했으며, 현대 모델인 4부 편성을 완성했다. 그 이전 누구도 코렐리처럼 오로지 기악 음악만으로(현재까지 남아있는 코렐리 성악곡은 한 곡도 없으며, 썼다고 해도 많은 숫자는 아니었을 것이다) 당대 최고의 음악가 자리에 오른 사람은 없었다. 1687년에 로마에서 열렸던 축하 행사를 묘사한 그림을 보면, 60명이 넘는 현악 연주자들('유니폼'까지 입고 있다)이 주축이 된 악단을 코렐리와 그의 조수 마테오 포르나리^{Matteo Fornari}가 이끄는 모습을 볼 수 있다. 기록에 의하면 악단은 약 45분이나 연주했고 청중은 침묵을 지키며 음악을 들었다고 한다. 그야말로 '오케스트라의 탄생', 혹은 '바로크 오케스트라의 탄생'을 지켜보는 듯한 느낌이다. 그런 의미에

◈ 때때로 연주자가 150명이 넘을 정도로 대편성인 경우도 많았고 이런 경우 트럼펫, 드럼 등 다양한 악기가 가세했다.

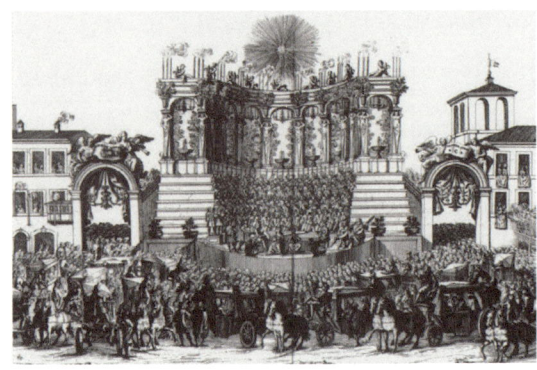
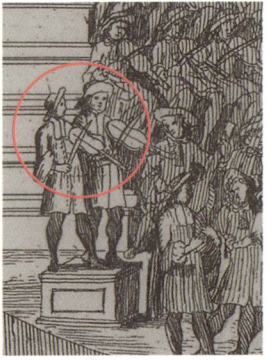

(좌) 에스파냐 왕비 마리아 루이사의 영명 축일 행사(1687)
(우) 좌측 그림 악단을 확대한 이미지. 코렐리와 그의 조수 포르나리(붉은 원)가 악단을 이끌고 있다.

서 코렐리는 륄리 못지않게, 혹은 그 이상으로 '근대 오케스트라의 아버지'라는 영예를 받을 만하다.

 륄리와 코렐리 이후로도 오케스트라는 끊임없는 변화를 겪었다. 모차르트와 베토벤의 시대에 이르면 관악 파트가 확장되고 콘티누오 파트는 점차 사라졌다. 시민혁명 이후 19세기 낭만주의 시대에 접어들면 새로운 음악 수요 계층으로 떠오른 시민사회를 주축으로 한 새로운 오케스트라가 등장하기 시작했으며, 20세기에 와서야 비로소 우리가 아는 현대 오케스트라가 최종적인 모습을 갖추었다고 할 수 있다. 그 와중에 하프시코드나 피아노, 리코더처럼 '쫓겨난' 악기도 있고 또 클라리넷처럼 새로 들어온 악기도 있으며, 오케스트라의 후원자인 절대군주는 국가나 시민으로 대체되었다. 그러나 륄리와 코렐리가 만든 악단의 근본적인 개념은 변하지 않았다. 물론 21세기를 사는 우리에게, 이제 더 이상 오케스트라는 17세기, 18세기 사람

들처럼 낯설고 신기한, 혹은 인테르메디오에서 천상의 음악을 묘사
했던 것처럼 신성한 존재로 다가오지는 않는다. 그렇지만 100명이
넘는 연주자들이 일사불란하게 함께 만들어내는 음악에는 여전히
경이로운 그 무엇인가가 남아있다. 이것이야말로 지휘자라는 '새로
운 직업'이 현대의 오르페우스로 떠오른 가장 큰 이유일 것이다. 그
리고 사람들이 알든 모르든, 거기에는 여전히 륄리와 코렐리의 이름
이 새겨져 있다.

† Lully: L'Orchestre di Roi Soleil
Jordi Savall, Le Concert des Nations
(Alia Vox)

† Lully: Les Divertissements de Versailles
William Christie, Les Arts Florissants
(Erato)

† Lully: Ballets & récits italiens
Fabio Bonizzoni, La Risonanza
(Glossa)

† Corelli: Opus 6: Concerti Grossi
Pavlo Beznosiuk, The Avison Ensemble
(Linn)

† Corelli: Sonate da Chiesa
Enrico Gatti, Ensemble Aurora
(Arcana)

† Corelli: Violin Sonatas op.5
Lina Tur Bonet, Musica Alchemica
(Pan Classics)

8장

바이올린으로 만든 장미 화관, 비버의 〈로사리오〉 소나타

1890년, 뮌헨 왕립 도서관[①]은 세상을 떠난 박물학자이자 음악학자 카를 에밀 폰 샤프호이틀Karl Emil von Schafhäutl의 소장품을 인수했다. 그중에 두꺼운 가죽으로 장정한 필사본 악보가 하나 있었다. 하인리히 이그나츠 프란츠 폰 비버Heinrich Ignaz Franz von Biber가 작곡한, 그때까지 존재조차 알려지지 않은 작품이었다. 제목도 없는 이 작품집은 1905년에 『오스트리아 고전음악의 기념비Denkmäler der Tonkunst in Österreich』라는 현대 악보 시리즈의 25권으로 출판되면서 비로소 세상에 알려졌지만,[②] 그 후로도 한참 동안 제대로 인정받지 못했다.

[①] 현재는 바이에른 주립 도서관Bayerische Staatsbibliothek

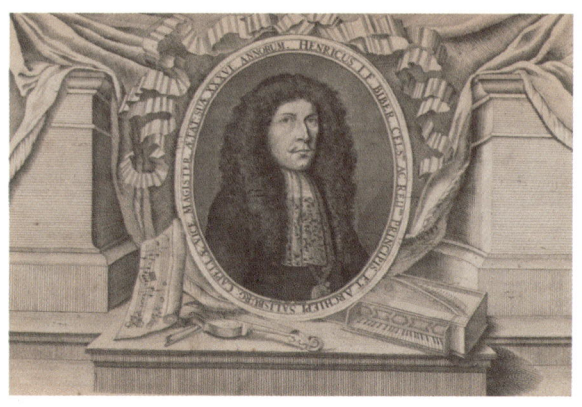

파울 젤, 「비버 초상화」(1681)

1681년에 출판된 〈여덟 곡의 바이올린 소나타〉에 실린 동판 초상화

초기 연구자들은 표제음악의 초기 사례라는 역사적인 측면에만 관심을 두었을 뿐 작품의 음악적 가치는 무시했고, 연주자들도 무반주 파사칼리아를 제외하면 별로 연주하지 않았다. 하지만 시간이 흐르면서 몇몇 연주자들이 관심을 보이기 시작해서 1960년대 이후 뛰어난 시대악기 연주자들이 앞다투어 연주-녹음하면서 진정한 부활이 이루어졌다. 지금은 17세기를 대표하는 기악곡의 걸작으로 꼽히며, 아마도 몬테베르디의 〈성모 마리아의 저녁기도〉와 더불어 17세기 음악 가운데 가장 음반이 많은 작품이 아닐까 싶다. 이 작품이 바

◈ 이 악보는 대단히 오류가 많아서 곡에 따라서는 연주가 불가능할 정도인데, 편집자 에르빈 룬츠Erwin Luntz가 스코르다투라 조율과 독특한 기보법을 이해하지 못했기 때문이다.

로 '로사리오' 소나타Rosary Sonatas/Rosenkranz-Sonaten다. 혹은 '미스터리 Mystery' 소나타라고도 불리는데, 이름 그대로 풀리지 않는 미스터리로 가득한 작품이다.

비버의 삶과 경력

비버는 1644년에 보헤미아 왕국의 바르텐베르크Wartenberg◈에서 사냥꾼의 아들로 태어났다. 독일과 보헤미아를 초토화한 30년 전쟁이 끝날 무렵이었으므로 유복한 환경은 아니었을 것이다. 나고 자란 곳은 보헤미아지만 혈통이나 모국어는 독일(어)로, 19세기부터 20세기 중반까지 비버가 주목받지 못한 원인 중 하나였다. 출판본을 제외한 악보는 대부분 체코에 있는데 체코 음악계에서는 '독일인'이라며 외면했기 때문이다. 음악 교육과 초기 경력은 정확히 알 수 없지만 보헤미아와 모라비아 출신 음악가들이 흔히 그랬듯 예수회에서 교육받은 것으로 보인다. 나중에 스스로 붙인 중간 이름 두 개, 이그나츠와 프란츠 역시 예수회를 창설한 이냐시오 데 로욜라와 프란치스코 하비에르가 틀림없다. 그 뒤 빈에서 황실 궁정부악단장◈ 요한 하인리히 슈멜처Johann Heinrich Schmelzer의 가르침을 받은 것으로 보

◈ 현재는 체코의 스트라시 포트 랄스켐Stráž pod Ralskem

◈ 슈멜처는 1679년에 빈 황실 궁정악단장Kapellmeister이 되었는데, 외국인(특히 이탈리아인)이 독점적으로 맡았던 이 자리에 현지 출신 음악가로는 처음 임명된 역사적 사건이었다.

이는데, 최소한 개인적으로 아는 사이였고 강한 영향을 받은 건 틀림없다. 1660년대 중반에 쓴 편지에서 슈멜처는 그라츠Graz에서 활동하는 비버를 언급하고 있다.

1668년에 올로모우츠/올뮈츠Olomouc/Olmütz 제후-주교의 궁정악단(궁정은 가까운 크로메르지시/크렘지어Kroměříž/Kremsier에 있었다)에 들어가면서부터 비로소 비버의 삶은 추적이 가능한 영역으로 들어온다. 그런데 그는 1670년 가을에 티롤의 아브잠Absam에 있는 야코프 슈타이너Jacob Stainer의 공방에서 현악기를 가져오는 출장을 가는 길에 돌연 잘츠부르크로 '무단이탈'해서 잘츠부르크 제후-대주교의 궁정 음악가가 되었다. 갑작스러운 이직의 경위는 명확하지 않지만, 진행 과정에서 잘츠부르크 제후-대주교가 관여한 흔적이 있는 걸 보면 그가 배후에 있었음을 짐작할 수 있다. 올로모우츠 제후-주교는 당연히 분개했지만 결국 현실을 받아들였고, 비버로부터 계속 작품을 받는 것으로 타협한 듯하다. 비버는 1704년에 세상을 떠날 때까지 잘츠부르크의 궁정 음악가로 일했으며 1679년에 궁정부악단장, 1684년에 궁정악단장이 되었고 1690년에는 귀족 칭호도 받았다.

한 세기 후의 모차르트는 아주 갑갑하게 여겼지만, 역사적으로 잘츠부르크는 규모에 비해서 매우 중요한 도시였다. 이탈리아에서 중북부 유럽으로 가는 교역로에 위치했고, '독일 수좌 주교Primas Germaniae'라는 명예로운 호칭을 지닌 대주교가 세속 영주를 겸하는 제국 교회령이자 대학도시로서 중부 유럽에 광범위한 정치적, 문화적 영향을 미쳤다. 비버가 잘츠부르크로 이주하면서 대주교는 슈타

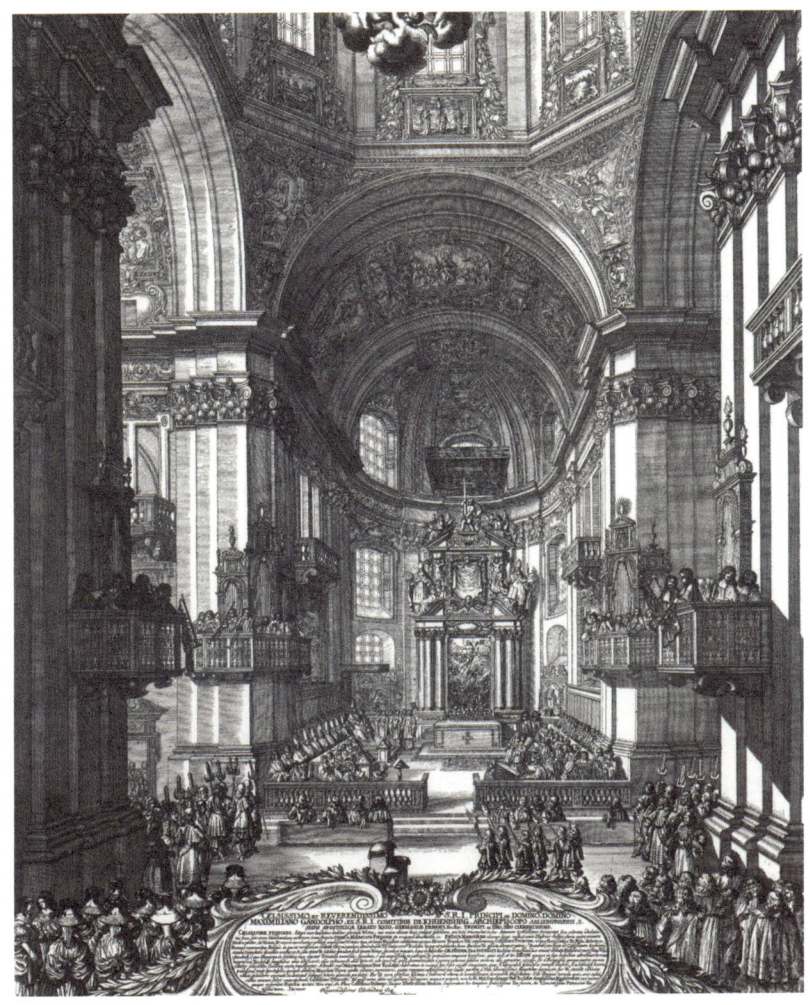

멜히오르 퀴젤, 「잘츠부르크 교구 설정 1,100주년 기념 미사 전경」(1682)

17세기 잘츠부르크 대성당의 모습이 잘 묘사된 그림이다. 중앙 돔을 둘러싼 네 개의 오르간 갤러리와
정면에 보이는 제대 양쪽 앞에 연주자들이 배치되어 있음을 확인할 수 있다. 네 개의 오르간 갤러리는
훗날 철거되었는데, 1980년대에 복원하면서 17세기보다 위치가 낮아졌다. 오른쪽의 제단 쪽
갤러리에 있는 바이올리니스트가 당시 부궁정악단장이었던 비버가 아닌가 싶다. 비버의 〈잘츠부르크
미사Missa Salisburgensis〉는 바로 이 행사를 위해서 쓴 작품으로 추정된다.

이너에게 여러 개의 바이올린과 비올라 다 감바를 주문하고 기존 악기의 보수도 맡겼는데, 혹시 궁정악단을 확장하거나 재정비하면서 그를 리더로 스카우트한 것일까? 크로메르지시에서는 "베이스 바이올린violonbass과 비올라 다 감바를 연주하며, 괜찮은 작품도 조금 쓴다"◈라고 알려졌던 비버가 잘츠부르크로 온 이후로는 갑자기 작곡을 많이 하기 시작했고, 작품도 거의 독주와 앙상블 소나타 등 바이올린 작품이었다. 그리고 악보를 비교해보면 바이올린의 음역도 확장되었다. 진작부터 훌륭한 바이올리니스트였고 또 작품도 썼지만, 그는 잘츠부르크로 오면서 바이올리니스트 겸 작곡가로서 새로운 정체성을 확립했던 것 같다.

초기 바이올린 음악과 〈로사리오〉 소나타

북이탈리아에서 처음 만들어진 이후 한동안 바이올린은 콘소트consort 음악의 상성부를 담당하고 춤곡을 반주하는 앙상블 악기였다. 그 후 17세기가 시작될 무렵 이탈리아에서 독주 바이올린을 위한 기악곡이 등장했다. 가장 중요한 악곡 형식은 소나타였으며, 대체로 춤곡이나 그라운드 베이스를 쓰지 않았다. 그러나 알프스산맥 너머

◈ 올로모우츠 제후-주교 카를 폰 리히텐슈타인-카스텔코른Karl von Liechtenstein-Kastelkorn이 슈멜처에게 보낸 편지(1670), 이와 관련해서 비버 관련 글에서 빠짐없이 인용하는 '탁월한 비르투오소 비버 씨der vortreffliche virtuos Herr Biber'라는 슈타이너의 언급도 사실 자신이 만든 비올라 다 감바를 설명하는 과정에서 나왔음을 주목할 필요가 있다.

북쪽에서는 상황이 달랐다. 독일 작곡가들도 독주 바이올린을 위한 소나타를 쓰기 시작했지만 춤곡과 그라운드 베이스에 대한 애착을 유지했기 때문이다. 그 결과 17세기 후반까지도 단순하고 반복적인 화성이 이어지는 보수적인 형식을 선호하는 경우가 많았는데, 대신 눈부신 기교를 바탕으로 명상적이고 즉흥적인 성격이 강한 음악을 추구했다. 또 복수의 대위법적 선율을 함께 연주할 수 있는 더블-스토핑, 트리플-스토핑을 즐겨 사용했다. 이 시기에 바이에른과 오스트리아에서 스코르다투라(변칙 조율)를 쓰고 무반주 작품이 만들어진 것도 이와 무관하지 않다. 그중 가장 위대한 걸작은 역시 비버의 '로사리오', 혹은 '미스터리' 소나타다.

서두에 언급했듯이, 〈로사리오〉 소나타는 작곡가 당대에 출판이 이루어지지 않았고 현재까지 단 하나의 필사본만 알려졌다. 이 필사

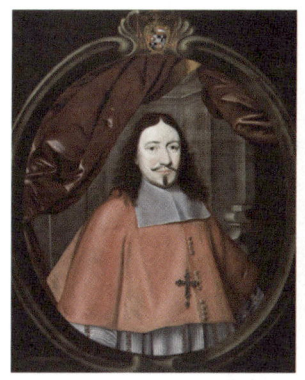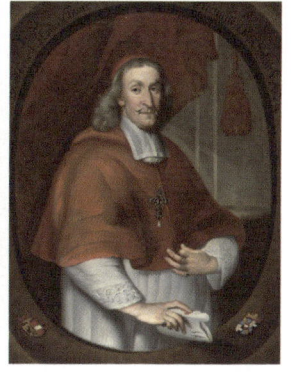

(좌) 작자 미상, 「잘츠부르크 제후-대주교 막시밀리안 간돌프」(1668~1669)
(우) 작자 미상, 「잘츠부르크 제후-대주교 요한 에른스트 툰」(1688)

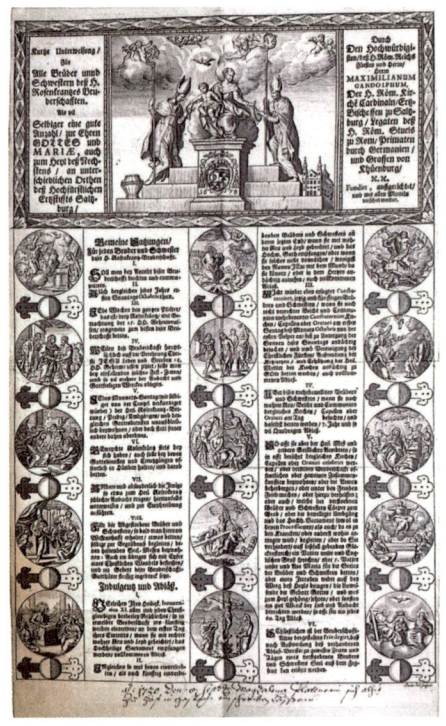

로사리오 신심회 헌장(1678)
여기 실린 삽화가 〈로사리오〉 소나타 필사본에 실린 동판화와 똑같음을 확인할 수 있다.

본은 매우 아름답고 정성스럽게 만들어진 악보로, 대주교에게 헌정한 정서본인 것 같다. 전곡은 바이올린과 콘티누오를 위한 작품◇ 열다섯 곡과 무반주 파사칼리아로 이루어졌는데, 제목은 없지만 각 소나타 첫머리에 로사리오(묵주) 기도의 열다섯 가지 신비를 묘사한 동판화 삽화◇가 있어서 '로사리오', 혹은 '미스터리' 소나타로 불린다. 작곡 시기는 정확히 알 수 없는데, 예전에는 1670년대 초중반으로 추정하는 의견이 많았지만 최근에는 더 늦춰 잡는 견해가 우세하다. 개인적으로는 여러 의견 중 페터 볼니Peter Wollny가 가장 설득력이 있다고 생각한다. 볼니의 주장을 요약하면 다음과 같다. 첫째, 비버가 1681년 소나타를 자신의 첫 번째 바이올린 독주곡 작품집이라고 규정하고 또 1683년에 〈종교적이고 세속적인 현악 작품Fidicinum sacro-profanum〉을 출판하면서 '작품번호 4번'이라고 부르는 등 그 이전에 〈로사리오〉 소나타가 들어설 여지가 없다. 둘째, 잘츠부르크 초기작이나 더 이전 크로메르지시 시절 작품으로 보는 견해는 작품을 높이 평가하지 않았던 초기 연구자들의 편견에서 영향을 받았으며 양식적인 측면에서 볼 때 오히려 원숙한 작품으로 보아야 한다. 셋째, 잘츠부르크 제후-대주교 막시밀리안 간돌프Maximilian Gandolph von Kuenburg는 1686년 2월에 추기경에 서임되었는데 〈로사리오〉 소나타

◈ 1905년의 모던 에디션 이후 '소나타'라고 부르지만 비버가 붙인 이름이 아니며, 헌정문에 쓴 대로 다양한 악곡이 결합된 구조는 작곡가의 다른 독주 소나타와 다르다. 찰스 브루어Charles E. Brewer는 파르티아partia, 혹은 파르티타partita라고 불러야 한다고 주장한다. 실제로 비버는 비슷한 구성의 〈기교와 선율의 조화Harmonia artificioso-ariosa〉에서 개별 악곡을 파르티아라고 불렀다. 혹은 '발레토balletto'라고 부를 수도 있다. 하지만 편의상 통상적인 명칭인 '소나타'라고 부르기로 한다.

◈ 직경 5.2cm인 이 동판화는 당대 잘츠부르크에서 유행했던 종교적 메달과 같은 형태로, 1678년에 출판된 잘츠부르크 로사리오 신심회 헌장에 수록된 그림과 똑같다는 사실이 2008년에 밝혀졌다. 제작자는 당시 잘츠부르크 대주교령의 직인 및 금속 제작자였던 파울 젤Paul Seel이며, 1681년 소나타집에 수록된 저 유명한 비버의 동판 초상화 역시 그가 제작한 것이다.

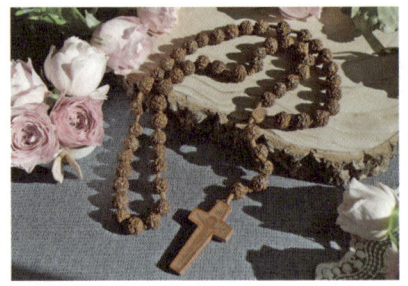
로사리오(묵주)

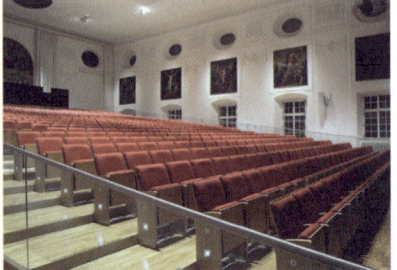
아울라 아카데미카 내부

헌정문에 이를 반영한 존칭이 없으므로 그 이전에 만들어졌을 것이다. 이를 종합해서 볼니는 작곡 시기를 1684년에서 1685년으로 추정했는데, 좀 더 넓게 보자면 로사리오 신심회 헌장이 출판된 1678년에서 대주교가 사망한 1687년 사이라고 말할 수 있다.

로사리오 기도와 작곡 배경

로사리오는 주로 가톨릭교회에서 기도할 때 쓰는 도구다. 이름은 라틴어 Rosarium에서 유래했는데, 성모 마리아에게 바치는 (영적인) 장미 꽃다발, 혹은 장미 화관이라는 뜻이다. 로사리오 기도는 예수 그리스도와 성모 마리아의 삶에서 가져온 환희, 고통, 영광의 신비◈를 각각 다섯씩 열다섯 단을 묵상하며 기도문을 낭송한다. 말하자면 성모 마리아와 함께, 혹은 성모 마리아의 눈으로 예수 그리스

◈   2002년에 교황 요한 바오로 2세가 '빛의 신비'를 추가했다.

도를 관상觀想하는 기도다. 기도문이나 시편을 낭송하며 묵상하는 전통은 로마제국의 사막 교부들까지 거슬러 올라간다. 하지만 우리가 아는 형태의 로사리오는 중세 중기인 9세기 무렵부터 다양한 형태로 만들어지기 시작해서 1569년에 교황 비오 5세가 공식적으로 선포하면서 완성되었으며, 레판토 해전(1571) 이후 가톨릭권 전역에서 유행했다.

〈로사리오〉 소나타의 정확한 용도는 알 수 없다. 17세기 초반부터 공적인 시간 전례(성무 일과)에서 로사리오 기도를 공동으로 드리는 관습이 널리 퍼졌지만, 작품의 특성을 살펴보면 그런 용도로 만들어졌을 것 같지는 않다. 그보다는 좀 더 개인적인 용도, 가령 대주교를 위한 종교적인 분위기의 '여흥 음악'이 아닐까 생각한다. 로마에서 아타나시우스 키르허Athanasius Kircher의 가르침을 받은 대주교에게 상징성이 풍부한 〈로사리오〉 소나타는 꼭 마음에 드는 작품이었으리라. 이 작품이 출판되지 않고 또 단 하나의 필사본만이 알려진 것도 그래서가 아닐까? 비버는 오직 자기 자신만 연주하기 위해서 이 작품을 쓰지 않았을까?

그다음으로는 일반 신자들의 종교적 모임도 가능성이 있다. 앞서 언급한 악보 동판화와 로사리오 신심회 헌장의 관계를 생각해보면 로사리오 신심회가 첫 번째 후보다. 대주교가 로사리오 신심회를 창설하고 적극 후원했음을 고려하면 더욱 그렇다. 또 잘츠부르크 대학생들의 모임이었던 성모승천 신심회도 있다. 이런 신심회는 잘츠부르크 대학의 대강당인 아울라 아카데미카Aula Academica◈에서 모임을 가졌는데, 이곳에는 1630년대 이래 로사리오의 신비를 묘사한 15개의 유화가 걸려 있다. 이와 관련해서 작품 마지막에 붙은 파사칼리아를 주목할 만하다. 파사칼리아 악보 첫머리에는 어린이를 이끄는 수호천사의 펜화가 있는데, 전통적으로 수호천사 기념일인 10월 2일이 로사리오 성월聖月(10월)과 밀접하게 엮여 있으므로 연관이 있을 법하다. 파사칼리아를 시작하는 첫 음형('라-솔-파-미') 역시 수호천사에게 바치는 찬가 「주님, 천사를 보내주소서Einen Engel Gott mir geben」와 관련이 있는 듯하다.

작품 구조와 표현 양식

작품 구조는 매우 복잡하며, 대개 즉흥 연주풍의 '소나타' 혹은 '프렐루디움Praeludium'으로 시작해서[10] 2부 형식의 춤곡이나 남독일 특유의 '아리아와 변주곡Aria con variazioni'을 다양하게 결합한 형태를 취한다. 민속 음악과 춤곡을 자유롭게 활용한 것은 기악 음악의 '성속聖俗'을 구분하지 않았던 당대 관념에 부합하며,[11] 종교적 요소와 세속적 요소는 서로를 방해하지 않고 오히려 하나로 결합해서 큰 효

---

[9] 종교예식과 대학 행사 등이 이루어진 다목적 홀로, 1767년에는 모차르트의 초기 오페라 〈아폴론과 히아신스Apollo et Hyacinthus〉가 이곳에서 초연되었다.

[10] 예외적으로 소나타 6번 「피땀 흘리심」의 1악장은 '라멘토Lamento', 소나타 12번 「예수 승천」의 1악장은 '인트라다Intrada'로 표기했다.

[11] 비버의 〈제대와 궁정에 모두 적합한 소나타집Sonatae Tam Aris, quam Aulis servientes〉(1676)은 좋은 예다.

과를 발휘한다. 그리고 변주곡 형식은 같은 기도문을 되풀이하며 명상하는 로사리오 기도에 잘 어울린다. 특히 마지막 파사칼리아에서 계속 되풀이되는 4음계 오스티나토ostinato는 마치 사람이 태어날 때부터 죽을 때까지 보살펴준다는 수호천사를 닮지 않았는가?

이렇게 다채로운 음악 형식을 엮은 '열린' 구조, 이질적인 음악 요소가 결합해서 만들어내는 신비로운 상징과 이미지, 그리고 강렬한 정념affetti을 표현하는 중요한 수단은 음악적 수사법이다. '설득의 기술'이라고 할 수 있는 수사학에 관한 관심은 르네상스 시대에 다시 크게 일어났는데, 특히 독일어권에서 파급력이 컸고 '감정의 자극'이라는 측면에서 여러 예술 장르가 수사적으로 통합된다는 인식이 퍼졌다. 수사학을 중시한 예수회에서 교육받은 비버도 틀림없이 수사학을 공부했을 것이다. 실제로 그가 라틴어와 독일어로 쓴 작품집 서문은 온갖 상징과 은유가 담긴 현란한 수사적 기교를 과시한다. 또 비버는 잘츠부르크에서 함께 일한 요한 밥티스트 잠버Johann Baptist Samber가 쓴 음악 수사법에 관한 책⑫에 추천사를 쓰기도 했다. 이런 음악 수사학과 깊은 관련이 있는 음악 사조가 바로 17세기 기악 음악의 화두였던 '환상적 양식Stylus Phantasticus'이다. '환상적 양식'은 시대와 저자에 따라 설명이 조금씩 다르기는 하지만⑬ 기본적으로 자

---

⑫　Johann Baptist Samber, *Manuductio ad organum*(1704)

⑬　가령 아타나시우스 키르허는 '환상적 양식'에서 주로 악곡 형식을, 마테존은 주로 연주 양식을 강조했다.

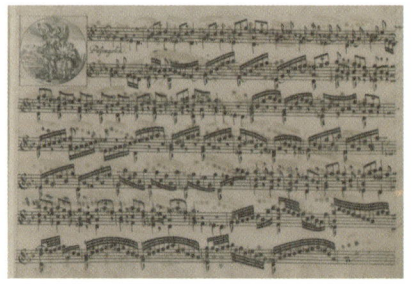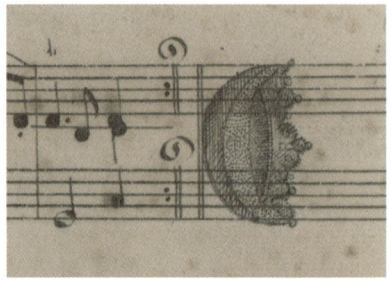

(좌) 비버, 〈로사리오〉 소나타 「파사칼리아」
(우) 비버, 〈로사리오〉 소나타 15번 「성모 대관」의 마지막 부분에 묘사된 왕관

유로운 형식과 즉흥적 측면을 강조한 음악을 가리키며, 특히 17세기에는 자유와 상상력, 그리고 작품 형식을 아우르는 개념이었다.

〈로사리오〉 소나타의 곳곳에는 음악적 수사와 결합된 '환상적 양식'이 펼쳐진다. 가장 뚜렷하게 드러나는 음악적 수사 중 하나는 '순환circulatio'이다. 상승하는 음형과 하강하는 음형을 되풀이하는 '순환'은 당대 교회 음악에서 끊임없이 이어지는 움직임이나 그리스도(태양)를 상징하는 뜻으로 쓰였는데, 소나타 11번 「예수 부활」 첫 부분에서 독주 바이올린은 옥타브를 바꿔가며 '순환' 음형을 거듭 연주하면서 그리스도의 부활을 표현한다. 그리고 소나타 15번 「성모 대관」 마지막 부분에서 다시 등장하는데, 아마도 둥근 왕관을 상징하는 듯하다. 악보의 마지막 부분에도 성모를 상징하는 달과 왕관이 그려져 있다. 그런가 하면 소나타 14번 「성모승천」도 좋은 예다. 여기서 사라방드풍 아리아에 이어지는 변주곡(차코나)은 수사학에서 '상행anabasis'이라고 부르는 위로 올라가는 선율로 흥겨운 분위기와

승천하는 성모를 표현한다. 그런데 마지막에 갑자기 바이올린이 프레이즈 중간에 사라지고 콘티누오만 남아서 연주하며 곡이 끝난다. 수사학에서 '단절abruptio'이라고 부르는 이런 갑작스러운 전환은 성모가 천국에 입장하고서 지상에 남겨진 사도들을 상징하는 듯하다. 또 3번 「성탄」과 10번 「수난」에서 단조와 비슷한 음형을 써서 성탄과 수난의 신학적인 의미와 상호 관계를 암시하는 수법에 관해서도 이미 라인하르트 괴벨Reinhard Goebel을 비롯해서 여러 사람이 언급한 바 있다. 그런가 하면 수비학數秘學 차원에서 작품을 분석하려는 시도도 있는데, 작품의 성격을 고려하면 의미 있는 일이다. 가령 디터 하베를Dieter Haberl은 고통의 신비를 다룬 소나타에서 숫자 22와 그 배수가 계속 등장한다고 지적했다. 22는 그리스어 알파벳에서 스물두 번째인 'X', 즉 십자가를 상징한다.

그런 의미에서 작품에 담긴 묘사적인, 혹은 표제적인 측면 역시 음악 수사의 일부로 파악해야 한다. 〈로사리오〉 소나타가 세상에 다시 알려진 후 일찍부터 많은 이들이 이 부분에 주목했는데, 가령 선구적인 해석자였던 에두아르트 멜쿠스Eduard Melkus에 따르면 작품 곳곳에 '가브리엘 천사의 날갯짓'(1번)이나 '배 속에 든 아기가 뛰노는 모습'(2번), '병사들의 조롱과 구타'(8번), '그리스도가 무거운 십자가를 짊어진 채 터벅터벅 걸어가는 모습'(9번), '예수를 십자가에 못 박는 망치 소리'(10번) 등이 담겨있다. 물론 이 중 일부(혹은 대부분)는 어쩌면 작곡가의 의도일 수 있다. 또 〈묘사적 소나타Sonata Representativa〉나 「성당에 가는 농민들Die pauern Kirchfarth genandt」, 「바탈리아Battalia」 같은 작품에서 볼 수 있듯이, 비버는 일상의 음향이나 민요 선율을 흉내 내서 음악을 그려내는 당대 최고의 '음악 내레이터'였다. 다만 그렇다고 해서 〈로사리오〉 소나타를 〈영웅의 생애Ein Heldenleben〉의 바로크 버전이나 종교적 표제음악으로 생각해서는 안 된다. 동판 삽화를 음악으로 묘사했다는 식의 해석은 17세기 음악이 아니라 낭만주의 시대의 표제음악에 어울린다. 그리고 앞서 언급한 작품들과 〈로사리오〉 소나타를 비교하면 생각보다 공통점이 많지 않음을 발견할 수 있다. 〈로사리오〉 소나타에서 비버는 말로 된 제목이나 설명을 덧붙이지 않았으며, 전혀 다른 용도로 사용한 스코르다투라를 제외하면 특이한 연주 기법을 지시하거나 현실의 음향을 노골적으로 흉내 낸 대목도 거의 없다.⑭ 앞에서 언급한 '가브리엘 천사의 날갯짓'만 해도, 비버가 〈주님께서 집을 지어주지 않으시면Nisi Dominus〉에서 똑같은 바이올린 음형을 '아이들은 주님의 선물'이라는 구절에서 쓴다는 사실에 주목할 필요가 있다. 〈로사리오〉 소나타는 언어로 표현할 수 없는, 신비스럽고 심오한 종교적 정념을 상징적으로 드러낸 음악이며 그렇게 이해할 때 비로소 작품에 담긴 다양한 측면에 총체적으로 접근할 수 있다고 생각한다.

⑭ 소나타 12번 「예수 승천」에서 바이올린 개방현이 트럼펫 소리를 모방하는 장면은 예외로 꼽을 수 있겠다.

'이상한 조율', 스코르다투라

〈로사리오〉 소나타를 이야기할 때 아마도 가장 중요한 요소, 그리고 그 독특한 음향의 원인은 스코르다투라scordatura, 즉 변칙 조율이다. 17세기 초반 이탈리아 작곡가들이 처음 시도한 이후 17세기 후반에 게오르크 무파트Georg Muffat나 요한 파헬벨Johann Pachelbel 등 남독일과 오스트리아 작곡가들이 종종 활용했지만,[15] 그 누구도 비버처럼 상상력이 넘치면서도 다양하게 활용한 사람은 없다. 사실 비버의 스코르다투라는 요한 야코프 발터Johann Jacob Walther 같은 경쟁자가 공개적으로 비난했을 정도로[16] 적극적이었다. 그중에서도 가장 극단적인 〈로사리오〉 소나타는 1번과 파사칼리아에서만 통상적인 5도 간격의 조율을 지시했을 뿐 나머지 열네 곡의 소나타에 각각 서로 다른 조율 방식을 택했으며, 단순한 기술적 수단이 아니라 특정한 조성이나 분위기를 묘사하고 특별한 음색을 얻기 위해서 활용했다.

소나타 7번 「매 맞으심」에서 바이올린은 C-F-A-C로 조율되는데, 이때 저음현은 음을 높이고(G현은 4도, D현은 3도) 가장 높은 E현은 오히려 3도를 낮춘다. 이렇게 되면 밝은 음색을 잃은 고음과 껄끄

---

[15] 18세기부터는 점차 드물게 쓰였지만 그 이후에도 모차르트, 파가니니, 생상스, 말러, 버르토크, 스트라빈스키, 리게티 등이 스코르다투라 기법을 활용한 작품을 썼다.

[16] Johann Jacob Walther, *Hortulus Chelicus*(1688) - 발터는 서문에서 "거친 활쓰기와 바이올린 위아래를 뛰어다니는 손가락… 잘못 조율한 현에서 나오는 끽끽대는 소리"로 청중을 불쾌하게 만드는 연주자를 공격했는데, 이름을 언급하지는 않았지만 비버를 가리키는 것이 틀림없다.

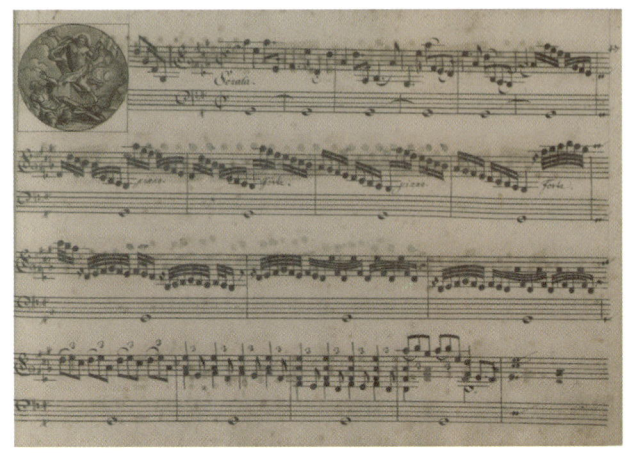

비버, 〈로사리오〉 소나타 11번 「예수 부활」

럽고 예리한 저음이 어우러지면서 바이올린이 윤기 없고 딱딱한 소리를 내며, 어떤 의미로든 '채찍질'과 관련이 있음은 확실하다. 소나타 6번 「피땀 흘리심」에서는 Ab-Eb-G-D 조율로 인해 첫 번째와 세번째, 두 번째와 네 번째 현이 각각 장7도 간격이 되면서 현 사이의 공명이 완전히 사라진다. 페터 볼니의 표현을 인용하자면, 고통 받는 신의 아들에게서 후광이 사라진 것이다. 반대로 소나타 2번 「엘리사벳 방문」에서는 달콤하고 공명이 풍부한 장조 화음 조율(A-E-A-E)로 따뜻하고 밝은 분위기를 만들어낸다. 이제 제법 널리 알려진 소나타 11번 「예수 부활」은 극단적인 스코르다투라를 보여주는 예다. 이 곡에서는 가운데 있는 D현과 A현을 브리지 아래쪽에서 X자 모양으로 교차하면서 G-G-D-D로 조율하는데, 이렇게 되면 첫 번째와 두 번째, 세 번째와 네 번째 현이 한 옥타브 간격이 되고 현이 뒤바

꿰었기 때문에 악보에 기보된 것과 실제 핑거링이 완전히 달라진다. 십자가를 연상케 하는 X자 형태의 현도 그렇지만, 악곡 후반부에서 바이올린이 중세 부활 찬가「그리스도께서 부활하셨네Surrexit Christus hodie」선율을 연주할 때 종소리처럼 들리는 옥타브 연주가 쉽게 이루어지는 모습은 청각은 물론 시각적으로도 강렬한 인상을 준다.

이렇게 보면, 비버가 스코르다투라를 쓴 근본적인 이유가 기술적인 측면에 있지 않음은 분명하다. 3화음 연주를 비롯해서 연주가 좀 더 쉬워지는 부분도 있지만, 반대로 연주가 더 어려워지는 부분이 더 많기 때문이다. 사실 조율이 정상적인 형태에서 멀어질수록 악보 독해와 운지법은 대체로 더 복잡하고 어려워지며, 무엇보다도 연주자는 자신이 내는 음을 완전히 이해할 수 없다.[17] 하지만 발터가 비난했던 이런 '과도함'이야말로 연주자와 청중이 신학적 메시지를 표현하고 종교적 경험을 얻기 위한 작품의 핵심이다. 스코르다투라와 관련해서 작품과 당대 종교예식의 관계를 연구한 로진 질Roseen Giles[18]의 견해는 주목할 만하다. 그 핵심은 〈로사리오〉 소나타에서 악보 및 실제 연주의 '물질적 특성physicality'과 종교적 체험이 일체를 이룬다는 점이다. 그녀의 주장에 따르면 이 작품에서 악보는 일종의

---

[17] 실제로 17세기에 만들어진 바이올린 교본들은 초심자가 함부로 스코르다투라를 구사하면 안 된다고 경고한다.

[18] Roseen Giles, *Physicality and Devotion in Heinrich Ignaz Franz Biber's Rosary Sonatas*, 2018

부호화된 암호로, 스코르다투라가 이를 이해하는 열쇠가 된다. 스코르다투라를 구현하면서 이례적으로 실제 음이 아니라 손가락 위치를 표기한 기보법Griffnotation을 택했기 때문이다. 따라서 악보만으로는 해독할 수 없고 오직 실제 연주와 감상을 통해서 현실화할 수 있는 〈로사리오〉 소나타는 현실과 상상이 뒤섞인 종교적 '신비'의 물질적이고 음악적인 표현이며, 이는 당대 예수회가 견지했던 교회 예술의 미학이기도 하다.

에필로그

1687년에 막시밀리안 간돌프 추기경이 세상을 떠나고 요한 에른스트 툰Johann Ernst Thun 백작이 새로운 잘츠부르크 제후-대주교로 취임했다. 툰 대주교는 궁전을 개축하고 대학 성당Kollegienkirche을 비롯해서 네 개의 아름다운 바로크 성당을 신축하는 등 오늘날 관광객들에게 익숙한 잘츠부르크 풍경을 만든 장본인 중 한 명이다. 하지만 전임자에 비하면 음악, 특히 전례용이 아닌 음악에는 큰 관심이 없었다. 비버 역시 1687년 이후로는 주로 교회 음악과 오페라를 썼고, 1696년에 출판한 〈기교와 선율의 조화〉와 몇 곡의 춤곡을 제외하면 더 이상 기악곡을 쓰지 않았던 것 같다. 그는 1704년 5월 3일에 세상을 떠나 잘츠부르크에 있는 베네딕토 수도회의 성 베드로 대수도원 묘지Petersfriedhof에 묻혔다. 다만 무덤의 위치는 정확히 알 수 없으며, 2004년에 서거 300주년을 맞이해서 기념 석판이 만들어졌다. 비버의 네 자녀는 모두 음악가가 되었는데, 작은 아들인 카를 하인리히 비버Carl Heinrich Biber는 아버지처럼 잘츠부르크 제후-대주교의 궁정악단장으로 재직하다 1749년에 세상을 떠났다. 그의 밑에 있던 궁정 바이올리니스트 중 레오폴트 모차르트도 있었다.

18세기에도 몇몇 음악가와 저술가들이 종종 비버를 언급했지만,[19] 그의 음악은 곧 유행에 뒤처졌고 〈로사리오〉 소나타는 2세기 가깝게 완전히 잊혔다. 그리고 '환상적 양식' 역시 마테존의 글에서 볼 수 있듯이 주로 연주자의 즉흥 연주와 화려한 기교를 의미하는 말로 범위가 축소되었다. 18세기는 정연하고 이성적인 코렐리의 시대였기 때문이다. 하지만 17세기 기악 음악을 마무리하는 아름다운 장미 화관이 있었기에 코렐리의 등장이 더욱 빛날 수 있었으리라.

[19] 찰스 버니는 1789년에 쓴 『음악사General History of Music』에서 "아마도 비버가 17세기의 가장 위대한 바이올리니스트였으며, 가장 어렵고 상상력이 풍부한 작품을 썼다"라고 평가했다.

추천 음반

✝ Biber: The Rosary Sonatas
Reinhard Goebel, Musica Antiqua Köln
(Archiv)

✝ Biber: The Rosary Sonatas
Rachel Podger etc
(Channel Classics)

✝ Biber: The Rosary Sonatas
Walter Reiter, Cordaria
(Signum)

✝ Biber: The Rosary Sonatas
Lina Tur Bonet, Musica Alchemica
(Pan Classics)

✝ Biber: Mensa Sonora
Reinhard Goebel, Musica Antiqua Köln
(Archiv)

✝ Biber: Missa Salisburgensis
Paul McCreesh, Gabrieli Consort & Players, Musica Antiqua Köln
(Archiv)

9장

프랑수아 쿠프랭,
혹은 신비로운 장벽

프랑수아 쿠프랭 전기를 쓴 필리프 보상Philippe Beaussant은 "오직 쿠프랭을 사랑하는 사람만이 그의 음악을 이해할 수 있다"라고 했다. 하지만 내가 이 말을 마음으로 받아들이는 데는 시간이 걸렸다. 항상 좋아하기는 했지만, 그 안에는 주저하는 마음, 의심하는 마음도 조금 있었던 것 같다. 나처럼 우아하지 못한 사람이 덮어놓고 받아들이기는 너무 섬세하고 투명한 음악이었다고나 할까. 정말 좋아하는 〈르송 드 테네브르Leçons de ténèbres〉마저도 텍스트의 슬픔을 표현하기에는 너무 아름다운 게 아닐까 하는 생각이 마음 한구석을 떠나지 않았다. 어쩌면 독일 음악의 관점에서 프랑스 음악을 들으면 안 된다고 말하면서도 정작 나 자신도 그랬는지 모르겠다. 아니면 당대

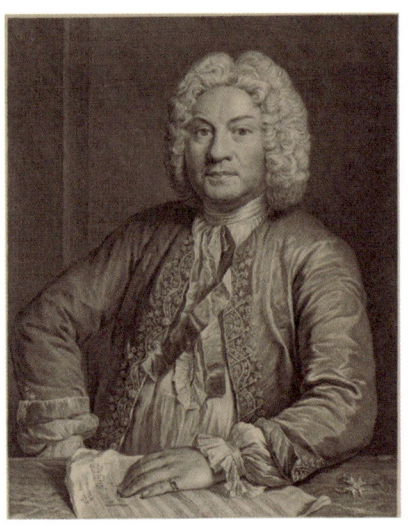

앙드레 부이의 원작을 바탕으로 한 장-샤를 필리파르의 동판화, 「프랑수아 쿠프랭」(1735)

프랑스 문화와 취향을 머리로는 이해해도 마음으로 받아들이지는 못했던 것 같다.

쿠프랭을 향한 여정

다행히 내 주변에는 진심으로 쿠프랭을 사랑하고 이해하는 사람들이 있어서 고맙게도 ─ 그중 한 명의 표현을 인용하자면 ─ 쿠프랭이 있는 파르나소스산으로 가는 오솔길을 알려주었다. 물론, 그래도 쉽지는 않았다. 묘한 제목도 그렇다. 케네스 길버트Kenneth Gilbert나 다비트 모로니Davitt Moroney는 제목에 너무 신경 쓸 필요는 없다고, 의미를 몰라도 상관없다고 말한다. 물론 그 말이 옳다. 중요한 건 어디까지나 음악이고, 쿠프랭 작품의 제목은 대부분 주제라기보다는 '이미지' 혹은 '아이디어'에 가까우니까 말이다. 그래도 '마음의 여왕La Reine des coeurs'이 누구인지, '신비로운 장벽Les Barricades Mystérieuses'이 무슨 뜻인지는 궁금했다. 작곡가 자신이 〈하프시코드 작품집 1권〉 서문에서 밝힌 대로 제목이 '특정한 인물이나 상황에서 유래한 음악적 초상화'라면 그 숨은 뜻은 작곡가와 음악을 이해하는 데 도움이 되지 않을까? 특히나 이처럼 개인적이고 독특한 음악이라면 말이다.

그런데 언젠가 「방황하는 그림자Les Ombres errantes」를 들으면서 건반으로 노래하는 라멘트 같다는 생각이 들었다. 문득 음악이 내게 말을 건다는 느낌이었다. 이렇게 나만의 일방적인 만남을 계기로 쿠프랭 건반 작품을 처음부터 끝까지 차근차근 듣는 나름의 여정이 시작되었다. 물론 혼자만의 여행은 아니었다. 지난 20여 년 동안 적지 않은 책과 논문이 나왔고, 음악학자 드니 에를랭Denis Herlin은 2016년부터 베렌라이터에서 새 비평판 악보를 출판 중이다. 캐롤 체라시Carole Cerasi 같은 훌륭한 연주자들이 새로운 전곡 녹음을 발표했고, 알렉상드르 타로Alexandre Tharaud 같은 피아니스트들도 쿠프랭에 관심을 보였다.

루이 쿠프랭과 음악 가문의 시작

쿠프랭 가문은 본래 프랑스 파리 근교 일드프랑스의 숌정브리Chaumes-en-Brie 지방에서 살았다. 포도 재배가 주업이었지만 16세기 후반부터 음악에 재능 있는 이들이 등장했는데, 루이Louis, 프랑수아François, 샤를Charles 삼형제가 직업 음악가가 되면서 음악 가문으로 탈

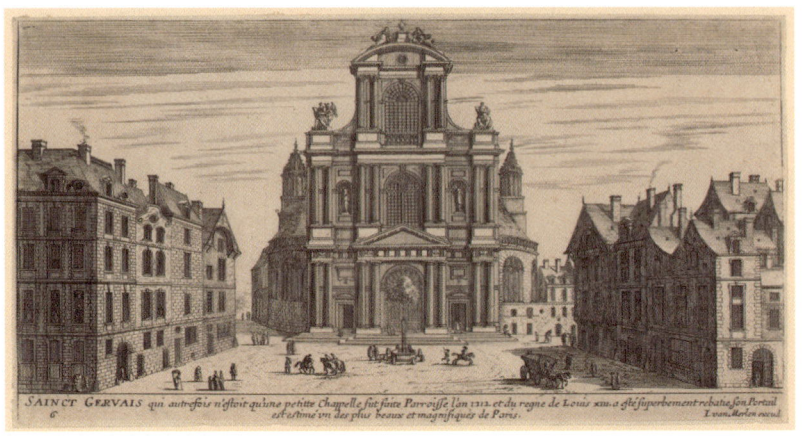

바꿈했다. 삼형제 중 맏이인 루이의 재능은 특히 뛰어났던 것 같다. 프랑스 건반 음악 전통의 창시자로 꼽히는 샹보니에르Jacques Champion de Chambonnières는 1649년, 혹은 1650년에 삼형제를 만난 후 루이를 파리로 데려갔고, 루이는 몇 년 안에 생제르베Saint-Gervais 성당의 오르가니스트이자 궁정 음악가가 되었다. 루이는 다시 두 동생을 파리로 불렀고, 그 후 쿠프랭 가문은 2세기 동안 4대에 걸쳐 서로 끈끈한 관계를 유지하며 바흐 가문과 비교할 만한 음악 가문으로 번성했다. 루이는 안타깝게도 서른다섯에 요절했지만 참으로 아름다운 작품[1]을 남겼다. '파사카유Passacaille' G단조 같은 작품은 프뢰시외즈précieuses라 불리는 17세기 프랑스 문학 양식을 음악으로 표현했다는 느낌이

옛 음악, 새 연주

다. 또 음표의 길이와 리듬 등을 연주자의 재량에 맡긴 '마디선 없는 프렐류드Préludes non mesurés'는 류트 음악의 우아하고 내밀한 서정이 건반 악기로 바뀌는 과정을 보는 듯하다.

대大쿠프랭

샤를의 아들인 프랑수아 쿠프랭François Couperin, 같은 이름의 둘째 백부와 구분하기 위해 흔히 '대大쿠프랭Couperin Le Grand'이라 불리는 우리의 주인공은 파리에서 나고 자라 활동했다. 「수확하는 사람들Les Moissonneurs」이나 「포도 따는 사람들Les Vendangeuses」 같은 작품에서 가문의 뿌리를 엿볼 수 있지만, 그 친밀하고 즐거운 감정은 도시인의 시선에 가깝다는 느낌이다. 비록 아버지가 1679년에 일찍 세상을 떠났지만, 가문의 전통에 따라 1685년에 생제르베 성당의 오르가니스트가 되었다. 스물다섯 살 때인 1693년부터 베르사유 궁정의 오르가니스트 네 명 중 한 명으로 임명되었으며, 1717년에는 왕실 하프시코드 연주자◇가 되었다. 다만 1715년에 루이 14세가 세상을 떠나고 궁정이 파리로 이주한 후에는 ─ 비록 직책은 유지했지만 ─ 궁정과의

◇ 다만 현재 루이 쿠프랭의 것으로 알려진 작품들이 모두 그의 것인지는 논란의 여지가 있다. 이 작품들은 대부분 1690년 무렵에 만들어진 보앙 필사본Bauyn manuscript에 수록되었는데, 악보에는 단지 '쿠프랭 씨Mr. Couperin'라고만 적혀있다. 몇몇 음악학자와 연주자들은 최소한 이 중 일부는 루이의 동생인 프랑수아나 샤를의 작품이라고 추정한다.

◈ ordinaire de la musique de la chambre du roi pour le clavecin

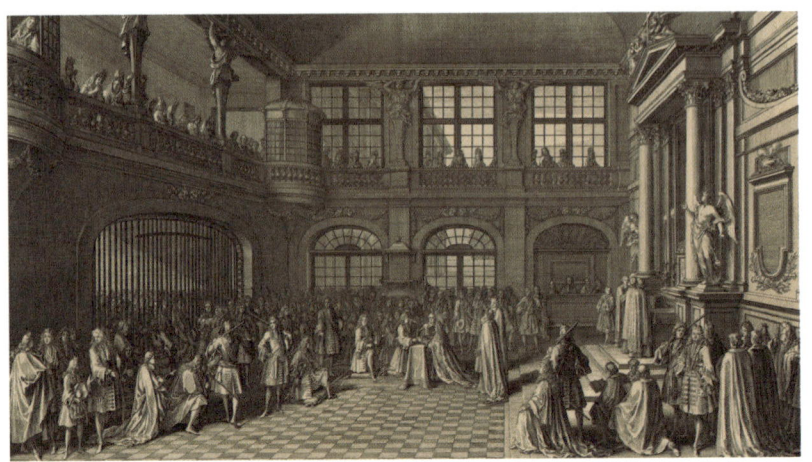

앙투안 페제의 원작을 바탕으로 한 세바스티앙 르클레르의 동판화, 「당조 후작의 맹세 예식」(1700)
베르사유 궁전에는 본래 별도의 왕실 성당이 없어서 1710년에 지금의 왕실 성당이 완공될 때까지
여러 차례 장소를 옮겼다. 쿠프랭이 오르가니스트로 일한 왕실 성당은 네 번째와 다섯 번째
(현 왕실 성당)로, 특히 이 그림에서 묘사된 네 번째 성당(1682~1710)이 주로 연주한 곳이다.
지금은 '헤라클레스의 방'으로 바뀌었다.

관계가 그 이전처럼 긴밀하지는 않았던 것 같다.

중년 이후 대체로 몸이 좋지 못했던 걸 제외하면, 그의 삶은 외견상 지극히 평온했다. 건강 문제로 사실상 은퇴할 때까지◈ 1월에서 3월까지는 왕실 성당에서, 4월부터 12월까지는 생제르베 성당에서 오르간을 연주했다. 또 가까운 귀족과 지인의 살롱에서 연주하

◈ 생제르베 성당의 오르가니스트 직책은 1723년에 사촌 동생 니콜라스^{Nicolas}에게, 궁정 실내음악가 직책은 1730년에 딸인 마르게리트-앙투아네트$^{Marguerite-Antoinette}$에게 물려주었다. 다만 공식적으로는 세상을 떠날 때까지 직책을 유지했다.

고, 작곡하고 출판을 준비했다. 그리고 베르사유에 머무를 땐 왕족들에게, 파리에 머무를 땐 다양한 이들에게 하프시코드 연주를 가르쳤다. 남아있는 편지나 자필 악보도 별로 없고 이렇다 할 극적인 사건이나 일화도 없다. 그는 루이 14세가 총애하는 건반 연주자도 아니었고, 경쟁자였던 루이 마르샹Louis Marchand처럼 대중의 귀를 사로잡는 화려한 비르투오소도 아니었다. 하지만 그의 음악에 귀 기울이다 보면 온갖 다양한 감정을 발견하면서, 어느덧 기품 있고 재치 넘치며 온화한 예술가를 만나게 된다. 그는 근본적으로 자신에 관해서 말하는 사람이 아니었지만, 역설적으로 바로크 시대를 통틀어 이처럼 강렬하게 자신의 존재를 드러낸 작곡가는 거의 없다.

하프시코드의 시인

쿠프랭 음악의 핵심은 네 권(1713, 1717, 1722, 1730)에 걸쳐 출판한 〈하프시코드 작품집Pièces de clavecin〉이다. 음악학자 데이비드 풀러David Fuller는 쿠프랭이 "하프시코드 작곡 기법에 혁명을 일으켰다"라면서 "새로운 음악적 아이디어와 음악의 묘사적인 가능성을 탐구하기 위한 자유로운 형식의 음악을 만들어서 춤곡의 독재에서 건반 음악을 해방했다"라고 평했다. 그야말로 '하프시코드의 시인'이라고 할 만하다. 쿠프랭의 음악은 절대 과시하는 법이 없으며, 가볍지만 경박하지 않고, 단아하지만 빈약하지 않다. 그리고 기쁨 안에 슬픔이, 위트 안에 멜랑콜리를 담았다. 쿠프랭은 기존의 모음곡suite이 아니라 오르드르ordre라는 자신만의 독특한 명칭을 만들어서 27개의 오르드르

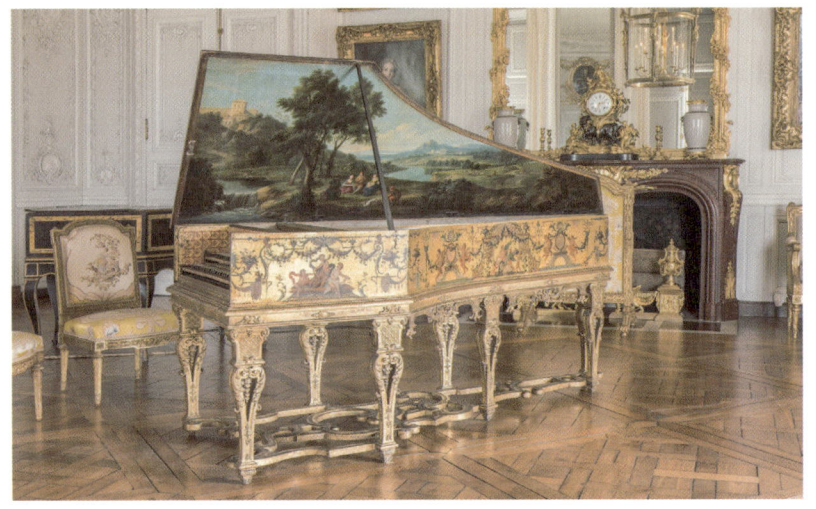

하프시코드(클라브생) (뤼커르스–블랑셰)

18세기 프랑스에서는 뤼커르스를 비롯한 17세기 플랑드르 제작자들의 악기가 큰 사랑을 받아서 새 악기보다 훨씬 더 비싸게 팔렸다. 다만 새로운 음악 취향에 맞추어 좀 더 넓은 음역과 풍성한 소리를 내도록 개조ravalement하는 경우가 많았다. 사진의 하프시코드 역시 1628년에 요아네스 뤼커르스가 제작한 것을 1706년에 니콜라스 블랑셰가 개조한 것이다. 쿠프랭의 유산 목록에 등재된 하프시코드도 블랑셰인데, 그가 개조한 것인지 아니면 제작한 것인지는 확실하지 않다.

에 230여 곡을 묶었다. 오르드르에 담긴 개별 작품은 주로 19세기의 슈만이나 쇼팽을 연상케 하는 개성적 소품pièces de caractère으로, 현실과 환상을 가로지르며 저마다 고유의 이미지나 감정을 담은 소우주를 이룬다. 그런가 하면 장식음을 모두 꼼꼼하게 써넣고서 그대로 따르지 않는 사람을 질책하거나◈ 판을 새로 찍을 때마다 오류를 수정하고 지시를 덧붙이는 모습에서 완벽주의 기질을 엿볼 수 있다.

◈　〈하프시코드 작품집 3권〉 서문

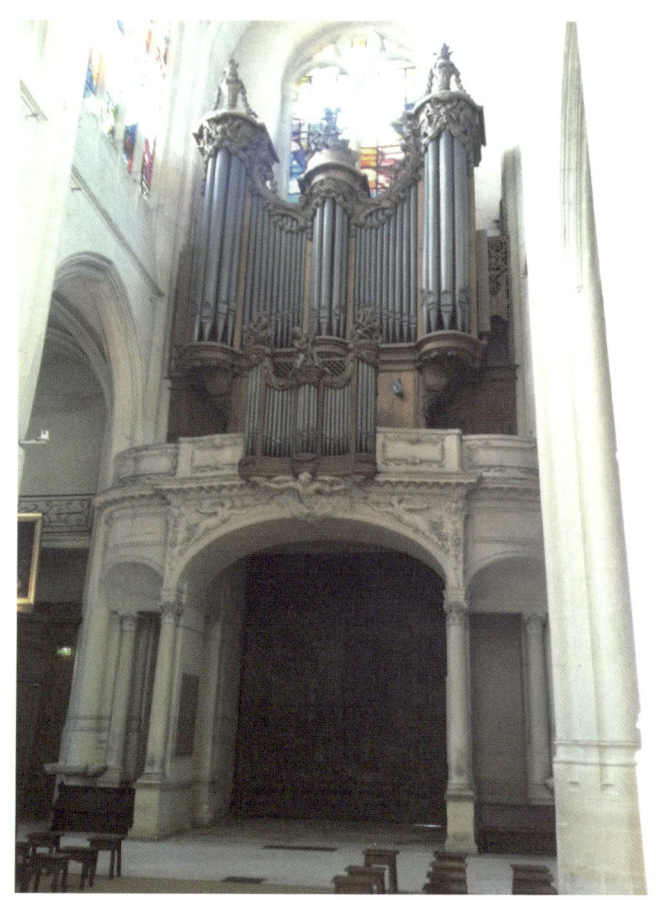

피에르 티에리 제작, 프랑수아–앙리 클리코 확장 및 개보수, 생제르베 성당의 오르간
프랑스 대혁명을 거치며 100대가 넘는 파리 시내의 오르간이 강제로 철거되었고,
운 좋게 살아남은 소수의 악기마저 훗날 19세기 양식으로 개조되었다. 생제르베 성당의 오르간은
현재 파리에서 프랑스 바로크 양식을 간직한 단 세 대의 오르간 중 하나다. 1659년에 제작된 후
19세기까지 몇 차례에 걸쳐 개보수했지만 옛 악기의 부재를 대부분 재활용했고, 루이 쿠프랭과
프랑수아 쿠프랭이 제작과 보수 과정에 긴밀하게 관여했다. 20세기의 복원 작업도 옛 악기의
원형을 보존하는 방식으로 이루어졌다.

동시대인이었던 앙투안 바토^{Antoine Watteau}◈의 그림이 그렇듯이, 쿠프랭의 음악은 은밀하게, 비밀을 토로하는 예술이다. 그리고 두 사람 모두 자신이 살았던 세상을 묘사했다. 다만 바토가 어디까지나 관찰자의 시선을 유지한다면, 쿠프랭의 음악은 그 일부라는 느낌이다. 그런 의미에서 네 권의 〈하프시코드 작품집〉은 별다른 개인적 기록을 남기지 않은 이 작곡가의 음악적 자서전이다. 당대 프랑스 작곡가들이나 바흐, 그리고 드뷔시와 라벨도 쿠프랭의 내밀한 표현에 감동했다. 브람스도 연주회 레퍼토리에 쿠프랭 작품을 넣었고, 1869년에서 1888년에 걸쳐 크리산더^{Friedrich Chrysander}가 출판한 고음악 시리즈에서 쿠프랭 〈하프시코드 작품집〉을 맡아 편집에 참여했다. 인터메초 같은 후기 작품에서 쿠프랭의 흔적을 느낄 수 있다.

〈하프시코드 작품집 1권〉(1713, 오르드르 1~5번)

1713년, 쿠프랭이 마흔다섯 살 때 출판한 〈하프시코드 작품집 1권〉 이전까지 그의 삶에 관한 자료는 몇몇 법률 문서와 계약서, 간략한 신문 기사를 제외하면 거의 없다. 출판한 작품도 별로 없어서, 마흔다섯 이전에 세상을 떠났다면 오늘날 거의 잊혔을지도 모른다. 그

◈ 직접적인 증거는 없지만, 쿠프랭과 바토는 서로 잘 아는 사이였을 가능성이 크다. 같은 시기에 지금보다 훨씬 좁은 파리에서 활동했고, 가까운 지인과 후원자도 많이 겹치기 때문이다. 무엇보다도, 자신의 그림에서 그토록 음악가를 많이 묘사했던 바토가 쿠프랭을 몰랐을 리는 없다.

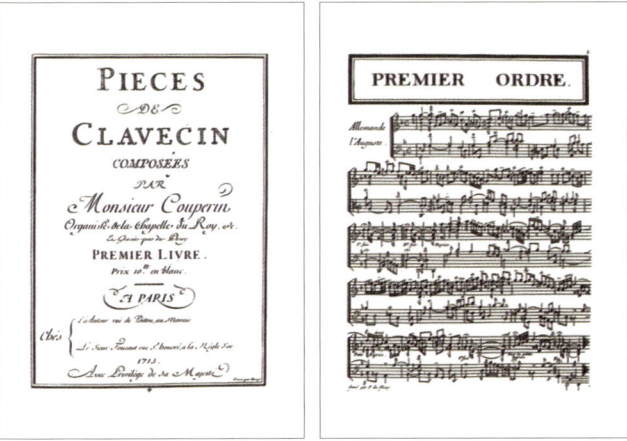

쿠프랭, 〈하프시코드 작품집 1권〉 표지와 「존엄한 사람」(1713)

런 면에서 이 작품집은 쿠프랭의 삶과 음악으로 들어가는 첫 관문이다. 또 음악은 물론 방대한 분량, 판형과 구성, 인쇄 수준 등 모든 면에서 혁신적이다. 기존의 건반 작품집은 가로 형태였지만 쿠프랭은 세로 형태에 판형을 키워서 가능한 한 연주 도중 페이지를 넘기지 않도록 했고(거의 모든 프랑스 작곡가가 뒤따르게 된다), 붙임줄tie과 이음줄slur의 모양을 달리하고 음표의 길이에 따라 두 가지의 트릴 기호를 쓰는 등 타이포그래피에도 각별한 신경을 썼다.

출판은 1713년에 이루어졌지만 조판 작업은 1710년에 시작되었고, 또 많은 곡이 최소한 1707년, 혹은 그 이전에 만들어졌음이 확실하다. 따라서 1권 수록곡은 청년 쿠프랭의 모습에 가깝다고 해야겠다. 분위기는 전체적으로 밝고 유쾌하며, 형식적으로도 다채롭다. '위대한 세기Grand Siècle'의 시대정신과 가까운 장중한 작품도 있고 가깝게 지냈던 사람들의 모습도 담았다. 쿠프랭은 춤곡 중 알망드를 특히 좋아했는데, 작품집을 여는 첫 알망드에는 「존엄한 사람 L'Auguste」이라는 부제가 달렸다. 이는 루이 14세의 서자인 멘 공작Duc Du Maine 루이-오귀스트Louis Auguste일 수도 있고, 혹은 명예혁명으로 영국 왕위에서 쫓겨나 프랑스로 망명했던 제임스 2세일 수도 있다. 제임스 2세가 지지자들 사이에서 '아우구스투스Augustus'라 불렸기 때문이다. 1권에는 그 밖에도 영어 단어 '각하milord'에서 유래한 「귀인La milordine」이나 제목과는 달리 묘하게 어두운 「생제르맹 앙 레의 즐거움Les plaisirs de Saint Germain en Laÿe」⑥ 등 영국을 가리키는 곡이 더 있어서 쿠프랭과 스튜어트 궁정의 가까운 관계를 보여준다. 「귀인」의 발랄한 지그 리듬은 영국 신사가 뽐내며 걷는 듯하지 않은가? 한편 「마법사L'Enchanteresse」는 비슷한 시기에 만들어진 같은 제목(다만 남성형인 'L'Enchanteur')의 바토 그림과 밀접한 관련이 있는 듯하다. 바토의 그림에서 극장풍 의상을 입은 남자는 기타를 연주하며 두 명의 여인을 유혹한다. 쿠프랭의 음악은 첫 부분에서 기타를 흉내 낸 음형을 들려주다 활기차게 바뀌는데, 혹시 그림에 있는 강을 묘사한 것일까? 음악과 그림 중 어느 것이 먼저인지는 모르겠지만, 두 예술가의 만남을 암시하는 매혹적인 소품이다.

1권을 상징하는 작품을 하나만 꼽으라면 오르드르 2번에 있는 「행복한 생각들Les Idées heureuses」을 고르고 싶다. 플리파르Jean-Charles

---

⑥ 당시 파리의 스튜어트 망명 궁정이 생제르맹 앙 레에 있었다.

Flipart가 제작한 동판 초상화에서 작곡가가 왼손으로 짚고 있는 작품으로, 당시 음악가들은 자신이 가장 아끼는 곡을 들고 초상화에 등장했다. '상냥하게, 질질 끌지 말고Tendrement, sans lenteur'라는 지시는 확실히 쿠프랭 음악의 본질을 꿰뚫는 표현이다. 작곡가는 이 곡에서 류트 음악의 전통을 떠올리게 하는 분산화음과 나른한 선율, 왼손의 반음계를 택했다. 그리고 음역이 매우 낮아서, 오른손마저도 좀처럼 건반의 가운데를 벗어나지 않는다. 밝고 빛나는 음색 대신 택한 어둡고 촉촉한 음색, 그리고 길게 이어지지 않고 자꾸만 사라지는 성긴 선율을 듣다 보면 마치 음악이 달콤하게 허공을 맴도는 듯하다. 쿠프랭은 이렇게 모호하고 어딘가 비현실적인 분위기가 '행복한 생각들', 혹은 자신의 음악에 담긴 본질이라고 말하고 싶었을까?

〈하프시코드 작품집 2권〉(1717, 오르드르 6~12번)

쿠프랭은 1권 서문에서 그해(1713) 안에 2권도 출판할 예정이라고 밝혔지만, 결국 2권은 4년이 흐른 후인 1717년에야 출판되었다. 2권 서문에 의하면 사실 수록곡 대부분은 1713년에 이미 준비된 상태였고, 두 개의 오르드르(몇 번인지는 알 수 없다)만 그 이후에 만들어졌다. 작곡가는 출판이 연기된 몇 가지 이유를 밝혔는데,◇ 이 시기에 이사를 많이 한 걸 보면 삶에도 굴곡이 있었던 것 같다. 1715년에

◇　〈르송 드 테네브르〉와 〈하프시코드 연주 기법L'Art de toucher le clavecin〉 출판, 마랭 마레의 〈비올 작품집 4권〉의 조판 작업, 좋지 않은 건강 등을 이유로 들었다.

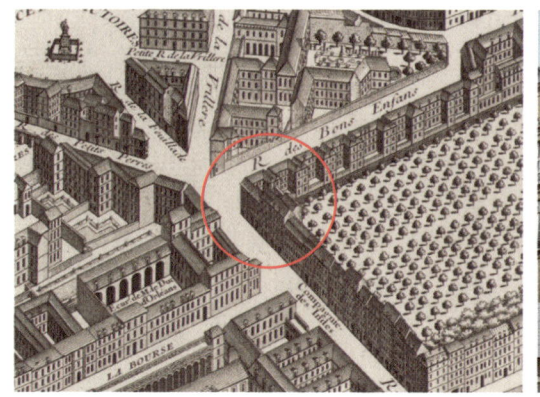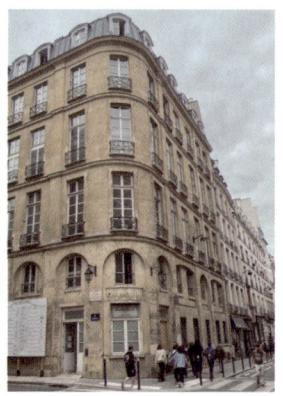

쿠프랭의 집
(좌) 「튀르고 지도」에 나온 모습 (우) 현재 모습
옛 본앙팡 거리, 현재의 라지빌(라지비우) 거리에 있는 쿠프랭의 집은 그가 1723년부터 세상을 떠날 때까지 생애 마지막 10년을 살았던 곳이다. 사진의 문 옆에 이를 알리는 조그만 명판이 보인다.

루이 14세가 세상을 떠난 것도 영향을 미쳤을 듯하다.

2권은 더 자유롭고 다채롭다. 이제 모음곡 형태는 거의 사라졌고, 제목은 더욱 은유적이고 모호하게 바뀌었다. 더불어, 각각의 오르드르에 일관된 감정을 불어넣어 응집력을 더하려는 시도가 엿보인다. 가령 오르드르 7번에서는 하프시코드의 저음역을 강조하면서 악기의 어두우면서도 상냥한 음색을 탐구하기도 한다. 1권과 비교하면 몽환적이고 내밀한 곡이 많으며, 「파사카유」나 「신비로운 장벽」처럼 오늘날에도 널리 알려진 작품이 많다.

2권에는 담담하면서도 마음을 끄는 작품이 많다. 「즐거움Les Amusemens」은 쿠프랭의 음악에서 항상 느낄 수 있는, 삶의 두 가지 상반된 측면(기쁨과 슬픔, 진지함과 가벼움)을 묘사한 듯하다. 음악은 슬

158

품을 애써 즐거움으로 가리려는 듯하지만, 후반부에서 느낄 수 있는 애상적인 감정은 문득 19세기 낭만주의 음악을 떠올리게 한다. 한편 롱도 형식으로 된 「신비로운 장벽」은 대중적으로 가장 유명한 쿠프랭 작품으로, 제목 그대로 대단히 신비롭다. 제목은 화성 구조를 끊임없이 침범하는 걸림음을 일컫는 것일까? 아니면 누군가 주장한 대로 포도주를 만드는 과정을 묘사한 것일까? 혹은 과거와 현재, 삶과 죽음, 사람과 사람 사이의 숙명적인 거리를 상징하는 것일까? 아무튼, 드뷔시 이래 수많은 20세기 작곡가와 연주자들이 이 곡에 찬사를 보냈다. 그런가 하면 「파사카유」는 처음부터 끝까지 걸작인 오르드르 8번 중에서도 정점이다. 마치 백부 루이 쿠프랭의 비밀스러운 세계를 극적으로 변용했다는 느낌이다.

　　오르드르 11번에 있는 「위대하고 오랜 음유시인 조합의 연대기 Les Fastes de la grande et ancienne Mxnxstrxndxsx」는 쿠프랭의 실제 삶을 엿볼 수 있는 작품으로, '모음곡 안의 또 다른 모음곡'이다. 제목에서 쿠프랭이 가려 놓은 이름은 '음유시인 조합Ménestrandise'으로, 중세 시대로 거슬러 올라가는 광대, 요술사, 음악가의 길드였다. 이 길드는 시간이 흐르면서 점차 예술가의 자유를 억압하고 규제하는 이익 단체가 되어 많은 갈등이 일어났는데, 1693년에는 건반 연주자와 작곡가도 가입해야 한다고 선언하면서 법적 분쟁이 발생했다. 쿠프랭은 세 명의 동료 궁정 오르가니스트와 연대해서 왕에게 직접 호소하는 등 동료 음악가를 지원했고, 결국 2년 만에 재판에서 이겼다. 이 작품은 말하자면 예술가의 자유를 옹호하는 선언이자, 어떻게 보면 쿠프랭의 '뒤끝'이다. 음악은 음유시인 조합의 광대와 마술사, 허디거디를 켜는 길거리 악사, 취객, 그리고 원숭이와 곰을 신랄하게 풍자하며, 마치 19세기 후반의 말러처럼 지극히 통속적인 거리의 음악과 세련된 궁정 음악을 하나로 엮었다.

〈하프시코드 작품집 3권〉(1722, 오르드르 13~19번)

3권은 작곡가가 원숙한 시기에 들어선 1722년, 쉰네 살 때 출판되었다. 1722년은 열세 살이 된 루이 15세가 대관식을 치르고 베르사유 궁전으로 돌아가면서 사실상 섭정 시대Régence가 끝난 해였다. 3권에 섭정이었던 오를레앙 공작 필리프 2세Philippe II, Duc d'Orléans를 암시한 곡이 많은 걸 보면, 쿠프랭은 예술을 사랑하고 검열을 폐지한 공작을 좋아했던 모양이다. 1권의 작품이 모음곡 형태로 배열되었고 2권에서는 분위기에 따라 모였다면, 3권에서는 회화적인 이미지에 따라 모였다는 느낌이다. 시적이며, 가볍고 우아해서 18세기 갈랑트 음악의 향기가 감돈다. 더불어, 마지막 부분에는 합주 작품인 〈왕궁의 콩세르Concerts royaux〉 네 곡이 부록처럼 붙어 있다. 서문에서 쿠프랭은 '거의 매주 일요일마다 루이 14세가 연주를 명하셨던 소규모 작품'이라면서 함께 연주했던 동료들의 이름까지 나열했는데, 어딘가 애틋한 감정이 느껴진다. 네 곡의 콩세르는 쿠프랭이 주창했던 프랑스와 이탈리아 양식의 조화, 즉 '종합 양식goûts réunis'의 기념비적인 이정표다.

그런데 3권에서 한 가지 흥미로운 점은 인쇄 오류다. 현재 남아

160

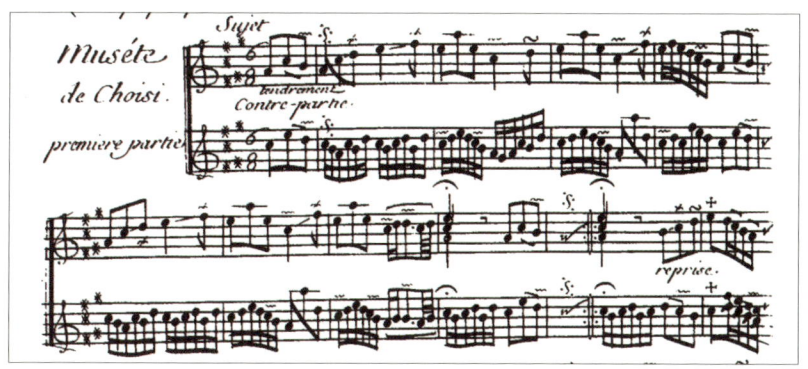

쿠프랭, 「슈아지의 뮈제트」 초판본
11마디에 손으로 직접 수정한 것을 볼 수 있다.

있는 1쇄와 2쇄 악보를 보면 모두 손으로 직접 오류를 교정했다. 필적으로 미루어 한 사람의 솜씨인데, 쿠프랭이 직접 써넣은 듯하다. 가끔 공연장에서 안내 책자에 교정 스티커를 붙인 걸 보면, 수북하게 쌓인 악보집을 앞에 두고서 펜을 쥔 쿠프랭의 모습이 떠오를 때가 있다.

「모니크 자매Soeur Monique」는 갈랑트풍의 매력적인 롱도다. 제목의 '자매'는 수녀를 의미할 수도 있지만, 당시 사람들이 즐겼던 은유적인 표현으로는 방탕한 거리의 여인을 뜻하기도 했다. 쿠프랭은 어떤 의미로 썼을까? 사랑을 읊은 가사를 붙인 패러디가 당대에 두 곡이나 만들어진 걸 보면 후자일 수도 있는데, 만약 그렇다면 앞부분은 풍자적인 순수함을, 이어지는 쿠플레couplets는 도발적인 유혹을 표현했다고 봐야겠다. 한편 예나 지금이나 인기작인 「사랑에 빠진 나이팅게일Le Rossignol en Amour」은 궁정 노래air de cour를 기악으로 옮긴

듯한 작품이다. 새, 그중에서도 나이팅게일을 소재로 쓴 작품이 흔히 그렇듯 사랑의 감정을 상징적으로 묘사했는데, 계몽주의가 등장하기 이전의 세계에 살았던 쿠프랭에게 자연은 그 자체로 존재하는 독립적인 존재라기보다는 인간 사회를 반영하는 거울이었다. 작곡가는 악보에 '느리고 아주 다정하게, 하지만 침착한 방식으로' 연주하라면서 '잘 연주하기만 한다면' 트라베르소 플루트로 연주할 때 더없이 훌륭하다고 덧붙였다.

3권에서는 극장과 관련 있는 작품이 특히 눈에 띈다. 쿠프랭은 극음악을 쓰지는 않았지만 극장을 깊이 이해했고, 배우나 무용수를 묘사한 작품이 많은 걸 보면 그들과 폭넓게 교류한 듯하다. 그리고 루이 14세 재위 후반, 맹트농 부인Mme de Maintenon이 주도했던 궁정의 종교적이고 금욕적인 분위기에 비판적이었던 이탈리아 극장Théâtre Italien에 공감했던 것 같다. 이탈리아 극장과 주연 배우인 에바리스토 게라르디Evaristo Gherardi와 관련이 있는 풍자적인 작품이 3권부터 등장하기 때문이다. 그 이전에는 이런 작품을 발표하는 게 위험할 수도 있었으리라. 그가 묘사하는 극장은 아주 우아하고 세련되지만, 장터 극장Théâtre de la foire의 떠들썩하고 위험한 분위기나 비도덕적인 측면에 관한 은밀한 풍자도 잊지 않았다. 도메니코 스카를라티의 소나타를 연상하게 되는 「틱-톡-쇽, 혹은 마요탱Le Tic Toc Choc ou Les Maillotins」은 좋은 예다. '틱-톡-쇽'은 망치 두드리는 소리나 시계추 소리처럼 반복적인 음향을 뜻하며, 뒤에 붙은 '마요탱'은 파리의 유명한 줄타기 곡예사 집안인 '마요Maillot'를 가리킨다. 야외 연극이 시

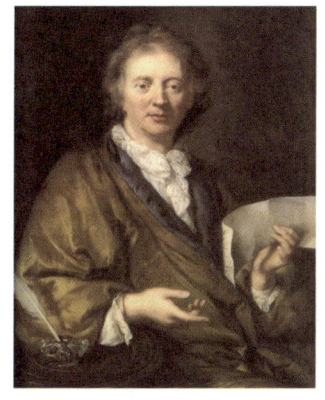
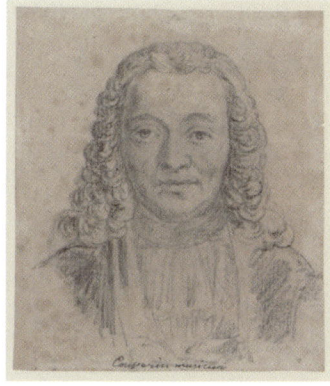

(좌) 알렉시스 시몽 벨, 「프랑수아 쿠프랭(?)」(1711년경)

본래 제르베-프랑수아 쿠프랭의 소장품이었던 이 초상화의 주인공이 누구인지는 19세기 이래
논쟁거리였다. 현재는 프랑수아 쿠프랭이라는 견해가 많지만, 프랑수아의 사촌 동생이자
제르베-프랑수아의 조부였던 니콜라스 쿠프랭의 초상화일 가능성도 있다.

(우) 작자 미상, 「프랑수아 쿠프랭」

작되기 전에 펼쳐지는 줄타기 곡예의 아슬아슬한 움직임을 음악으로 묘사한 듯하다.

〈하프시코드 작품집 4권〉(1730, 오르드르 20~27번)

세상을 떠나기 3년 전인 예순두 살, 1730년에 출판된 4권에서는 건강이 좋지 않은 노년의 작곡가가 모습을 드러낸다. 물려받은 시골 땅을 처분한 걸 보면 경제적으로도 여유롭지 않았을 가능성이 있다. 서문에서 그는 4권이 자신의 마지막 작품집이며 세상을 떠난 뒤 가족들이 이 작품을 통해 기억해주기 바란다고 썼는데, 그런 의미에서는 '음악적 유언'이라고 할 수도 있겠다. 앞부분은 분위기가 비교적

밝지만(서문에서 말했듯이 이전에 써둔 곡인 듯하다) 점차 차분하고 간결하며 진지한 음악이 많아지며, 오르드르 25번부터 급격하게 분위기가 바뀐다. 이제 우아하고 상냥한 표현, 가벼운 유머 감각은 뒤로 물러나고 내밀한 명상과 우울한 멜랑콜리가 전면에 드러난다. 문득 당당한 자세를 취한 '공식' 초상화가 아닌, 작자 미상의 스케치를 떠올리게 된다. 여기서 쿠프랭은 가벼운 미소를 짓고 있지만, 어딘가 지치고 우울한 표정이다.

「마음의 여왕」은 누구일까? 처음에 솟구쳤다가 마치 미끄러지듯 내려가는 음형이 인상적인데, 프랑스 오페라에 자주 등장하는 '잠 장면sommeil'을 닮았다. 「쿠프랭La Couperin」은 알망드 형식으로 자신을 묘사한 음악적 자화상이다. 바흐를 연상케 하는 인상적인 반음계와 더불어 쿠프랭으로서는 드물게 하나의 주제로 이루어졌다는 점이 재밌다. 쿠프랭이 바라본 자기 모습은 이렇게 좀 고집스럽고 단호했을까? 가볍고 활기찬 음악 안에 진지함을 살짝 숨겨놓은 「작은 새침데기La Petite Pince-sans-rire」나 사랑스러운 「몽플랑베르 부인La Monflambert」도 잊을 수 없다.

롱도 형식의 「델로스섬의 곤돌라Les Gondoles de Délos」는 많은 이들이 지적했듯이 바토의 「키티라섬을 향한 승선L'embarquement pour Cythère」을 떠올리게 되는 작품이다. 두 사람 모두 제목이 암시하는 고대 그리스◉와는 전혀 다른 세계를 그린 점도 비슷하다. 쿠프랭은 '부드러운 농담Badinage tendre'이라는 지시를 남겼는데, 혹시 베르사유 궁전에 있던 실제 곤돌라를 떠올렸을까? 그렇다면, 베네치아 공화국

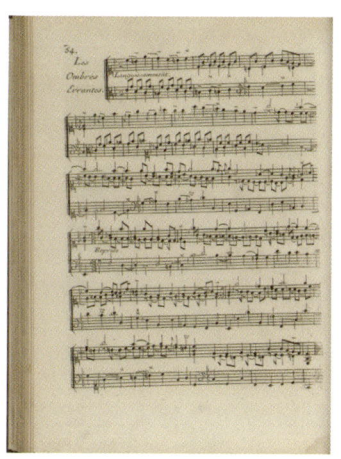

쿠프랭, 「방황하는 그림자」(4권 오르드르 25번)

이 루이 14세에게 선물했던 곤돌라를 통해서 태양왕과 그의 시대를 회고하는 뜻을 담았는지도 모른다. 그의 유산 목록 중에는 루이 14세의 대형 초상화가 있었다. 오래전, 노을이 지는 저녁 무렵에 베르사유 궁전의 호수를 바라보았을 때 이 곡을 떠올렸던 기억이 있다.

쿠프랭 음악의 유머와 부드러움에는 언제나 멜랑콜리가 담겼지만, 특히 마지막 세 편의 오르드르(25~27번)에서 작곡가는 거의 멜랑콜리로 침잠한다는 느낌이다. 조성 역시 '고독과 멜랑콜리를 뜻하는' B단조(25번), '낯선' F샤프단조(26번), '모호하고 슬픈' C단조와 관계조인 E플랫장조(27번)를 썼다. 글머리에서 언급한 「방황하

◈ 키티라섬은 사랑의 여신 아프로디테가 태어난 곳, 델로스섬은 음악과 시의 신 아폴론이 태어난 곳이다.

는 그림자」는 특히 감동적이다. 고대부터 '그림자'는 죽은 이의 영혼을 뜻했다. 특히 그리스-로마 사람들은 제대로 장례를 치르지 못한 이의 영혼은 저승에 내려가지 못하고 이승을 떠돈다고 생각했다. 그런데 그리스도교는 로마제국 시대부터 전통적으로 극장에 적대적이었다. 극장이 사람을 유혹하고 죄악으로 이끈다고 여겼기 때문이다. 왕정 시대 프랑스는 특히 엄격해서, 법으로 극장에 종사하는 이에게 임종 시 사제 앞에서 공식적으로 직업을 포기하도록 요구했고, 이를 거부하거나 갑자기 죽은 이는 제대로 된 장례식을 치르지도, 축성된 묘지에 묻히지도 못했다. 몰리에르나 여배우 아드리엔 르쿠브뢰르 Adrienne Lecouvreur 같은 명사도 사후에 그런 수모를 당해야 했다. 쿠프랭은 그런 이들을 생각하며 '그림자'의 이미지를 떠올렸을까? 류트 양식으로 양손이 나란히 연주하는 가지런한 음과 음 사이의 여백, 그리고 중간 부분의 내성부에서 반음계로 내려가는 4도 음형은 지극히 내밀한 감정을 속삭이는 듯하다. 당시 수면제로 쓰였던 양귀비꽃을 통해서 잠, 혹은 죽음을 묘사한 「양귀비꽃Les Pavots」에 관해서도 비슷한 평을 할 수 있겠다.

쿠프랭 이후 - 에필로그

프랑수아 쿠프랭은 〈하프시코드 작품집 4권〉을 출판하고 3년 후, 1733년에 세상을 떠났다. 사후 작성된 유산 목록에는 무려 496개의 동판이 있는데, 그중 상당수는 〈하프시코드 작품집〉이었을 것이다. 거의 300년이 지난 지금, 이제 파리에는 쿠프랭의 흔적이 별

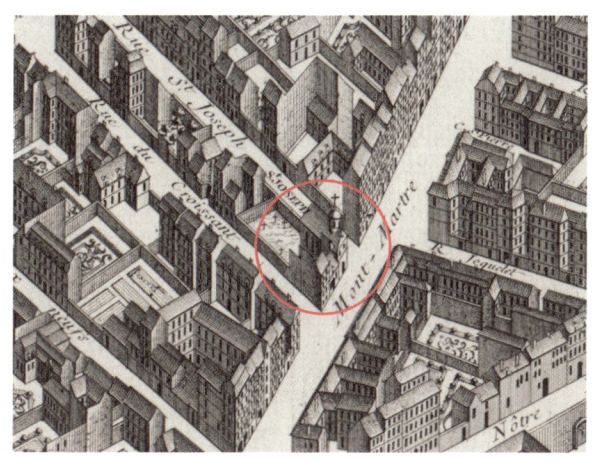

미셸-에티엔 튀르고, 「생조세프 묘지」(1739)
가운데 보이는 곳이 쿠프랭이 묻힌 생조세프 묘지다.
몰리에르도 처음에 이곳에 묻혔다가 훗날 이장되었으며, 1778년에 파리에서 세상을 떠난
모차르트의 어머니 안나 마리아도 이곳에 묻혔다.

로 없다. 그가 묻혔던 묘지가 18세기 말에 사라지면서 유해도 행방을 알 수 없게 되었다. 다만 1653년부터 1826년까지 쿠프랭 가문의 근거지였던 생제르베 성당과 오르간은 여전하며, 팔레-루아얄Palais-Royal 뒤쪽에는 생애 마지막 10년 동안 살았던 집이 아직 남아있다. 언젠가는 이 집에 쿠프랭 기념관이 들어섰으면 좋겠다. 쿠프랭 가문이 배출한 최후의 음악가는 프랑수아의 사촌 동생 니콜라스의 증손녀 셀레스트-테레즈Céleste-Thérèse Couperin, 1793~1860였다.

쿠프랭 이후 프랑스 하프시코드 전통은 사실상 쇠퇴하기 시작했다. 그리고 새로운 이탈리아 음악이 몰고 온 혼란을 반영하듯, 어딘가 자극적이고 화려하지만 우아함과 깊이는 다소 부족한 음악으

로 바뀌었다. 하지만 그런 와중에도 독특한 개성을 담아내는 데 성공한 작곡가도 있는데, 루아예Joseph-Nicolas-Pancrace Royer나 뒤플리Jacques Duphly가 좋은 예다. 루아예의 「스키타이인의 행진La Marche des Scythes」이나 「변덕Le Vertigo」은 새로운 시대를 드러낸다. 상대적으로 뒤플리의 작품은 옛 전통을 새로운 감각으로 엮어냈다는 느낌이다. 그래도 「포투앵La Pothouin」 같은 곡에는 분명 쿠프랭의 우아함과 가벼운 우수가 남아있다. 피아노와 대혁명 앞에서 사라지게 될 프랑스 하프시코드 전통의 마지막 순간이었다.

추천 음반

† Louis Couperin: Complete Works for Harpsichord (Vol.1-4)
Bob van Asperen
(Aeolus)

† Monsieur Couperin. Louis, Charles, François I?
Brice Sailly
(Ricercar)

† François Couperin: Pièces de clavecin (I-IV)
Christophe Rousset
(Harmonia Mundi France)

† François Couperin: Pièces de clavecin (I-IV)
Carole Cerasi
(Metronome)

† François Couperin: Concerts Royaux
Christophe Rousset, Les Talens Lyriques
(Aparté)

† François Couperin: Leçons de ténèbres
William Christie, Les Arts Florissants
(Erato)

10장

안토니오 비발디와 피에타

지금도 바다나 강에 접해 있고 다리와 운하가 있는 아름다운 도시는 흔히 '××의 베네치아'로 불린다. 이것만 봐도 150개가 넘는 섬과 180개에 가까운 운하, 400개가 넘는 다리로 이루어진 물의 도시 베네치아가 1,000년이 훨씬 넘는 오랜 세월 동안 얼마나 많은 사람을 매혹시켰는지 알 수 있다. 베네치아 공화국은 전성기에도 인구가 20만 명을 넘어본 적이 없는 작은 나라였지만, 11세기부터 강력한 해군력과 조선 기술을 바탕으로 유럽의 교역을 주도하는 경제 대국으로 떠올랐다. 두카토 금화는 오랫동안 유럽의 기준 통화 역할을 했으며, 저 유명한 '베네치아 상인'들은 다양한 동방의 문물을 유럽에 소개했다. 오스만튀르크가 등장하고 신대륙 항로가 열리는 등 이

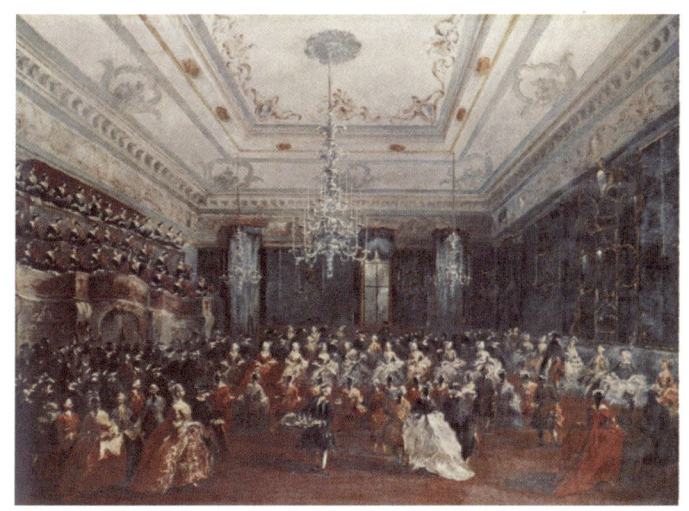

프란체스코 구아르디, 「러시아 황태자를 위한 갈라 콘서트」(1782)

런저런 위기를 맞으며 17세기부터는 서유럽 경제의 주도권을 잃고 베네치아의 오랜 영광도 저물기 시작했다. 하지만 이 나른한 쇠퇴기에 오히려 도시는 모든 유럽 사람이 꿈꾸는 꿈과 환락의 도시, '그랜드 투어grand tour'에서 빠질 수 없는 최고의 관광지로 떠올랐다. 우리에게 익숙한 화려한 사육제의 이미지는 바로 이 무렵, 바로크 시대에 생겨난 것이다. 오페라와 악보 출판의 중심지로서 베네치아 음악은 오히려 이 시기에 마지막 황금기에 도달했다고 할 수 있다.

베네치아와 오스페달레

베네치아 작곡가들은 콘체르타토 양식과 복합창을 주도했다는 점에서 바로크 시대의 문을 연 주인공이었다. 오페라 역시 베네치아를 떠나서는 생각할 수 없다. 오페라는 1600년 무렵 피렌체에서 탄생했지만 곧 몬테베르디와 카발리Francesco Cavalli가 있는 베네치아가 중심지가 되었다. 1637년에는 서유럽에서 최초로 대중을 위한 오페라 극장이 생겼으며, 1600년대 말이 되면 네 개에서 여섯 개의 극장이 시즌마다 오페라를 상연하며 경쟁했다. 당시 유럽에 있는 오페라 극장 대부분이 군주가 소유한 궁정 극장이었음을 생각하면 더욱 놀랍다. 사육제는 곧 오페라 시즌이었고 추가로 봄과 가을에도 짧은 오페라 시즌이 있었기에 베네치아에서는 1년 중 거의 절반 동안 오페라를 상연했다. 그런가 하면 산마르코 성당의 음악감독은 로마의 시스티나 성가대 음악감독과 더불어 이탈리아에서 가장 중요한 음악가 직책으로, 아드리안 빌라르트Adrian Willaert와 치프리아노 데 로레부터 몬테베르디와 가브리엘리, 카발리를 거쳐 로티Antonio Lotti와 갈루피Baldassarre Galuppi까지 위대한 음악가들이 일했다.

하지만 17~18세기 베네치아에는 화려한 오페라 극장이나 장엄한 산마르코 성당 말고도 음악의 산실이 하나 더 있었다. 바로 흔히 오스페달레Ospedale라 불렸던 네 곳의 오스페달레 그란디Ospedale grandi였다. 중세 시대의 구빈원이나 자선 병원, 혹은 순례자들을 위한 숙박 시설로 시작된 오스페달레는 당시에는 주로 고아와 사생아를 위한 공립 양육 및 교육 시설이었다. 환락의 도시 베네치아의 빛과 어둠을 동시에 보여주는 존재였다고 할 만하다. 네 곳 중 오스페달레토Ospedaletto와 인쿠라빌리Incurabili, 멘디칸티Mendicanti 세 곳은 고아와 혼혈 아동, 빈곤층 노인과 병자를 두루 보살핀 데 반해 피에타는 오

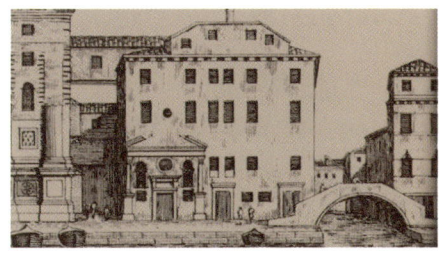
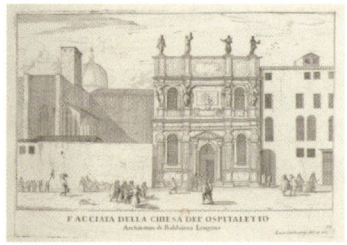
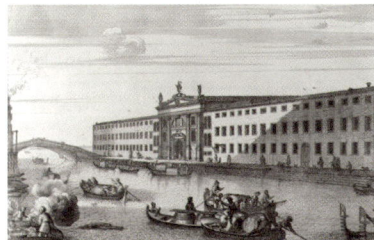
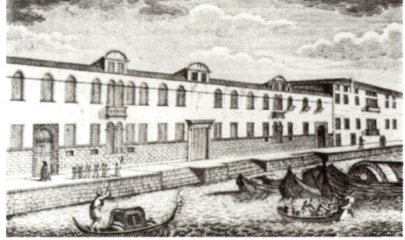

네 개의 오스페달레. 피에타, 오스페달레토, 인쿠라빌리, 멘디칸티의 모습

직 버려진 아이들棄兒만을 맡았다.◇

　　네 곳의 오스페달레는 모두 음악 교육과 연주로 유명했다. 음악이야말로 기부금과 후원, 명성을 얻기 위한 가장 좋은 방법이었기 때문이다. 다만 나폴리의 음악원들이 남자아이만 받은 반면 베네치아의 오스페달레에서는 여자아이들만 가르쳤다. 오스페달레를 '음악원conservatorio'으로 부르는 경우가 있는데, 엄밀히 말하자면 올바른 명칭은 아니지만 심지어 18세기 당대에도 종종 그렇게 불렸을

◇　네 곳의 정식 명칭은 각각 Ospedale dei Poveri Derelitti, Ospedale degl'Incurabili, Ospedale dei Mendicanti, Ospedale della Pietà

정도로 음악과 떼려야 뗄 수 없는 관계였다. 찰스 버니, 장-자크 루소, 크반츠 등 많은 이들이 오스페달레를 방문하고 기록을 남겼다. 비록 지나치게 감상적인 루소의 기록이 '아름다운 소녀들이 연주하는 천상의 화음'이라는 낭만적인 이미지를 만드는 데 크게 기여하기는 했지만 말이다. 1770년대에 베네치아를 방문한 폴크만Johann Jakob Volkmann이라는 독일 사람의 묘사는 아주 객관적이다.

> 매주 일요일과 축일마다 저녁 식사 후에 최상급의 교회 음악이 연주되는 구빈원이 네 군데 있다… 네 곳 모두 저마다 작곡가가 있으며 여인들이 남자의 도움 없이 대규모의 모테트와 오라토리오를 연주한다. 뛰어난 연주자들이 갤러리에 있는 철책 뒤에서 연주하지만, 철책 사이로 그들의 모습을 볼 수 있다.

피에타와 비발디

오스페달레 네 곳은 서로 경쟁하며 앞서거니 뒤서거니 했지만, 전반적으로 볼 때 가장 유명한 곳은 피에타였다. 다른 곳에서도 갈루피나 포르포라Nicola Porpora, 하세Johann Adolf Hasse 같은 저명한 음악가를 고용해서 수준 높은 음악을 연주했지만 말이다. 피에타가 누린 국제적인 명성의 한가운데에는 '빨간 머리 사제prete rosso' 비발디가 있다. 비발디와 피에타는 마치 오랜 연인처럼 거의 40년에 걸쳐 만남과 헤어짐을 반복하면서 함께 영광의 역사를 만들었다. 비발디는 1703년, 스물여섯 살 때 사제 서품을 받고 얼마 후에 피에타의 상주

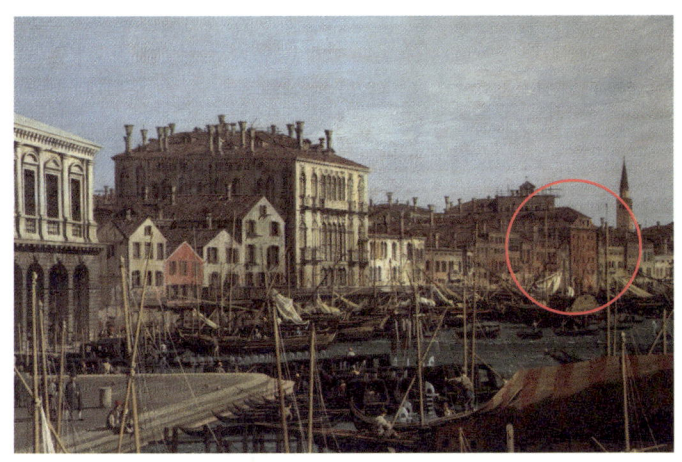

카날레토, 「산마르코 기둥 오른편의 부두」 중 일부(1742)
원 안의 붉은 색 건물이 피에타 건물이다.

사제mansionario 겸 바이올린 교사maestro di violino로 첫 공식 직책을 시작했다. 당시 이탈리아에서 성직자는 가난한 이들에게 중요한 신분 상승의 기회였고 베네치아에서는 사제가 음악가로 활동하는 일이 흔해서(당시 200여 명의 등록된 기악 연주자 중 40명이 사제였을 정도다) 바이올리니스트의 아들에게 매우 자연스러운 '코스'였으리라 짐작할 수 있다. 1706년 11월에 기관지 천식을 이유로 성무 집행 의무를 면제받은 후부터는 음악가로서만 활동했는데, 그래도 평생 성직자 신분을 유지했으며 악보 앞머리에 '주님을 찬양하라' 혹은 '주님과 성모님을 찬미하라' 같은 문구를 ─ 이상하게도 특히 오페라 악보에 ─ 적었다. 1713년부터는 '공식 작곡가'로 교회 음악도 쓰기 시작했다.

피에타의 1년 연봉은 60두카토❷로 많지는 않았다. 하지만 느슨한 업무 조건 덕분에 다른 활동을 병행할 수 있다는 점을 고려하면 적은 액수는 아니었다. 피에타는 국가의 감독을 받으면서 귀족으로 이루어진 이사회가 운영하는 일종의 자치 기구였다. 아이들에게 체벌을 금지했고 세심하고 자상하게 양육했으며, 아기들이 내륙의 농부 집안에서 크도록 배려하기도 했다. 또 위생 및 의료 시설과 영양 공급도 비교적 좋아서 이곳에서 성장한 아이들의 평균수명도 길었다. 그중에서도 악단coro은 피에타의 핵심이었다. '악단의 딸figlia di coro'이라 불렸던 피에타의 여성 연주자들은 대개 70~80여 명에 달했다. 이들은 자수나 바느질 같은 다른 일을 면제받았으며, 결혼하거나 수녀원에 들어가지 않는 한 평생 피에타를 떠나지 않고 은퇴할 때까지 활동했다. 즉 루소의 묘사와는 달리 악단에는 모든 연령대의 여성이 있었다. 그중에서도 뛰어난 음악가들은 12명의 '특별 연주자figlia privilegiate'로 승진했고 그 위에는 각각 성악과 기악 파트를 책임지는 두 명의 '마에스트라 디 코로maestra di coro'가 있었다. 안나 마리아Anna Maria처럼 비발디가 길러낸 제자 몇 명은 당대 최고의 비르투오소 바이올리니스트가 되었다. 이렇게 피에타 악단은 남성 음악 감독maestro di coro과 남성 교사들을 정점으로 해서 마에스트라부터 아직 악단에 들어오지 못한 초보자와 어린이에 이르기까지 피라미드식 교육이 이루어졌다.

피에타의 성당에서는 전례 중에 음악을 연주했고 끝난 후에는

---

② 나중에 100두카토로 인상되었다.

옛 음악, 새 연주

사실상의 콘서트를 열었으며, 음악실에서는 실내악도 연주했다. 앞서 살펴본 폴크만의 기록에서 엿볼 수 있듯이 피에타는 자국인은 물론 외국 관광객들이 반드시 들르는 베네치아의 명소로, 연주자들을 위한 새로운 작품과 충분한 훈련 및 리허설은 필수적이었다. 또 새로운 악기를 구입해서 연주하도록 만드는 일도 교사의 업무였다. 그 결과 비발디는 자신이 길러낸 피에타의 뛰어난 기악-성악 앙상블을 위해 끊임없이 새로운 작품을 썼고 말년까지 샬뤼모, 클라리넷 등 새로운 악기도 실험했다. 실제로 피에타 오케스트라는 희귀하고 다채로운 악기를 보유한 것으로 유명했는데, 가령 비발디가 협주곡 다

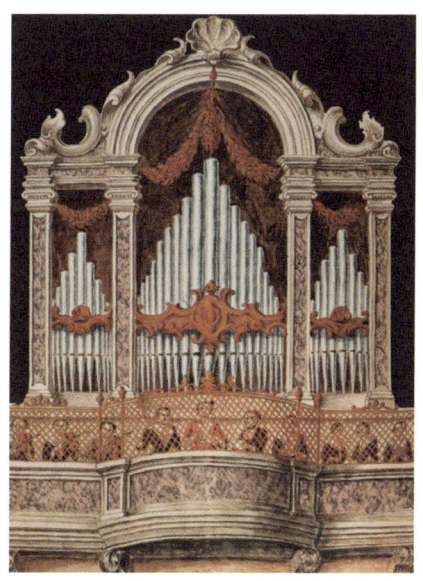

조반니 그레벤브로흐, 「베네치아의 관습」 중
피에타 음악가들(1753년경)

섯 곡에서 사용한 '비올리노 인 트롬바 마리나violino in tromba marina'는 지금까지도 정확히 어떤 악기인지 알 수 없고 피에타 바깥에서 쓰인 적도 없다. 또 다채로운 악기가 등장하는 비발디 오라토리오 〈승리의 유디타Juditha triumphans〉 같은 작품은 당시 피에타 오케스트라를 엿볼 수 있는 좋은 예다. 피에타는 비발디 덕분에 뛰어난 앙상블을 구축하고 명성을 떨쳤지만, 비발디 역시 피에타 악단은 물론 피에타를 떠난 이들도 연습과 연주에 동원할 수 있었다. 이렇게 피에타의 오케스트라와 합창단은 최고의 수준을 유지했는데, 당대 프랑스 방문객 한 명은 이들이 베르사유 궁정이나 파리 오페라 극장 오케스트라보다 훨씬 더 낫다는 기록을 남겼다.

앞서 언급했듯이 피에타는 전 유럽의 왕족과 귀족들, 음악가들이 방문하는 명소였기에 비발디는 베네치아를 떠나지 않고도 손쉽게 외국인들과 관계를 맺거나 후원, 주문을 받을 수 있었다. 지극히 베네치아적인 기업가 정신을 지닌 비발디에게 무시할 수 없는 이점이었을 것이다. 비발디는 피에타에서 일하면서 작곡가로서 급속하게 명성을 얻었다. 특히 1711년과 1716년에서 암스테르담에서 출판된 작품번호 3번 〈레스트로 아르모니코L'estro armonico〉와 4번 〈라 스트라바간차La Stravaganza〉 협주곡집은 그를 국제적인 명사로 만들었다. 두 작품집, 특히 〈레스트로 아르모니코〉는 피에타에서의 초기 활동을 증언하는 기록이자, 아마도 코렐리의 작품번호 6번(합주협주곡집)과 더불어 18세기 전반기에 가장 강력한 영향력을 누렸던 기악 작품이다. 출판업자를 베네치아에서 암스테르담으로 바꾼 것은 암스테르담의 조판 기술 수준이 더 높기도 했지만 북유럽에서 점점 더 명성과 인기가 올라가고 있다는 점도 무시 못 할 이유였을 것이다.

비발디, 피에타를 벗어나다

하지만 비발디는 평생 피에타의 음악감독이 되지 못했고, 교사 직마저도 들락날락했다. 가장 큰 이유는 먼저 그의 신분이 낮았기 때문이고, 그다음으로는 바이올리니스트와 기악 작곡가로서의 안정된 세계에 만족하지 않고 점점 더 오페라에 몰두했기 때문이다. 비발디는 1710년대에 접어들어 사실상 오페라 극장 운영자로 일하는가 하면 종종 오페라 상연을 위해서 장기 휴가를 요청했는데, 이사

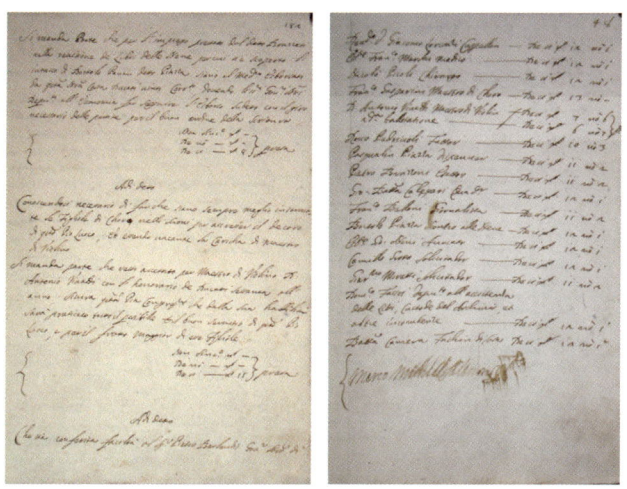

(좌) 비발디의 피에타 바이올린 교사 임명장(1711)
(우) 피에타 이사회의 고용 투표 기록(1709)
비발디는 찬성 7표, 반대 6표로 재임용에서 탈락했다.

회가 지출을 꼼꼼하게 관리하고 음악 교사가 일종의 단기 계약직인 '공기관'인 피에타 입장에서는 당연히 탐탁지 않았을 것이다. 교사들은 해마다 2월이나 3월에 모이는 이사회에서 2/3의 찬성표가 나와야 재계약을 할 수 있었다. 하지만 피에타와 비발디의 첫 계약은 1709년 이사회 부결에 따른 해고로 끝났다. 이사회는 비발디가 직무에 불성실하다고 판단했을까? 아니면 역설적으로 비발디가 길러낸 연주자들이 너무나 훌륭해서 필요가 없어졌던 것일까? 명확한 이유는 알 수 없지만, 1711년에 다시 복귀하고 또 1716년에는 해고당한 후에 금방 '협주곡 교사^{maestro de' concerti}'로 복귀한 걸 보면 피에타는 결국 비발디가 필요했다.

물론 피에타와 비발디의 관계가 일방적이지는 않았다. 인기 오페라 작곡가가 된 비발디 역시 이탈리아 여러 도시는 물론 빈과 프라하 등 중부 유럽까지 진출해서 오페라를 상연하느라 더 이상 피에타에 머물 수 없었기 때문이다. 사실 야심적인 비발디는 필연적으로 '국제인'이 될 수밖에 없는 운명이었는지도 모른다. 그의 집안은 신분이 낮았으며, 평생 상당한 부와 명성을 쌓았음에도 베네치아의 견고한 신분 장벽을 결코 돌파하지 못했다. 베네치아 귀족들은 비발디가 '분수를 모른다'라고 평가했고 그의 중요한 후원자 중에 베네치아 사람은 한 명도 없었다. 베네치아의 '귀족' 오페라 극장인 산조반니 그리소스토모^{San Giovanni Grisostomo}와 산카시아노^{San Cassiano}가 한 번도 비발디 오페라를 무대에 올리지 않은 건 우연이 아니다. 아무튼, 40대에 접어든 비발디는 1718~1720년에 걸쳐 만토바에서 궁정악단장으로 일하는가 하면 세 시즌 동안 로마에서 활동하는 등 피에타와 멀어졌다. 그래도 피에타와의 관계가 아주 단절되지는 않았다. 1723년에 피에타 이사회는 비발디에게 매달 두 곡의 협주곡을 제공해달라고 요청했는데, 여기에는 악보를 우편으로 보내도 좋지만 베네치아에 체류할 때는 서너 번의 리허설을 지도해달라는 추가 사항이 붙어 있다. 그 후 피에타는 1723년에서 1729년까지 150여 곡의 협주곡을 받고 보수를 지급했다. 비록 상대하기 까다롭고 때로는 불성실했지만, 그래도 비발디는 피에타를 상징하는 존재였고 최고의 오케스트라 조련사였다.

피에타와 비발디의 마지막 순간

1730년대가 되면 베네치아에서 비발디의 오페라는 포르포라, 레오, 빈치 같은 작곡가들이 쓴 단순하고 경쾌한 나폴리 오페라에 밀려 점차 인기를 잃기 시작했다. 사실 당대 이탈리아 작곡가들 가운데 50대에 들어서도 각지를 돌아다니며 자작 오페라를 지휘한 이는 오직 비발디뿐이었다고 해도 과언이 아니다. 그런가 하면 피에타는 피에타대로 비발디가 없는 동안 전반적인 음악 수준이 낮아졌던 것 같다. 피에타 이사회가 1735년에 쉰여덟 살의 비발디를 다시 한번 교사로 임명한 것은 이런 상황에서 양자의 이해가 맞아떨어졌기 때문이었으리라. 하지만 1738년에 다시 재임용에 탈락했는데, 아마도 오페라 때문에 자주 자리를 비우는 걸 더는 용납하기 힘들었기 때문이었던 것 같다. 1739년 8월에 비발디를 방문한 샤를 드 브로스Charles de

비발디, 여러 악기를 위한 협주곡 RV 558 자필 악보

Brosses는 베네치아에서 그의 인기가 떨어지고 있다는 기록을 남겼다.

1740년 봄, 비발디에게 마지막 기회가 찾아왔다. 4월에 작센-폴란드의 왕세자 프리드리히 크리스티안Friedrich Christian이 피에타를 방문했을 때 피에타는 비발디에게 세레나타 중간에 연주할 세 곡의 협주곡과 한 곡의 신포니아(RV 540, 552, 558, 149)를 의뢰해서 연주를 맡겼다. 왕세자는 악보를 드레스덴으로 가져갔고 오늘날까지 그곳에 보관되어 있다. 4월 말, 비발디가 곧 베네치아를 떠난다는 소식에 피에타는 그의 협주곡을 20곡 사들였다. 그것이 37년 동안 이어졌던 비발디와 피에타의 마지막이었다. 그해 여름, 채권자들에게 시달리던 예순세 살의 비발디는 오페라 시즌을 맡아달라는 빈 케른트너토르Kärntnertor 극장의 청을 받고 베네치아를 떠나 빈으로 갔다. 하지만 카를 6세 황제가 갑자기 세상을 떠나서 극장이 폐쇄되는 바람에 아무것도 하지 못하고 발이 묶였으며, 질병과 곤궁에 시달리다 이듬해 7월에 빈에서 세상을 떠났다. 비발디는 소박한 장례 의식으로 매장

되었는데(극빈자 장례는 아니었다), 대성당의 합창단^{cantorei} 여섯 명이 노래를 불렀다. 당시 그곳 성가대원이었던 어린 요제프 하이든도 참여했음이 거의 확실하다. 당대 베네치아의 한 비망록◇은 약간 헐뜯는 투로 비발디가 한때 5만 두카토◇를 벌었지만 방탕한 생활과 낭비벽 때문에 가난 속에 죽었다고 기록했다.

하지만 비발디가 마지막 시기에 베네치아와 빈에서 쓴 협주곡들을 보면 죽음의 문턱에서도 예전보다 훨씬 더 대담하고 자유로운 음악을 시도했다는 사실에 감동하게 된다. 비록 헐값에 악보를 팔아넘길 수밖에 없었지만, 음악에서 드러나는 최만년의 비발디는 마치 같은 시대 라이프치히의 바흐가 그랬듯 점차 대중의 취향이 좀 더 가벼운 음악으로 바뀌는 상황에서도 여전히 새로운 음악적 실험과 적극적인 변화를 추구하는 도전자였다. 비발디 후기 협주곡 대부분은 출판이 이루어지지 않고 자필본이나 필사본으로만 남아서 20세기 후반에야 알려지기 시작했는데, 스트라빈스키도 아마 이 작품들을 봤다면 그가 같은 작품을 500번 썼다고 하지는 않았을 것이다.

베네치아의 오스페달레 네 곳은 18세기 후반에 접어들면서 쇠퇴하기 시작했고 1797년 베네치아 공화국이 무너지면서 사실상 음악 기관으로서 기능을 상실했다. 하지만 그 개념과 기능은 사실상

◇ 피에트로 그라데니고^{Pietro Gradenigo}, 『베네치아 회고록^{Commemoriali Veneti}』
◇ 현대 금 시세로 환산하면 거의 100억에 해당한다.

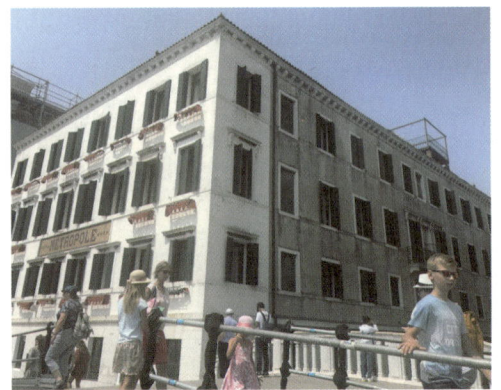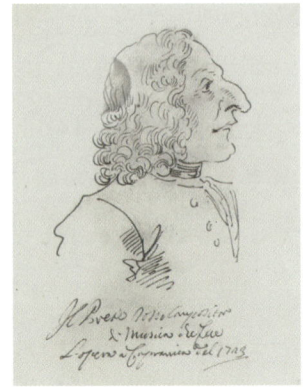

(좌) 옛 피에타 자리에 들어선 메트로폴 호텔
(우) 피에로 레오네 게치, 「비발디 캐리커처」(1723)

파리 음악원을 필두로 한 현대 음악원으로 이어졌다고 할 수 있다. 피에타는 오늘날에도 존재하지만 아쉽게도 비발디 당대의 모습을 찾아보기는 어렵다. 피에타가 있던 자리에는 호텔이 들어섰으며, 옆에 있는 산타 마리아 델라 피에타 성당Santa Maria della Pietà도 비발디가 세상을 떠난 뒤에 새로 지은 건물이라서 비발디와 직접적인 관련은 없다. 그래도 호텔 레스토랑에 있는 돌기둥과 지하실은 피에타 당시의 것이라고 하니, 그곳에서 '비발디 칵테일'을 한잔 마시면서 비발디와 피에타 앙상블의 연주를 상상해보면 어떨까?

추천 음반

† Vivaldi: Juditha triumphans
Alessandro De Marchi, Academia Montis Regalis
(Naïve)

† Vivaldi: Concerti per archi
Rinaldo Alessandrini, Concerto Italiano
(Naïve)

† Vivaldi: L'Estro Armonico
Rachel Podger, Brecon Baroque
(Channel Classics)

† Vivaldi: Concerti per mandolini, Concerti con molti strumenti
Fabio Biondi, Europa Galante
(Virgin Classics/Warner Classics)

† Vivaldi: Concerti per La Pietà
Fabio Biondi, Europa Galante
(Glossa)

† Vivaldi: Late Concertos
Giuliano Carmignola, Andrea Marcon, Venice Baroque Orchestra
(Sony)

11장

헨델, 오페라, 그리고 가수들

바로크 시대와 그 음악을 이해하는 가장 중요한 키워드 중 하나는 오페라다. 1600년 무렵 이탈리아 피렌체에서 태어난 오페라는 빠르게 남녀노소 모두를 사로잡으며 서양 음악의 지형을 바꾸어놓았다. 1637년에 베네치아에서 최초의 공공 오페라 극장인 산카시아노가 문을 연 이후 이탈리아를 중심으로 전 유럽에서 우후죽순처럼 오페라 극장이 생겨나 17세기 후반이 되면 베네치아에만 7개, 이탈리아 전체에는 150개가 넘는 오페라 극장이 문전성시를 이루었다. 사람들은 황금빛으로 찬란하게 꾸며진 극장 안에서 환호와 야유를 보내는 한편 먹고, 마시고, 맞선도 보고, 도박도 하고 싸우기도 하면서 경전처럼 확립된 '고전'이 아니라 새로운 작품을 감상했다. 이렇게

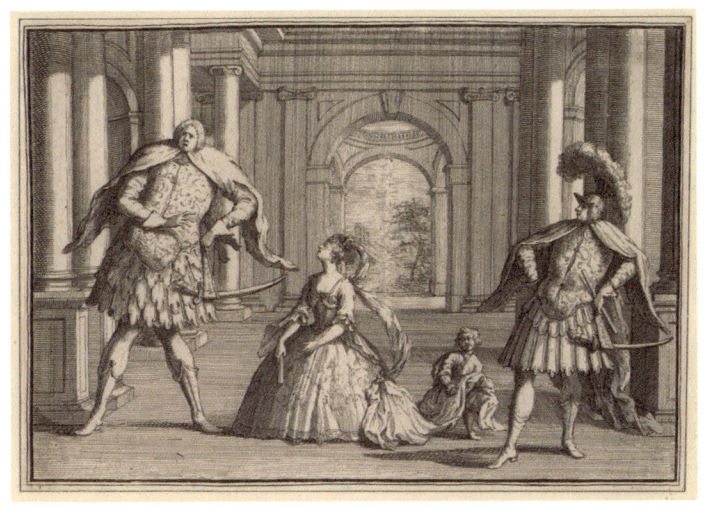

존 밴더뱅크, 「킹스시어터 무대」(1723년경)
왼쪽부터 세네시노, 쿠초니, 베렌슈타트

오페라가 진정 '살아있는 예술'이었던 시대, 대중의 마음을 사로잡았던 극장의 주인공은 작곡가가 아니라 가수였다.

헨델과 런던, 이탈리아 오페라

20대 초반 이탈리아로 가서 순식간에 일급 오페라 작곡가로 변신한 헨델이 하노버를 거쳐 영국으로 간 것은 어쩌면 당연한 일이었다. 당시 급격히 팽창하고 있던 런던은 강력한 경제력을 바탕으로 유럽 각지에서 온 음악가들이 북적대는 국제도시였기 때문이다. 마테존은 "음악으로 명성을 날리고 싶은 사람은 영국에 가야 한다. 이탈리아와 프랑스에는 듣고 배울 게 있지만, 영국에는 벌 돈이 있다"

라고 말하기도 했다. 하지만 다른 한편으로는 런던에는 궁정 극장이 없었고 다른 나라들처럼 왕실이 대규모로 음악을 후원하지도 않았다. 즉 본질적으로 그날그날의 입장권 판매에 의지해야 하는 '정글'이었다.

1700년 무렵까지 영국 사람들은 이탈리아 오페라를 잘 몰랐다. 크롬웰의 공화정 시기(1649~1660)에 극장 문화는 큰 억압을 받았고 왕정복고 이후에는 정치적인 이유로 프랑스 음악의 영향이 두드러졌다. 륄리 양식으로 만들어진 헨리 퍼셀의 오페라 〈디도와 아이네아스Dido and Aeneas〉는 좋은 예다. 그러나 1705년 그레버Jacob Greber의 오페라가 상연되면서 런던에서도 이탈리아 오페라에 관한 관심이 생기기 시작했다. 이때 오페라가 상연된 극장이 바로 막 문을 연 킹스시어터King's Theatre◇였다. 이후 몇 편의 짜깁기pasticcio 이탈리아 오페라가 무대에 올랐고 1711년에 런던에 등장한 헨델이 〈리날도Rinaldo〉를 발표하면서 큰 성공을 거두었다. 〈리날도〉는 영국에서 초연된 최초의 이탈리아 오페라였다.

1719년에는 오페라를 사랑하는 조지 1세와 음악애호가 귀족들이 주축이 되어 일종의 합자회사인 왕립 음악 아카데미Royal Academy of Music를 설립하면서 런던에서 본격적인 이탈리아 오페라의 바람이 불기 시작했다. 그동안 계속 런던에 머물렀던 헨델은 보논치니Giovanni Bononcini, 아리오스티Attilio Ariosti와 더불어 아카데미의 공식 작

◇　현재의 His Majesty's Theatre. 건물은 1897년에 새로 지은 것이다.

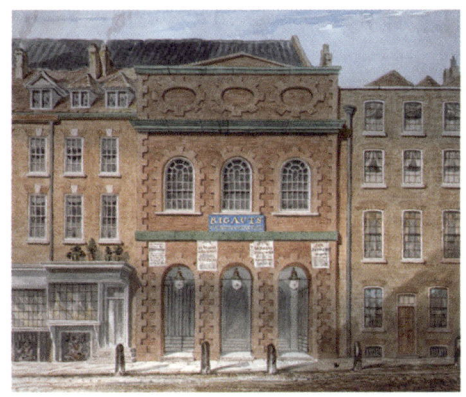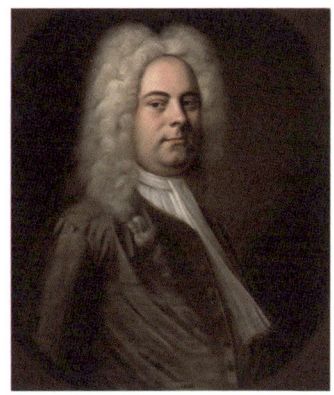

(좌) 윌리엄 케이펀, 「킹스시어터」(1783)
(우) 발타사르 데너, 「조지 프레더릭 헨델」(1726년경)

곡가가 되었다. 1728년에 2만 파운드의 자본금을 모두 소진하고 첫 번째 아카데미가 해산되자 1729년부터 1734년까지는 기획자 존 하이데거John Heidegger와 헨델이 두 번째 아카데미를 함께 이끌면서 사실상 독점적인 위치를 확보했는데, 첫 아카데미와는 달리 짜깁기 오페라를 제외하면 오직 헨델 작품만 상연했다. 두 차례의 아카데미는 막대한 출연료로 당대 최고의 이탈리아 가수들을 섭외했고, 여기에 뛰어난 작곡가와 오케스트라, 무대 장치까지 갖추면서 당대 베네치아나 나폴리, 혹은 빈이나 드레스덴에 조금도 뒤지지 않는 최고의 수준에 도달했다.

40여 편에 달하는 헨델 오페라 중 가장 뛰어난 10여 곡은 서양음악사의 가장 위대한 걸작에 속한다고 생각한다. 이 작품들은 기술적으로 뛰어나고 흐름도 자연스럽지만 타고난 드라마티스트이자 성악 작곡가였던 작곡가가 인간의 가장 내면적인 면을 다룬다는 점에서 감동적이다. 그는 '극은 현실을 추구해야 한다'라고 주장했던 19세기 말 베리스모 작곡가들보다 훨씬 더 깊은 진실을 파고들었다. 바로크 시대 오페라 세리아의 틀에 박힌 구조, 즉 A는 B를 사랑하고, B는 C를 사랑하고, C는 D를 사랑하는, 그리고 마지막에는 모든 갈등이 해결되고 모두가 행복해지는, 복잡하면서도 단순한 플롯에서 헨델은 1차원적인 의미를 넘어선 근원적인 감정과 관계를 끄집어낼 수 있는 극소수의 작곡가 중 한 명이었다. 오페라 세리아는 앙상블이 거의 없이 아리아가 계속 이어지는 단순한 구조인데, 헨델은 오히려 이를 이용해서 깊은 통찰력으로 등장인물의 내면을 조금씩 드러낸다. 훗날 모차르트가 그랬던 것처럼, 헨델은 사람들 대부분은 순전한 영웅이나 악당이 아니라 그 중간 어딘가에서 상반되는 감정과 동기에 따라 행동한다는 걸 표현하고 싶었던 것 같다.

어쩌면 헨델은 런던에서 당대 최고의 이탈리아 가수들과 함께 일했기에 이런 빛나는 성과를 거둘 수 있었는지도 모른다. 가령 비발디는 대체로 능력은 좀 떨어져도 출연료가 싸고 말을 잘 듣는 가수들을 선호하는 편이었지만, 헨델은 가수들에게 영감을 받으며 그들의 기술적, 예술적 능력에 꼭 맞게, 장점은 드러내고 단점은 가려주는 작곡가였다. 당시 작곡가들은 종종 자신을 재단사에 비유했는데(사실 이런 관행은 19세기 중반까지도 일반적이었다), 헨델이야말로 최고의 맞춤옷을 만들어내는 위대한 재단사였다고 할 수 있다. 물론 가수들은 종종 거만하고 까다로운 고객이었고, 아리아가 마음에 안

든다며 교환이나 환불을 요구하곤 했다. 하지만 헨델은 가수들과 때로는 격렬한 싸움을 벌이고 또 때로는 잘 달래가면서, ─ 그들 자신도 알지 못하는 ─ 모든 잠재적인 역량까지 끌어내며 벨칸토 예술의 진정한 정점에 도달했다. 이제 등장하는 다섯 명의 이탈리아 가수는 헨델 오페라와 서로 불멸의 영광을 주고받은 주인공이다.

'헨델의 남자' 세네시노

바로크 오페라의 주인공은 무엇보다도 '제3의 성'인 거세 가수 카스트라토였다. 비잔틴 제국과 시칠리아섬, 이베리아반도를 거쳐 16세기 중반 이탈리아에 등장한 카스트라토 가수들은 처음에 교회를 중심으로 활동했지만 곧 오페라 극장으로 진출했는데, 서로 비슷한 시기에 등장한 오페라 장르와 카스트라토가(이것이 과연 우연이었을까?) 서로에게 이끌린 것은 당연한 일이었다. 이탈리아에서는 매년 수천 명의 남자아이들이 거세 수술을 받았는데, 대부분은 무명으로 사라졌지만 가혹하고 치열한 경쟁에서 살아남은 선택받은 소수는 전 유럽을 진동시키는 슈퍼스타로 떠올랐다. 초인적인 기교와 완벽한 호흡 조절, 눈부신 표현력을 얻은 이들은 오페라에서 영웅적인 남자 주인공을 맡았으며,◈ '첫 번째 남자primo uomo'라고 불렸다. 유명한 카스트라토 가수를 확보하는 것은 모든 오페라 극장의 제1과제

◈ 갓 데뷔한 젊은 카스트라토는 여성 역을 부르기도 했지만 헨델 오페라는 그런 경우가 없다.

였고 아카데미 역시 처음부터 여기에 사활을 걸었다.

헨델은 1707년 오페라 〈로드리고Rodrigo〉부터 1750년 오라토리오 〈테오도라Theodora〉까지 40년 넘게 카스트라토를 위한 음악을 썼는데, 그중 가장 중요한 가수는 17편에 달하는 오페라 주인공을 초연했던 프란체스코 베르나르디Francesco Bernardi, 일명 세네시노Senesino였다. 그는 1717년부터 드레스덴 궁정 오페라에서 활동했는데, 콕 집어서 '가능한 한 세네시노와 계약하라'라는 아카데미의 지시를 받고 헨델이 1719년에 직접 드레스덴에 가서 교섭할 정도로 당대 최고의 스타였다. 결국 세네시노는 이듬해인 1720년에 1,500기니라는 전대미문의 출연료를 받으며 아카데미에 합류했다. 헨델은 세네시노에게서 오페라 속 이상적인 영웅의 모습을 보았을까? 그를 위해서 쓴 〈줄리오 체사레Giulio Cesare〉의 타이틀롤, 〈로델린다Rodelinda〉의 베르타리도Bertarido 같은 역에서 헨델은 표현이 충만한 소스테누토sostenuto와 눈부신 콜로라투라 기교를 최대한 끌어내 황홀한 아름다움을 만들어냈다. 하지만 세네시노도 많은 동료 카스트라토가 그렇듯이 거만하고 무례한 태도로 유명했다. 무대 위에서도 동료 가수와 청중을 조롱하고 성질을 부렸던 카파렐리Caffarelli만큼은 아니었지만 말이다. 헨델과 세네시노는 13년 동안 걸핏하면 싸우면서도 아슬아슬한 관계를 유지했는데, 세네시노의 아름다운 노래와 막대한 출연료 덕분에 이루어진 '적과의 동침'이 아니었을까 싶다.

결국 두 사람의 관계는 1733년에 초연된 아카데미 시대 마지막 오페라 〈올란도Orlando〉로 파국을 맞았다. 주인공 올란도는 그때까지

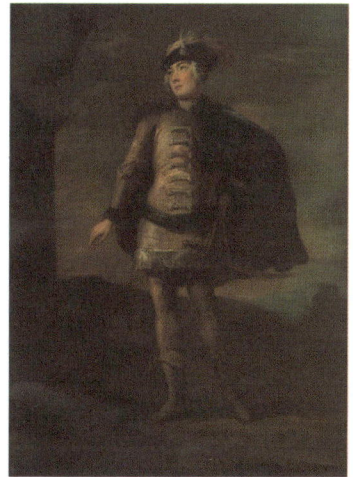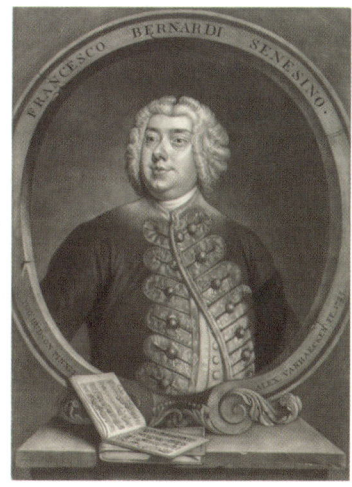

(좌) 존 밴더뱅크, 세네시노가 〈로델린다〉 중 「당신, 어디에 있소」를 부르려는 모습(1725)
(우) 토머스 허슨의 원작을 바탕으로 한 알렉산더르 판 하컨의 동판화, 「세네시노」(1735)

유례를 찾기 힘들 정도로 복잡하고 깊이 있는 배역이다. 2막 마지막에서 그가 광기에 빠지며 환상 속에서 지하 세계로 내려가는 장면은 현대에도 큰 호소력을 발휘하는 명장면으로 꼽힌다. 여기서 음악은 반음계적인 오스티나토 선율 위의 라멘트로 시작해서 가보트 리듬의 창백한 론도로 끝날 때까지 다양한 형식이 짧게 이어지며 충격적인 효과를 만든다. 하지만 세네시노 입장에서는 기교를 마음껏 발휘할 수 있는 다카포da capo 아리아가 별로 없는 이 배역을 좋아할 수가 없었다. 그는 평소에도 헨델 오페라의 오케스트라가 너무 복잡하다고 불평했다는데, 중요한 선율은 모조리 성악에 떠맡겼던 당대 이탈리아 작곡가에 비해 헨델은 확실히 오케스트라에 큰 비중을 두었다.

사실 화성이 복잡하고 다채로울수록 가수들이 화려한 장식음을 붙이기는 더 힘들어지게 마련이다. 아무튼 〈올란도〉는 그가 용납할 수 있는 한계를 넘어섰던 것 같다. 세네시노는 이 오페라를 끝으로 헨델의 반대편 진영에 합류한다. 그는 1740년에 은퇴한 후 고향인 시에나 근교에 큰 저택이 딸린 장원을 매입해서 영국식으로 꾸미고(영국식 정원에 영국 하인까지 고용했다고 한다) 여유롭게 살았는데, 보논치니부터 파리넬리까지 런던 시절 함께 일했던 음악가들의 초상화를 모두 구해서 걸어놓았지만 헨델은 없었다고 한다. 그래도 그는 분명, '헨델의 남자'였다.

카스트라토들의 '스타워즈'

1732년 무렵부터 국왕 조지 2세와 왕세자의 갈등이 심각해졌다. 그리고 이듬해, 국왕이 후원하는 헨델-하이데거 아카데미에 대항해서 왕세자와 그를 따르는 귀족들이 주도한 이른바 귀족 오페라단 Opera of the Nobility이 설립되었다. 어쩌면 작곡과 연주, 극장 경영을 모조리 장악했던 '독재자' 헨델에 대한 반발이었는지도 모른다. 아무튼, 두 오페라 회사의 피 말리는 경쟁은 국회에서 의원들이 정치가 아니라 오페라를 주제로 논쟁을 벌인다는 개탄의 목소리가 나올 정도로 영국 사회를 뒤흔들었다. 귀족 오페라단은 경쟁에서 이기기 위해서 아낌없이 돈을 썼다. 인기 작곡가이자 성악 교사로 유명한 포르포라를 초빙했으며, 세네시노, 몬타냐나Antonio Montagnana 등 헨델의 주역 가수 대부분을 빼내오는 데도 성공했다. 마지막 '신의 한 수'는

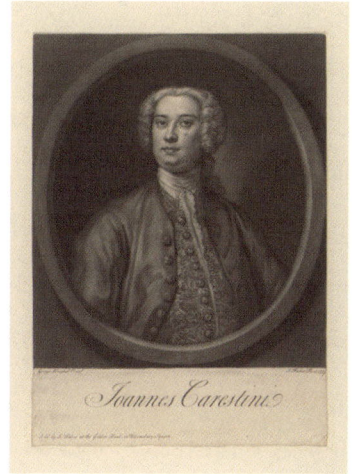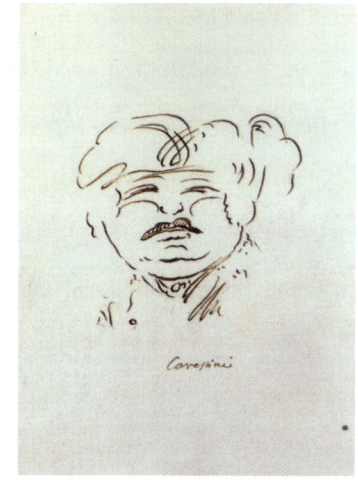

(좌) 조지 냅튼의 원화를 바탕으로 한 존 페이버의 동판화, 「조반니 카레스티니」(1735)
(우) 작자 미상, 「조반니 카레스티니」

유럽 무대를 휩쓸고 있던 카를로 브로스키Carlo Broschi, 이른바 파리넬리Farinelli를 영입한 것이다. 1729년 베네치아에서 자신을 섭외하려고 온 헨델을 만나주지도 않았던 파리넬리는 이제 반대편에서 세 시즌 동안 런던 청중을 사로잡았다. 파리넬리가 1735년 3월 15일 런던에서 처음 노래했을 때, 흥분한 청중 한 명은 '한 분뿐인 주님, 한 분뿐인 파리넬리One God, One Farinelli'라고 외쳤다고 한다.

한 무대에 나란히 등장한 파리넬리와 세네시노는 아마 당시 전 유럽에서 상상할 수 있는 최고의 카스트라토 조합이었으리라. 헨델은 여기에 맞서 이탈리아에서 세네시노의 라이벌로 떠오른 조반니 카레스티니Giovanni Carestini를 영입했다. 1733년 가을에 런던에 등장한 카레스티니는 1735년까지 비교적 짧게 활동했지만 깊은 인상을 남겼는데, 많은 사람이 그의 빼어난 감정 표현과 연기력(반면 파리넬리의 연기력은 그다지 뛰어나지 않았다), 그리고 순수한 음색에 찬사를 보냈다. 하세는 "카레스티니의 노래를 들어보지 못한 사람은 가장 완벽한 가창을 모른다"라고 말하기도 했다. 훗날 프로이센의 프리드리히 대왕과 러시아의 엘리자베타 여제도 그의 노래를 사랑했다.

헨델은 카레스티니를 위해서 〈아리오단테Ariodante〉 같은 탁월한 오페라를 썼지만, 그도 세네시노처럼 화려한 기교를 과시할 수 있는 노래를 원했다. 찰스 버니에 따르면 카레스티니는 〈알치나Alcina〉를 공연할 때 너무 단순하다는 이유로 아리아 「푸른 초원과 무성한 숲Verdi prati」을 다시 써달라고 요구했는데, 헨델은 벌컥 화를 내면서 이렇게 외쳤다고 한다.

이런 개자식! 네게 어떤 노래가 가장 잘 어울리는지 너보다 내가 더 잘 알지 않겠어? 내가 준 노래를 모조리 부르지 않는다면 땡전 한 푼 주지 않을 테다.

You toc! don't I know better as your seluf, vaat is pest for you to sing? If you vill not sing all de song vaat I give you, I will not pay you ein stiver.

버니는 독일식 억양이 강한 헨델의 영어를 그대로 옮겼는데(헨델의 거친 목소리가 들리는 듯하다), 과연 카레스티니가 이 말을 제대로 알아들었는지는 모르겠다. 그는 이 아리아의 단순한 아름다움 안에 곧 사라질 환상의 세계에 대한 서글픈 애정이 담겨있음을 몰랐던 것 같다. 이 아리아가 지금까지도 사랑받는 것을 보면, 헨델이 카레스티니보다 노래를 더 잘 알았다는 사실을 부인할 수는 없으리라.

쿠초니와 보르도니 – '경쟁자 여왕들The Rival Queens'

현재 오페라에서 '디바diva'라는 말은 위대한 여성 가수들과 동의어로 쓰이지만, 이들이 처음부터 오페라의 주인공은 아니었다. 바로크 시대에 접어들며 이탈리아를 시작으로 여성 가수들이 처음으로 스타급 독창자로 떠올랐지만, '첫째 여인prima donna'이라 불렸던 소프라노들은 (프랑스 오페라와 비발디 정도를 제외하면) 대체로 카스트라토보다 비중이 떨어졌다. 하지만 헨델은 모든 면에서 소프라노 여주인공과 카스트라토 남주인공을 동등하게 다루었다. 그리고 헨델의 소프라노들은 런던에서 세네시노나 파리넬리, 카파렐리에 뒤지지 않는 인기를 누리며 추종자들을 거느렸다. 당시는 아직 '디바'라는 표현을 쓰기 전이지만, 이들은 분명 대중의 상상력을 사로잡았던 최초의 '디바'였다.

프란체스카 쿠초니Francesca Cuzzoni는 헨델 오페라에서 가장 중요한 소프라노였다. 이미 베네치아 오페라 무대의 여왕이었고 신성로마제국 황제 카를 6세의 초청을 받아 빈을 방문하기도 했던 그녀는 세네시노와 똑같은 출연료를 받으며 1723년에 런던에 입성했고, 〈줄리오 체사레〉의 클레오파트라와 〈로델린다〉의 타이틀롤 등 아카데

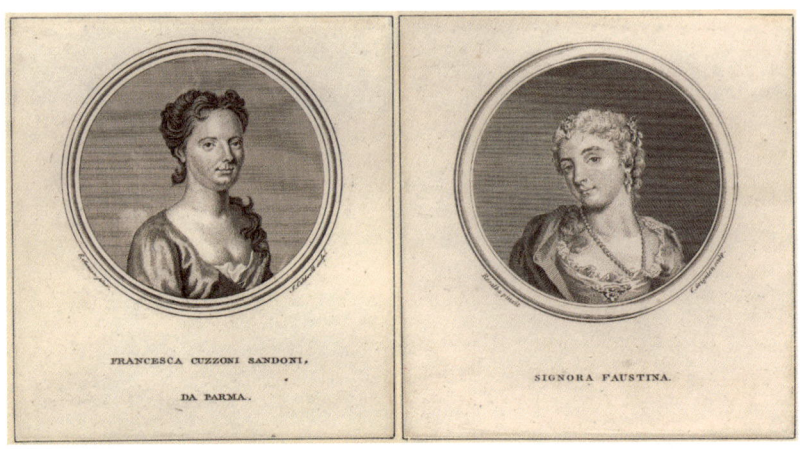

(좌) 에녹 시먼의 원화를 바탕으로 한 제임스 칼드웰의 동판화, 「프란체스카 쿠초니」
(우) 로살바 카리에라의 원화를 바탕으로 한 찰스 그리니언의 동판화, 「파우스티나 보르도니」

미 시절 여주인공을 독차지했다. 헨델은 세네시노의 힘찬 알토 흉성과 쿠초니의 가볍고 부드러운 소프라노의 대조를 특별히 즐겼던 것 같다. 그런가 하면 쿠초니는 느린 아리아를 거부하는 콧대 높은 여가수를 헨델이 창문으로 끌고 가서 던져버리겠다고 협박했다는, 유명한 일화의 주인공이기도 하다. 훗날 귀족 오페라단의 경영진 중 한 사람Sir John Buckworth도 "모두가 쿠초니에게 지쳤다"라고 한 걸 보면 성깔이 정말 만만치 않았던 모양이다.

1726년 봄, 또 한 명의 스타 소프라노인 파우스티나 보르도니Faustina Bordoni가 가세하면서 이제 아카데미는 두 명의 프리마돈나를 보유하게 되었다. 두 사람은 이미 베네치아에서 여러 번 오페라에 함께 출연하면서 경쟁의식을 지닌 터였다. 대본가 아임Nicola Francesco

Haym은 비중이 똑같은 여주인공 두 명이 등장하는 대본을 마련했고,③ 헨델은 각자의 개성에 딱 어울리는 음악을 만들어냈다. 이제 런던 청중은 유럽 최고의 성악가 세 명(세네시노-쿠초니-보르도니)을 한 무대 위에서 볼 수 있게 된 것이다. 하지만 사회 전반에 파벌주의가 만연했던 런던답게 청중은 양쪽 소프라노를 추종하는 파벌로 갈라져서 1차 아카데미가 마무리될 때까지 두 시즌 반 동안 서로 살벌한 투쟁을 벌였다.

쿠초니와 보르도니의 경쟁과 갈등에 관한 가장 유명한 에피소드는 1727년 6월 6일, 보논치니 오페라 〈아스티아나테Astianatte〉 상연 중에 일어났다. 실제로는 양쪽 추종자들이 거친 고함과 야유를 보내서 2막 끝부분에서 공연이 급하게 마무리된 사건이지만, 소문에 살이 붙으면서 두 소프라노가 무대 위에서 머리채를 붙잡고 싸웠다는 식으로 와전되어 이미 당대에 팸플릿이나 풍자화로 시중에 나돌았고, '사악한 외국인'을 공격하기 위한 소재로 활용되었다. 보르도니와 쿠초니는 1728년 런던을 떠났다. 보르도니는 2년 후 하세와 결혼해서 드레스덴 궁정의 프리마돈나가 되었고 바흐와도 친밀한 사이가 된다. 반면 쿠초니는 1734~1736년에 다시 런던으로 돌아와 '귀족 오페라단'의 주역 소프라노가 되어 헨델의 반대편에 섰는데, 도박과 낭비벽 등으로 말년에는 빚에 시달리며 궁핍하게 살았다고 한다.

'경쟁자 여왕들The Rival Queens'이라 불렸던 이들의 부정적인 이미

③ 〈알레산드로Alessandro〉 같은 오페라는 아리아 개수마저 똑같다.

지는 지금까지도 이어진다. 하지만 〈알레산드로〉 같은 오페라를 듣고 있노라면 보르도니가 빼어난 호흡 조절과 인토네이션, 눈부신 콜로라투라 기교를 갖춘 가수였음을, 쿠초니는 아름다운 음색과 섬세한 표현력을 지닌 가수였음을 쉽게 짐작할 수 있다. 크반츠는 보르도니의 '완벽한 아티큘레이션'과 쿠초니의 '부드럽고 감동적인 표현'에 찬사를 보냈다. 분명 헨델도 두 명의 빼어난 역량에 영감을 받았을 것이고, 이것으로 그들은 역사에서 제 소임을 다했다고 할 수 있지 않을까?

안나 스트라다 델 포, 그리고 〈알치나〉

이제까지 살펴본 세네시노, 카레스티니, 쿠초니와 헨델의 관계는 아무리 좋게 얘기해도 '긴장 상태'라고 불러야 할 것 같다. 하지만 헨델이 가수들과 싸우기만 한 것은 아니다. 그는 고집이 세고 다혈질이었지만 한편으로는 선량하고 따뜻한 마음씨를 지닌 사람이었다. 소프라노 안나 마리아 스트라다 델 포Anna Maria Strada del Pò와 나눈 우정은 그의 삶에서 가장 아름다운 장면 중 하나다.

앞서 언급했듯이 1733년에 등장한 귀족 오페라단은 헨델에게서 모든 것을 빼앗아갔다. 아카데미가 발족한 지 15년 만에 그는 가수도, 악단도, 극장도 없는 오페라 작곡가가 된 것이다. 아마도 귀족 오페라단은 승리를 추호도 의심하지 않았을 것이다. 그러나 헨델은 회피하거나 물러서지 않고 모든 것을 처음부터 다시 시작했다. 킹스시어터에서 멀지 않은 코번트가든에 새로 지어진 극장◆을 구해서 새로운 오페라 시즌을 시작했다. 그리고 1736~1737년 시즌까지 두 개의 오페라단은 사생결단의 치열한 경쟁을 펼치게 된다. 이 4년 동안은 아마도 헨델의 삶에서 가장 치열한 시간이었다. 절체절명의 위기가 창작의 영감을 자극했을까? 아니면 이제 남아있는 유일한 무기는 우월한 작곡 능력뿐이기 때문이었을까? 헨델은 코번트가든에서 생애 최고의 걸작 오페라라고 할 만한 〈아리오단테〉와 〈알치나〉를 잇달아 내놓는다.

사실 헨델이 모두를 잃은 건 아니었다. 세네시노를 필두로 주역 가수들이 귀족 오페라단으로 달려가는 와중에 오직 한 사람, '두 명의 여왕'이 떠나고 1729년부터 헨델의 주역 소프라노였던 스트라다는 그의 곁에 남았다. 1737년까지 헨델 오페라 열세 곡과 오라토리오 두 곡을 초연했던 그녀는 분명 1730년대 헨델의 페르소나였다. 버니는 "처음 왔을 때 거칠고 서툴렀던… 스트라다는 헨델이 다듬어서 만들어낸 소프라노"라고 했는데, 어쩌면 감사하는 마음으로 끝까지 의리를 지켰을지도 모르겠다. 그리고 헨델은 탁월한 음악, 특히 〈알치나〉로 그녀에게 보답했다. 1735년 4월에 초연된 헨델의 서른 번째 오페라 〈알치나〉는 그야말로 여성의, 여성에 의한, 여성을 위한 오페라다. 헨델 오페라는 대부분 두세 명의 남녀 주인공에게 고르게 비중이 실리도록 만들어졌지만 〈알치나〉만은 압도적인 여주인공이 작품 전체를 지배한다. 샤르팡티에Marc-Antoine Charpentier의 〈메데Médée〉

◇　오늘날의 로열 오페라 하우스. 물론 같은 자리에 새로 지은 건물이다.

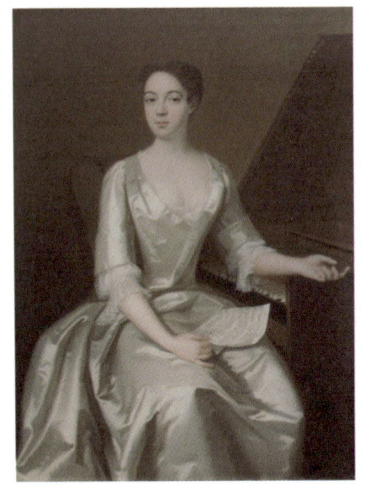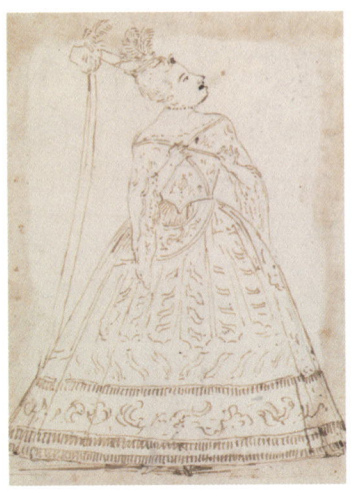

(좌) 존 베렐스트, 「안나 마리아 스트라다 델 포」(1732년경)
(우) 마르코 리치, 「안나 마리아 스트라다 델 포」(1720~1730)

와 더불어 아마도 바로크 시대의 모든 오페라 중 가장 매력적인 여주인공이 아닐까 싶다.

그리스도교 전사를 유혹하는 사악한 이교도 마법사, 혹은 마녀인 알치나는 헨델이 런던 생활 초기에 쓴 〈리날도〉의 아르미다Armida, 〈아마디지Amadigi〉의 멜리사Melissa와 같은 계열의 배역이라고 할 수 있다. 바로크 오페라에 흔히 등장하는 악녀지만, 헨델은 알치나에게 독특한 개성과 다면적인 매력, 깊은 영혼을 불어넣었다. 그녀는 아르미다, 멜리사와는 달리 배신당한 사랑에 분노하거나 복수를 다짐하지 않으며, 참된 사랑을 갈구하면서도 그 사랑 때문에 자신의 세계가 붕괴될 것을 예감하는 비극적인 인물이다. 결국 당대 오페라의 법칙에 따라 마지막에 파멸하지만, 헨델도 마지못한 기색이 역력하고[5] 청중도 이 '해피엔딩'에 기쁨보다는 슬픔을 느낀다. 알치나에 비하면 다른 배역, 특히 남자 주인공 루지에로Ruggiero는 매력적이기는 하지만 평면적이다. 앞서 카레스티니가 루지에로의 아리아를 별로 좋아하지 않았다는 이야기를 했는데, 헨델 편을 들기는 했지만 알치나의 아리아를 듣고 있노라면 카레스티니도 그랬을 만하다는 생각이 든다. 헨델은 "파우스티나에게는 한 번도 만족한 적이 없고, 쿠초니는 그저 잊고 싶다"라고 독설을 날리면서 "스트라다가 떠난 두 명보다 노래를 더 잘 부른다"라고 했다는데, 애제자에 대한 애정이 흠뻑 묻어난다.

에필로그

두 오페라 회사의 피 말리는 경쟁은 오래가지 못했고, 결국 둘다 사실상 파산하고 말았다. 당시 런던은 엄청난 돈이 드는 이탈리아 오페라단을 둘씩 감당할 수 없었기 때문이다. 상처뿐인 영광을 거둔 헨델은 더는 경영에 참여하지 않고 의뢰를 받아 오페라를 쓰는 작곡가의 위치로 돌아갔고, 그래서 스트라다에게 배역을 마련해주지 못했다. 한동안 조용히 런던에 머물렀던 그녀는 결국 이탈리아로 돌아갔고 몇 년 후 은퇴했다.

◈ 서글픈 합창과 기악이 연주되고 최후의 순간에 가서야 2분 남짓 즐거운 음악으로 급하게 마무리된다.

헨델이 1741년 〈데이다미아Deidamia〉를 끝으로 오페라를 완전히 포기하면서 런던에서 이탈리아 오페라는 빛을 잃기 시작했다. 오페라는 결국 소수의 상류층이 열광하는 장르였기 때문이다. 그 뒤 몇 개의 극단이 등장해서 간간이 이탈리아 오페라의 명맥을 이어갔고◈ 글루크 같은 작곡가를 초청해서 때때로 성공을 거두기도 했지만, 헨델과 위대한 이탈리아 가수들이 만들었던 영광은 다시 돌아오지 않았다. 런던의 이탈리아 오페라는 19세기로 접어든 후 모차르트와 로시니 오페라가 밀려들면서 새로운 시대로 접어들게 되지만, 그것은 18세기와는 완전히 다른 이야기다.

◈ 헨델은 이들의 '러브콜'을 끝내 거부해서 오페라 애호가들로부터 배신자라는 비난을 받았다.

추천 음반

† Handel: Alcina
Alan Curtis, Il Complesso Barocco
(Archiv)

† Handel: Ariodante
Marc Minkowski, Les Musiciens du Louvre
(Archiv)

† Handel: The Rival Queens
Catherine Bott, Emma Kirkby, Roy Goodman,
The Brandenburg Consort
(Hyperion)

† Handel: Arias for Cuzzoni
Simone Kermes, Lautten Compagney
(Berlin Classics)

† Handel: Arias for Senesino
Andreas Scholl, Ottavio Dantone, Accademia Bizantina
(Decca)

† The Story of a Castrato – Carestini
Philippe Jaroussky, Emmanuelle Haïm, Le Concert d'Astrée
(Virgin Classics)

12장

〈마태 수난곡〉
– 근대적 자아의 탄생

나는 헨델과 비발디를 정말 좋아하지만, 이들의 음악은 '올바르게' 연주하지 않으면 지루하거나 엉성하게 들릴 때가 있다. 하지만 바흐 음악은 스토코프스키 편곡으로 연주하든, 재즈 밴드로 연주하든, 실로폰으로 연주하든 그대로 '바흐'라는 느낌이다. 왜 그런가? 판타즘Phantasm의 리더이자 음악학자인 로렌스 드레이퍼스Laurence Dreyfus는 바흐 작품의 모든 측면에 존재하는 완전함thoroughness을 이야기하면서, 일례로 다른 작곡가들이 과도부를 때우기 위해서 기계적으로 사용했던 형식적인 소재마저도 바흐는 전체적 구조와 연관을 맺도록 온 힘을 기울였다고 말한다.[1] 실제로 바흐는 중세 단성가부터 아들 세대의 새로운 갈랑트 양식에 이르는 음악사의 전 영역을 연구하

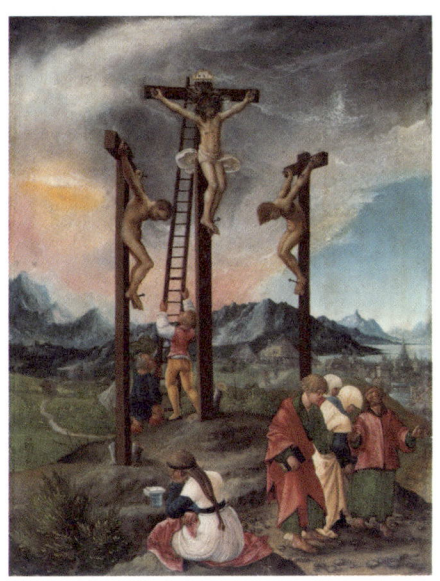

알브레히트 알트도르퍼, 「십자가 수난」(1526년경)

며 당대의 음악 전통과 형식을 해체하고 혼합하고 재조립했다.

하지만 18세기 초중반 라이프치히의 루터교 전례에서 연주하려고 만든 수난곡에 우리가 감동하는 이유는 그것뿐일까? 바흐의 수난곡이 당대 더 인기 있었던 텔레만이나 슈튈첼, 카이저의 수난곡보다 우리에게 더 호소력을 갖는 이유는 무엇일까? 이 복잡한 질문에 대한 대답은 바흐 음악에 대한 총체적인 이해를 요구하며, 음악을 들으며 직감적으로 느끼는 것을 좀 더 깊이 사고해야만 한다.

---

① 필자와의 인터뷰, 2005년 5월

바로크 미학과 바흐

19세기 낭만주의 음악, 가령 말러 음악에 담긴 감정이나 표현은 언어로 설명하기 쉽지 않다. 심지어 때때로 가사가 있는 작품조차도 말이다. 논리나 이성보다는 자유로운 무의식을 통해서 진실을 찾는 다고나 할까. 반면 바로크 음악은 그 반대다. 인간의 정념affekt을 표현하려고 했다는 점에서는 같지만, 본질적으로 개인보다는 보편적인 감정의 본질을 표현하려는 미학이다. 그래서 고전 수사학에 근거한 다카포 형식을 선호했고, 모든 음악은 수사학과 밀접한 관계가 있으며, 특정한 감정에 조성이나 리듬형, 음형을 체계적으로 결합하려는 음악 이론이 많았다. 즉 '말하는 음악'이다.

그런 의미에서 좋은 의미로든, 나쁜 의미로든, 바로크 음악은 명쾌하다. 작곡가들은 복잡하고 어려운 음악도 '쉽게' 들리게 노력했고, 실제로 그렇게 들린다. 직선적이고 긍정적이라고 할 수도 있겠다. 그래서 흥미롭게도, 바로크 음악을 깊이 이해하지 못하는 사람들의 의견은 단순해서 싫다는 쪽과 명쾌해서 좋다는 쪽으로 정반대로 갈린다. 그런데 어느 시대든 그렇듯이, 바로크 시대에도 위대한 대가들은 당대의 음악 규칙과 법칙의 한계를 넘나드는 음악을 만들어냈다. 헨델은 단조로운 다카포 아리아에 깊고 입체적인 감정을 불어넣었고, 비발디는 리토르넬로 형식을 얼마나 창의적으로 활용할 수 있는지 보여주었다. 라모는 춤곡을 다른 차원으로 바꾸는 '변용'을 선보였다. 하지만 그 누구도 바흐처럼 모든 제약을 초월하지는 못했다. 여기에 바흐의 위대함이 있다. 그리고 두 곡의 수난곡, 특히

〈마태 수난곡〉은 놀라운 천재성과 깊은 신앙심이 결합된 좋은 예다.

흔들리는 세상

바흐는 급격하게 흔들리며 변화하는 세상에서 살았다. 그가 살았던 시대는 대략 참혹한 30년 전쟁(1618~1648)이 끝나고 프랑스 대혁명(1789)과 신성로마제국이 해체(1806)되기 전이었다. 아직 절대왕정의 한가운데였지만 서서히 계몽주의의 여명이 밝아오는 시기, 즉 옛것과 새것이 교차하는 거대한 과도기였다. 루터교의 종교적 분위기와 교회 음악도 마찬가지였다. 작곡가이자 음악 이론가였던 프리드리히 에르하르트 니트Friedrich Erhard Niedt는 1717년에 발표한 책◈에서 "심지어 작곡가들마저도 오늘날 올바른 교회 음악 양식이 무엇인지 말하지 못한다"라고 했을 정도다. 경건주의자들은 프랑스나 이탈리아풍의 새로운 음악을 격렬하게 배척했지만, 새로운 음악의 순기능을 지지하는 이들은 경건주의자들을 '바보'라고 공격하기도 했다. 이렇게 중세까지 거슬러 올라가는 교회 음악 전통과 루터 교회의 코랄, 그리고 다양한 방식으로 꾸준히 유입되는 외국 음악의 영향이 혼재한 가운데, 1723년에 라이프치히로 이주한 신임 칸토르 바흐는 조용히, 자신만의 방법으로 교회 음악의 혁명을 시작했다.

그런 면에서 작센 선제후에게 지속적으로 전쟁 비용을 마련해주는 부유한 상업도시이자 대표적인 대학도시이기도 했던 라이프치

◈　Niedt, 『음악 교본Musicalische Handleitung, dritter undletzter Theil』(1717)

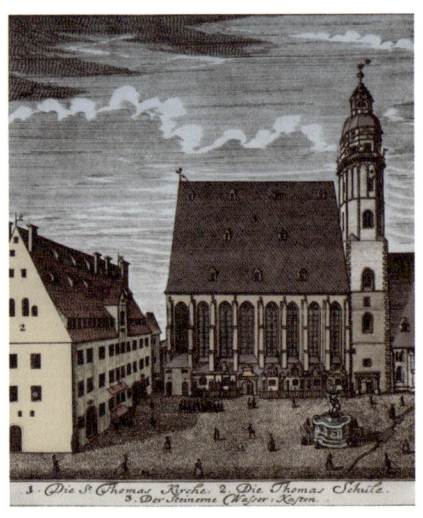

라이프치히 토마스 교회(1723),
「성 토마스 교회 규칙」 표지에 실린 동판화

히는 바흐와 잘 어울리는 곳이었다. 곧잘 불만을 토로하기는 했지만 본인도 알고 있지 않았을까? 라이프치히에도 틀림없이 있었을 강경한 경건주의자들은 바흐의 교회 음악에 심기가 자못 불편했겠지만, 다행스럽게도 토마스 교회와 니콜라이 교회에 모인 신자들 상당수는 국제적인 감각을 갖춘 부르주아 시민 계급이었다.

경건주의와 바흐

16세기 후반부터 루터교를 믿는 북독일과 북유럽에서 매우 중요한 종교적 사조는 개인의 믿음과 삶에서의 실천을 강조하는 이른바 경건주의pietism였다. 화려하고 복잡한 교회 음악을 거부했던 경

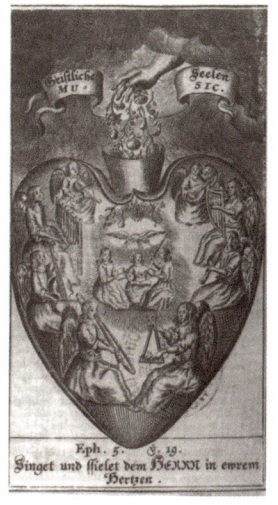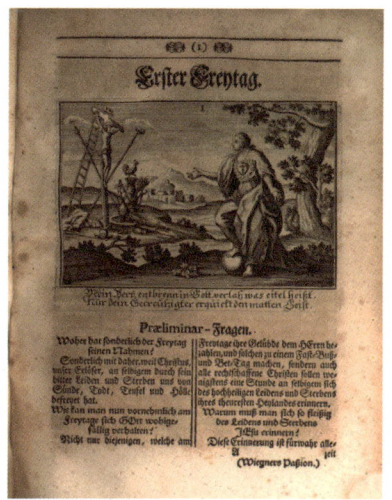

(좌) 하인리히 뮐러, 『영적인 음악』(1659)
(우) 아브라함 비그너, 『금요일에 해야 하는 일』(1724)

건주의와 바흐는 표면적으로 결코 친해질 수 없었을 것 같지만, 실
상은 그렇게 간단하지 않다. 경건주의는 매우 복잡한 현상이었고
또 당대 사회에 광범위하게 퍼졌기 때문이다. 바흐가 소장했던 도
서 목록이나 교회 음악에서 인용한 가사를 보면 그 역시 내면적으로
는 경건주의 신앙의 영향을 많이 받았음을 알 수 있다. 또 '신의 사랑
을 이해하기 위해서는 먼저 느껴야 한다'라는 경건주의의 모토는 음
악 예술의 본질과도 그리 멀지 않다. 아마 그는 "극단적인 경건주의
자들이 목욕물과 아기를 함께 내다 버려서 주님의 선물인 좋은 음악
을 들으려 하지 않는다"라는 베르크마이스터^{Andreas Werckmeister}의 말
에 공감했을 듯하다. 루터교 신학자이자 저술가였던 하인리히 뮐러

Heinrich Müller나 아브라함 비그너Abraham Wiegner의 책은 당대 북독일에
서 광범위한 인기를 누렸는데, 경건주의 신앙이 바흐와 독일 루터
교인들에게 어떤 영향을 미쳤는지, 당시 수난곡을 듣는 청중이 무엇
을 기대하고 받아들였을지 이해하는 데 도움이 된다.

〈마태 수난곡〉에도 큰 영향을 준 뮐러의 책◈에는 사람의 심장,
즉 가슴을 묘사한 그림이 있다. 그리스도의 사랑을 받은 개인의 반
응을 상징적으로 드러낸 그림으로, 수난을 속죄보다는 그리스도의
사랑의 행위로 해석하는 것은 책의 가장 중요한 주제 중 하나다. 한
편 일종의 가정용 수난 명상집인 비그너의 책◈에 등장하는 첫 그림
역시 상징적이다. 그림을 보면 십자가에 매달린 예수 그리스도 곁
에 수탉, 솜을 단 막대기, 주사위 등 수난을 상징하는 다양한 표상이
있고 한 여인이 이를 지켜본다. 그리스도의 수난으로 가슴이 불타오
르는 이 여인은 신앙인, 즉 수난곡의 청중이며 수난을 바라보고 명
상하면서 그 일부가 된다. 토마스 교회에 모인 사람들은 〈마태 수난
곡〉을 들으며 이런 이미지를 떠올렸으리라. 두 그림의 중심인 '마음'
은 경건주의 신앙의 핵심이다. 이른바 '신비로운 일체unio mystica'라 불
렸던 그리스도와 신자의 일치와 결합은 당대 루터교 신학의 중요한
주제로, 그리스도가 사람들 마음 안에 산다는 뜻에서 '영적인 결혼'
이라고 불렸다. 클레르보의 성 베르나르도나 토마스 아 캠피스 같은

◈　Müller, 『영적인 음악Geistliche Seelenmusik』(1659)
◈　Wiegner, 『금요일에 해야 하는 일Nöthige Freytags-Arbeit』(1724)

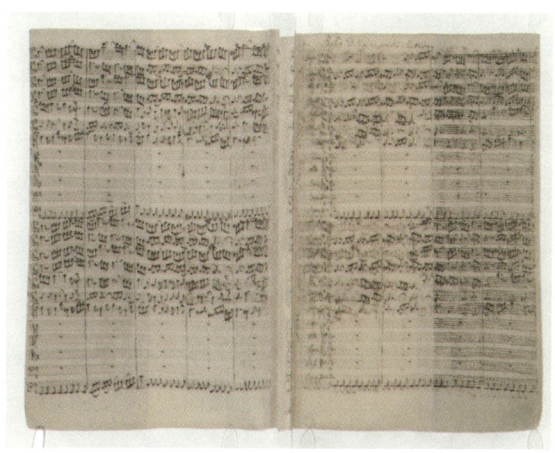

바흐, 〈마태 수난곡〉 1곡 「오라, 너희 딸들이여, 슬퍼하라」 자필 악보(1736)

중세 가톨릭 저자들의 신비주의가 순간적으로나마 신과 초월적인 일치를 이룬다면, 루터교의 신비주의에는 결코 신과 일치를 이룰 수 없는 인간의 숙명적인 슬픔, 혹은 어두움이 있다. 진정한 일치는 생을 마친 후에야 비로소 얻을 수 있기 때문이다.

모든 주제를 집약한 첫 합창곡

널리 알려진 대로 바흐는 〈마태 수난곡〉을 두 개의 독립된 그룹으로 나누었다. 아마도 고통 안에 사랑, 슬픔 안에 기쁨, 죽음 안에 삶이 있는 수난 드라마의 본질을 표현하기 위해서, 그리고 '다양함 안에서의 일치'를 표현하기 위한 고안인 듯하다. 앞으로 펼쳐질 모든 주제를 함축한◈ 첫 합창곡 「오라, 너희 딸들이여, 슬퍼하라Kommt, ihr Töchter, helft mir klagen」는 프랑스풍 추모곡인 통보Tombeau인 동시에 수난의 장소인 시온산으로 올라가는 신앙인의 순례이기도 하다. 가사는 시온의 딸Tochter Zion이 신자들과 나누는 대화로, 시온의 딸은 예루살렘을 의인화한 존재, 혹은 그리스도의 수난을 직접 목격한 제자다. 또한 아가서에서 이미지를 빌려왔다는 점에서 그리스도교에서 전통적으로 해석한, 신랑인 그리스도의 신부新婦인 교회를 상징하기도 한다. 신랑과 신부의 상징성은 '사랑의 행위로서의 수난'을 드러내는 핵심적인 소재로, 그 뒤에도 거듭 등장한다.◈

음악은 장엄한 기악 서주로 시작된다. 12/8박자의 규칙적인 베이스와 유려하게 흐르는 목가풍의 선율은 아마도 '양'을 형상화한 것으로 보인다. 하지만 곧 날카로운 불협화음과 복잡한 리듬이 목가적인 분위기를 깨뜨리며 수난사로 진입한다. 열일곱 번째 마디에서 합창단이 들어올 때 바흐는 두 대의 합창단을 교대로 배치하는데, 두 합창단은 그리스도가 '사랑으로 고통을 받는다'라는 대목에서 강조하듯이 하나로 합쳐진다.

그런 다음 세 번째 존재인 소프라노 리피에노soprano in ripieno가 노래하는◈ 수난 코랄 「흠 없는 주님의 어린 양O Lamm Gottes, unschuldig」이 등장하면서 요한 묵시록의 이미지, 즉 어린 양이 다스리는 천상의 예루살렘이 수난 사건과 하나로 엮인다. 이 수난 코랄은 라틴어 미

◈ 심지어 여러 아리아의 핵심적인 단어가 첫 합창곡에 대거 등장한다.
◈ '오 사랑하는 예수님Herzliebster Jesu', '사랑하는 구세주여Du lieber Heiland du', '피를 흘리소서 사랑하는 주님 마음Blute nur, du liebes Herz' 등을 예로 들 수 있다.

214   **옛 음악, 새 연주**

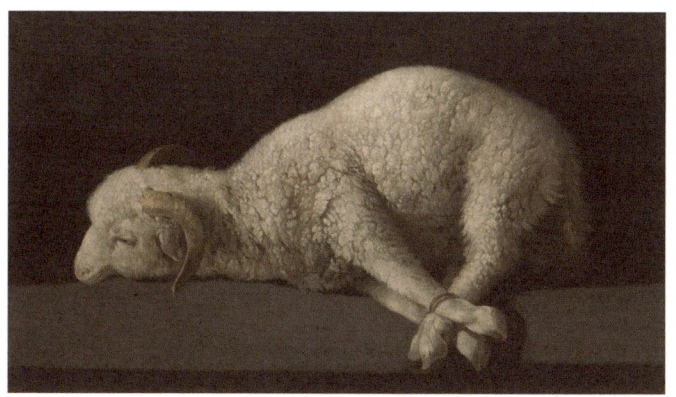

프란시스코 데 수르바란, 「주님의 어린 양」(1635~1640년경)

사 '하느님의 어린 양Agnus dei'의 독일어 버전으로, '어린 양', 곧 '성찬식'을 상징하는 G장조가 수난과 현세를 상징하는 E단조와 어우러지는 순간은 크리스토프 볼프Christoph Wolff가 말했듯이 종말론적인 상징적 의미를 지닌다. 말하자면 악곡 전체의 개요이자 신학적인 요약이라고 할 수 있겠다. 바흐 당시에 연주자가 어떻게 배치되었는지는 명확하지 않은데, 만약 소프라노 리피에노 합창단이 토마스 교회의 동쪽 높은 곳에 있는 이른바 '제비 둥지 갤러리Schwalbennest-Empore'에 배치되었다면 수난과 묵시록의 이미지를 드러내는 회화적 묘사이기

◇ 바흐의 악보를 살펴보면 1736년 이전에는 오르간만으로 연주했을 가능성도 있다. 소프라노 리피에노는 1부 마지막 곡에서 다시 한번 등장한다. 성인 합창단의 연주에서 이 파트를 어린이 합창에 맡기는 경우가 많은데, 언제부터 생겨난 관습인지는 알 수 없다.

도 했으리라.⑧

최후의 만찬, 사랑의 의식

〈마태 수난곡〉은 이렇게 첫 곡부터 그리스도의 수난을 극적으로 묘사하는 동시에 신비주의적인 '사랑'에 집중한다. 서로 대조적인 이 두 가지 감정은 우리 현대인들에게 모순적으로 보일 수도 있다. 실제로 19세기부터 20세기 중반까지는 '이해하기 힘든' 부분을 대폭 삭제하고 극적인 수난 이야기에 집중하는 경우가 많았다. 하지만 이 작품에서 사랑과 고통은 본질적으로 서로 결합되어 있다. 대본을 쓴 피칸더Picander와 바흐는 사랑 때문에 수난이 이루어졌다는 주제를 표현하기 위해서 곳곳에 기쁨과 슬픔을 동시에 표현하는 상징적인 가사와 음형을 집어넣었다. 최후의 만찬을 묘사하는 부분(11~13번)은 아주 좋은 예다.

이 부분에서 최후의 만찬은 두 단계로 제시된다. 즉 첫 번째 레치타티보(11번)가 성서 이야기를 들려준 후 소프라노가 부르는 아콤파냐토 레치타티보(12번)와 아리아(13번)는 이를 명상한다. 복음사가의 레치타티보는 평범하게 시작되지만, 빵과 포도주를 나눠주는 부분에서 그리스도의 말은 갑자기 세 박자로 바뀌며 음악도 노래처

◈ 토마스 교회에서 〈마태 수난곡〉의 연주자 배치에 관해서는 몇 가지 의견이 있다. 다만 소프라노 리피에노 합창이 동쪽에 있는 '제비 둥지 갤러리'에 배치되었음은 대체로 동의한다.

럼 들리는 온음계 선율이 된다. 또 여기서 독창(베이스) 선율과 베이스 콘티누오, 심지어 바이올린 파트마저 이례적으로 병행으로 움직이는데, 이렇게 만들어지는 독특한 음향은 바로크 오페라의 '사랑의 이중창'과 비슷하다. 즉 바흐는 여기서도 사랑이 수난과 성찬 전례의 핵심임을 강조한다. 소프라노의 레치타티보와 아리아는 이를 더욱 직접적으로 드러낸다. 아콤파냐토 레치타티보에서 '사랑'을 상징하는 두 대의 오보에 다모레oboe d'amore는 '사랑의 이중창'처럼 3도, 6도 평행으로 움직이면서도 '흐르는 눈물'을 상징하는 셋잇단음표의 빠른 하향 음형을 연주한다. 즉 슬픔과 기쁨을 동시에 느끼는 상반된 감정을 회화적으로 묘사한다. 가사가 '주님께서는 그들을 끝까지 사랑하신다'로 끝날 때 E단조는 C장조로 바뀌며 슬픔이 기쁨으로 끝남을 암시한다. 이어지는 아름다운 아리아 「주님께 내 마음을 드리리Ich will dir mein Herze schenken」에서도 두 대의 오보에 다모레가 계속 병행으로 움직이며 사랑을 표현한다. 그뿐 아니라 다시 한번 아가서에서 가져온 '신랑과 신부' 주제를 활용해서 그리스도가 마음에 내려앉기를 청하는데, 춤곡풍의 6/8박자와 협화음으로 밝은 분위기가 두드러진다. 소프라노가 '내려앉다senke'라는 단어를 노래할 때만 하강 음형이 등장할 뿐이다.

나는 누구인가 - 「불쌍히 여기소서Erbarme dich」

19세기 이래 바흐와 그 음악에 관한 이해는 계속 변했다. 하지만 20세기 후반까지도 바흐 음악의 본질과 역사적 위치에 관한 이해는

― 위대한 학자와 음악가들의 노력에도 불구하고 ― 비교적 평면적이었고, 또 서구 중심적이었다. 물론 위대한 칸토르의 종교적 측면을 강조한 '다섯 번째 복음사가'라는 명칭이나, 바흐가 당대 여러 나라의 음악 양식을 종합해서 '보편성'을 획득했다는 주장에는 나름의 혜안이 있다. 하지만 1990년대 이후 문화 비평적인 시각에서 바흐가 당대의 사회질서와 음악 문화에 어떤 비판을 가했는지에 대한 논의가 제기되면서 바흐에 관한 역사적, 예술적 이해는 새로운 차원으로 접어들었다.

그중에서도 음악학자이자 건반 연주자, 지휘자인 존 버트John Butt의 견해는 귀담아들을 만하다.◈ 버트는 자연의 불완전함을 인식하고 주어진 규칙이나 체계를 인간적인 관점에서 수정하면서 진보가 이루어진다는 생각이 음악에서의 근대, 혹은 근대성이라고 규정하면서 이것이 바흐 음악의 본질과 맞닿는다고 주장했다. 즉 바흐 음악에 시대를 앞서 자아를 탐구하는 '근대성modernity'이 존재하며, 이것이야말로 바흐와 우리를 하나로 엮는 끈이라는 것이다. 그는 전근대(종교적 전통)와 근대(주체적인 인간)가 나란히 균형을 이루는 마태, 요한 수난곡을 예로 들면서 치밀하고 다양한 음악적 논증을 펼치는데, 그중에서도 특히 (39번) 알토 아리아 「불쌍히 여기소서

◈ 이 챕터에서 제시하는 버트의 견해와 「Erbarme dich」에 관한 해석은 다음의 책에 실린 관련 내용을 간추린 것이다. John Butt, *Bach's Dialogue with Modernity - Perspectives on the Passions*(2010)

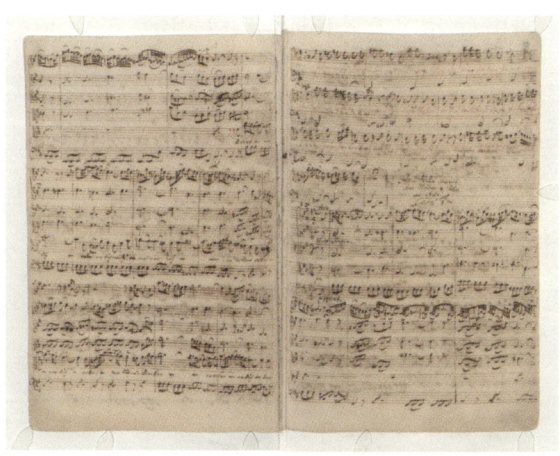

바흐, 〈마태 수난곡〉 중 「불쌍히 여기소서」 자필 악보(1736)

Erbarme dich」에 관한 설명은 마음을 끈다. 이 아리아는 전통적으로 〈마태 수난곡〉에서 가장 인기 있는 개별 악곡이다. 공연이나 음반에서도 이 곡을 누가 부르는지, 어떻게 부르는지에 관심이 집중되곤 한다. 그런데 존 버트는 또 다른 측면을 비추는 해석을 시도했다.

이 아름다운 아리아는 베드로가 예수 그리스도를 부인하고서 뉘우치는 장면 직후에 등장한다. 즉 베드로의 눈물과 회한, 탄원을 그린 노래다. 당대 작곡가들은 이 지점에서 베드로를 상징하는 바리톤이나 베이스 가수에게 아리아를 주는 경우가 많았지만 바흐는 알토를 택했다. 아마도 베드로라는 특정 인물을 넘어선, 인간의 보편적인 불완전함과 나약함을 그리고 싶었던 것 같다. B단조, 12/8박자로 된 이 아리아는 오블리가토 바이올린이 연주하는 여덟 마디의 리토르넬로로 시작된다. 리토르넬로에서 바이올린(영적인 완벽함, 혹은 그리스도)이 완벽한 선율을 연주하는 데 반해, 아홉 번째 마디부터 시작되는 독창(인간)은 이 아름다운 선율을 따라가지만 완벽하게 모방하지는 못한다. 바흐가 제시하는 성악 선율은 바이올린 선율의 그림자, 혹은 단순화된 버전일 뿐이다. 어쩌면 불완전한 인간의 모습이라고 해석할 수도 있지만, 버트는 "이 음악이 그토록 개인적이고 감동적인 이유는 강렬한 표현의 리토르넬로가 제시하는 모범과 이에 다가서고자 하는 인간의 노력"이라고 말한다. 버트는 여기서 바흐가 그려낸, '아직 제약에서 완전히 자유롭지는 않지만 주체적이고자 하는 인간'의 모습을 본다. 아직 계몽주의 시대가 시작되기 전이지만, 이렇게 바흐는 끊임없이 '나'의 존재를 탐구하며 근대적 자아의 탄생을 예고했다.

토마스 교회와 〈마태 수난곡〉

바흐는 1725년 중반 무렵부터 토마스 학교 상관, 라이프치히 시의회와 조금씩 갈등을 빚기 시작했다. 그 때문인지는 모르겠지만 1726년 봄부터는 교회 음악 작곡을 거의 멈추었고, 대부분 다른 작곡가의 칸타타와 수난곡을 연주했다. 그런데 의미심장하게도 바로 이때, 교회 음악 장르에서 필생의 대작인 〈마태 수난곡〉을 썼다. 바흐가 토마스 교회를 위해서 새롭게 쓴 최후의 대작이었다. 조슈아 리프킨은 바흐가 온전히 개인적인 동기에서 〈마태 수난곡〉을 썼으며, 이 작품을 통해서 칸토르로서 내면적인 고별을 고했다고 주장했다. 리프킨의 주장이 맞는지는 알 수 없지만, 바흐 자신과 가족도 작품의 중요성과 기념비적인 특성은 정확히 인식했던 것 같다. 1736 년에 만들어진 자필 총보는 작곡가가 남긴 가장 아름답고 공들인 악보로 꼽히며, 작곡가 사후에도 가족들은 이 작품을 '대수난곡grosse Bassion(원문대로 표기함)'이라고 불렀다.

〈마태 수난곡〉의 '요람'이었던 라이프치히 토마스 교회는 오늘날에도 바흐의 상징, 혹은 성지 같은 곳이다. 하지만 안타깝게도 오늘날의 토마스 교회에서 (바흐의 무덤과 동상을 제외하면) 바흐의 흔적을 느끼거나 당대의 음향을 경험하기는 어렵다. 19세기가 끝날 무렵 토마스 교회를 네오고딕 양식으로 대대적으로 증축하면서 이전

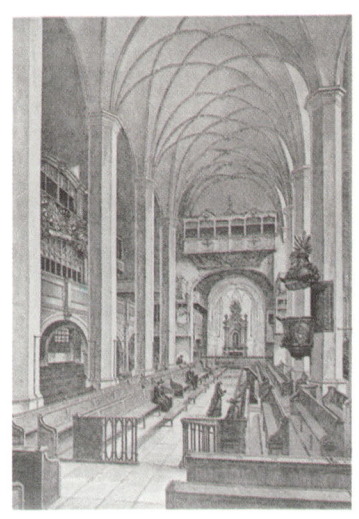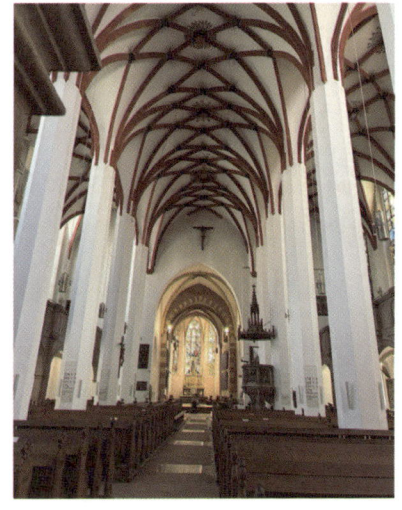

(좌) 후베르트 크라츠의 원작을 바탕으로 한 동판화,
대규모 개조 작업이 이루어지기 이전, 19세기의 라이프치히 토마스 교회(1880)
비록 기도 공간으로 바뀌긴 했지만, 바흐 당대의 '제비 둥지 오르간'이 있었던 흔적을 엿볼 수 있다.
(우) 21세기의 라이프치히 토마스 교회

보다 훨씬 더 높아지고 넓어졌기 때문이다. 그뿐만 아니라 교회 안에 있던 양쪽의 갤러리와 나무로 덮인 구조물도 모두 철거되었으며, 첫 합창곡에서 언급했던 동쪽 제단 방향의 '승리의 아치Triumphbogen'와 '제비 둥지 오르간'도 모두 사라졌다. 서쪽 갤러리에 있는 주 오르간 역시 19세기 후반에 새로 제작한 것이다. 그래도 〈마태 수난곡〉은 여전히 들을 때마다 우리에게 끊임없는 질문을 던지며 내가 누구인지를 묻는다. 국적과 종교와 종파에 상관없이, 우리가 여전히 300년 가까이 된 옛 루터교 교회 음악에 감동하는 이유다.

추천 음반

† Bach: Matthäus-Passion (1958 Recording)
Karl Richter, Münchener Bach-Chor, Münchener Bach-Orchester
(Archiv)

† Bach: Matthäus-Passion
Rudolf & Erhard Mauersberger, Dresdner Kreuzchor,
Thomanerchor Leipzig, Gewandhausorchester Leipzig
(Berlin Classics)

† Bach: Matthäus-Passion
Nikolaus Harnoncourt, Arnold Schoenberg Chor,
Wiener Sängerknaben, Concentus Musicus Wien
(Teldec)

† Bach: Matthäus-Passion
Sigiswald Kuijken, La Petite Bande
(Challenge Classics)

† Bach: Matthäus-Passion
Sir Simon Rattle, Rundfunkchor Berlin, Berliner Philharmoniker
(BPHR)

13장

피젠델과 크반츠
– 궁정 음악가의 초상

시민사회의 성장과 시민혁명으로 서구 사회의 대변혁이 이루어
지기 전까지, 음악가 대부분은 왕실과 귀족, 교회의 고용인이었다.
티치아노가 붓을 떨어뜨리자 집어줬다는 카를 5세처럼 예술을 사랑
한 군주도 있었지만, 왕위에 오르자마자 아버지가 애지중지 키운 궁
정악단을 모조리 해고한 프로이센의 프리드리히 빌헬름 1세처럼 예
술에 관심이 없는 군주도 많았다. 이렇게 많은 음악가의 삶이 고용
주의 개인적인 취향에 따라 이리저리 흔들렸지만, 그래도 위대한 음
악가들은 자신에게 주어진 환경 안에서 최선을 다하며 시대를 이끌
었다. 특히 시민사회의 출발이 상대적으로 늦었던 바로크 시대 독일
은 궁정악단이 음악의 중심이었고, 비중이 점점 줄어들기는 했지만

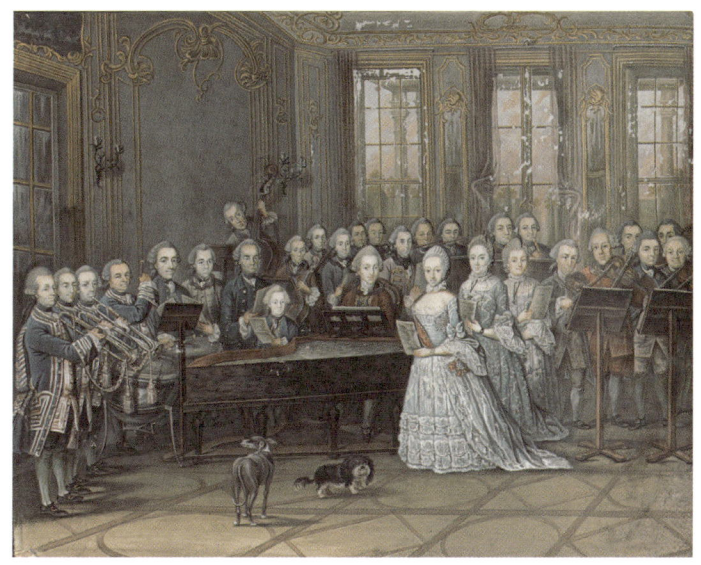

레오폴트 아우구스트 아벨, 「메클렌부르크-슈베린 궁정 음악가들」(1770)

19세기까지도 그런 양상이 이어졌다. 친구 사이면서 각자 당대 최고의 바이올리니스트와 플루티스트였던 피젠델Johann Georg Pisendel과 크반츠Johann Joachim Quantz의 삶은 18세기 독일 궁정악단의 명암明暗을 잘 보여준다.

독일 바로크 음악의 핵심, 궁정악단

독일어 '카펠레Kapelle'는 이탈리아어 '카펠라cappella'에서 온 말로 본래는 장소, 즉 군주의 경당chapel을 일컫는 말이었다. 하지만 곧 경당에서 연주하는 음악가나 악단을 가리키는 명칭으로도 쓰였다. 여기서 다시 '궁정Hof'이 붙은 궁정악단Hofkapelle은 바로크 시대 독일 음악 문화를 주도했다. 궁정악단장Kapellmeister①은 직업 음악가가 오를 수 있는 가장 높은 직위였다. 물론 북독일의 함부르크나 뤼베크 같은 자유도시의 음악가들도 ― 특히 건반 음악과 교회 음악에서 ― 눈부신 공헌을 했지만, 그 높은 수준에도 불구하고 이들의 영향력은 상대적으로 제한적이었다.

독일 궁정악단은 근본적으로 다른 나라의 궁정악단과는 다른 점이 많았다. 르네상스 시대 이후 프랑스나 에스파냐, 영국과 스웨덴 궁정악단은 언제나 하나였고 수도에 있었다. 즉, '단핵적monocentric'이었다. 따라서 대체로 도시와 지방, 혹은 중심과 주변부로 명확하게 구분할 수 있었다. 하지만 독일은 그 반대였다. 30년 전쟁 이후 사실상 1,800여 개의 크고 작은 독립 국가로 분열된 신성로마제국은 황제와 왕부터 변경백②과 제후-주교③까지 서로 다른 계급과 종교와 취향을 지닌 여러 군주가 다스렸고, 계승이나 결혼, 전쟁에 따라 영토는 물론 수도마저 계속 바뀌었다. 군주가 머무는 곳Residenz이 곧 수도였기 때문이다. 당연히 궁정악단도 70~90명에 육박하는 초대형

---

① 우리나라에서 Kapellmeister는 그대로 '카펠마이스터'로 쓰기도 하고 '궁정악장'이나 '궁정악단장'으로 번역하기도 한다. 셋 중 카펠마이스터는 현대 독일어에서 의미가 조금 달라졌고 궁정악장은 악장concertmeister과 혼동하기 쉬우므로 이 책에서는 궁정악단장이라고 쓴다.

② Markgraf, 신성로마제국의 제후 계급으로 대략 영국, 프랑스의 후작Marquis에 해당한다.

③ Fürstbischof, '주교후'라고도 부른다. 문자 그대로 세속 제후를 겸하는 고위 성직자를 가리키는 명칭으로, 18세기 신성로마제국에는 20명이 넘는 제후 주교(령)가 있었다.

옛 음악, 새 연주

부터 열 명도 안 되는 소규모까지 더없이 다양했고 음악 전통 역시 프랑스와 이탈리아 양식에 종교적으로는 가톨릭, 루터파, 칼뱅파 등 복잡했다. 즉 '다핵적polycentric'이었다. 이탈리아도 독일과 비슷한 환경이었지만 종교적, 음악적으로 훨씬 더 동질적이었고, 어디까지나 오페라가 궁정 음악의 핵심이었다. 그런 점에서 프랑스와 이탈리아에서 탄생한 근대 오케스트라가 독일 궁정악단을 통해서 우리가 아는 현대 오케스트라로 발전한 건 당연한 일이다. 또한 당대 궁정악단에 관한 이해 없이는 하인리히 쉬츠부터 하이든과 모차르트에 이르는 독일 작곡가들의 삶과 작품을 온전히 이해할 수 없다.

독일 궁정악단은 ― 각자 조금씩 차이가 있기는 했지만 ― 엄격한 체계를 이룬 종합적인 조직이었다. 가장 높은 곳에는 궁정악단장이 있었는데,◈ 기본적으로 상주 작곡가 겸 지휘자였고 레퍼토리 선정부터 악단원의 고용 및 해고까지 총괄했다. 그다음은 연주를 이끄는 악장Concertmeister/Maître de concerts으로, 대개 바이올리니스트가 맡았지만 때로는 첼로나 비올라 다 감바, 하프시코드 등 다른 악기가 맡는 경우도 있었다. 악장 밑에는 일종의 독주-독창자 집단, 혹은 수석단원이라고 할 수 있는 연주자들이 있는데, 군주의 개인적 주거 공간에서도 연주한다는 의미로 실내음악가Cammermusicus라 불렸다. 나머지 일반 음악가들은 궁정 음악가Hofmusicus라 불렸다. 그 밖에 합창

◈ 드레스덴이나 만하임 같은 대규모 궁정악단에는 궁정악단장 위에 음악가가 아닌 귀족이 맡는 '총감독'이 따로 존재하는 경우도 있었다.

도 하고 악기도 배우는 다양한 수습 및 견습생들Kapellknaben, Accessisten, Scholaren이 있었다. 궁정악단에는 음악가만 있지 않았다. 악보를 준비하는 사보가Notisten를 비롯해서 악기 제작 및 수리인Kapelldiener, 관리인Hofkirchner, 오르간 풀무꾼Calcant까지 다양한 사람들이 궁정악단의 일원이었다. 마지막으로, 트럼펫 연주자Trompeter, 타악기 연주자Paucker, 관악단Hautboistenbande은 본질적으로는 궁정악단이 아니라 군악대에 속했지만(궁정악단에 속하는 곳도 있었다) 궁정악단장의 지도를 받으며 필요할 때마다 함께 연주했다. 이렇게 다양한 궁정악단과 그 음악가들은 서로 경쟁하면서도 이직과 연주 여행, 도제 관계와 악보 교환 등 다양한 방법으로 교류하며 그들만의 복잡한 네트워크를 형성했다.

18세기 독일에서 가장 훌륭하고 중요한 궁정악단은 드레스덴, 베를린-포츠담, 그리고 만하임 궁정악단을 꼽을 수 있다. 대체로 드레스덴 궁정악단은 1710년 무렵부터 1750년대 후반까지, 베를린-포츠담 궁정악단은 1740년 무렵부터 1770년 무렵까지, 만하임 궁정악단은 1750년 무렵부터 1780년 무렵까지 황금기를 누렸는데, 각자 국제적인 명성을 떨치며 화려한 음악 문화를 만들었다. 이 셋 중 가장 국제적이며 가장 먼저, 그리고 가장 오랫동안 명성을 누렸던 드레스덴 궁정악단은 두 명의 작센 선제후 겸 폴란드 국왕이 다스렸던 전성기에 유럽에서 가장 규모가 크고 탁월한 음악 앙상블이었다. 두 명의 군주, 프리드리히 아우구스트 1세와 프리드리히 아우구스트 2세는 각각 프랑스와 이탈리아 음악을 좋아했기에 그들의 취향은 궁

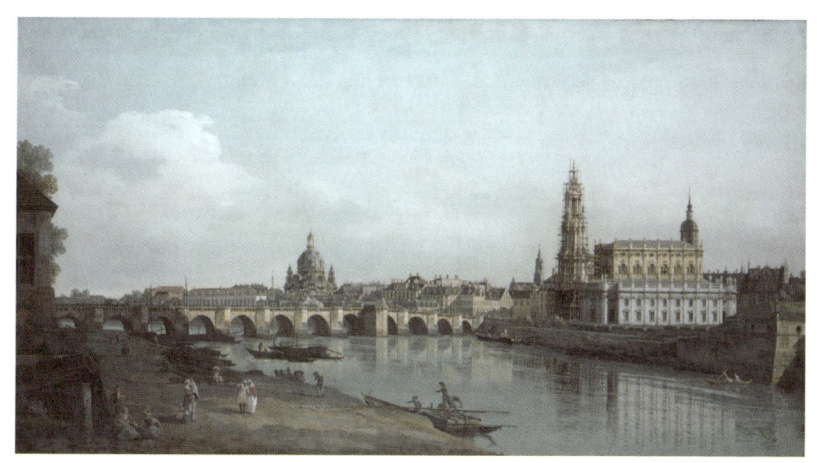

베르나르도 벨로토, 「엘베강 오른편에서 바라본 드레스덴」(1748)

정 음악에도 반영되었다. 또 폴란드 왕위를 얻기 위해 군주가 가톨릭으로 개종하면서 두 종파(가톨릭과 루터교)가 공존하는 정치적-종교적 상황 덕분에 여러 나라의 음악가들이 자유롭게 모여드는 국제적인 조직이기도 했다. 또 바흐가 라이프치히 시의회에 보낸 유명한 진정서에서 부러워하며 썼듯이, 드레스덴 궁정악단 단원들은 당시 관습과는 달리 한 가지 악기만 전문적으로 연마할 수 있었다.

드레스덴에 가서 한번 보십시오… 그곳 (궁정) 음악가들은 의식주에 관한 걱정이 없기에 불안감도 없습니다… 또 각자 하나의 악기만 완전히 익혀서 아주 뛰어나고 특별한 연주를 들려줍니다.

– 바흐⑤

드레스덴 궁정악단의 리더, 피젠델

드레스덴 궁정악단은 쉬츠가 1625년에 만토바 출신의 이탈리아 바이올리니스트 파리나Carlo Farina를 영입한 이래 발터Johann Jacob Walther, 베스토프Johann Paul Westhoff 등 줄곧 뛰어난 비르투오소 바이올리니스트를 보유했다. 그중 최고의 연주자는 피젠델이었다. 그는 뛰어난 독주자였을 뿐만 아니라 바이스(류트), 뷔파르댕과 크반츠(플루트), 젤렌카(비올로네), 리히터(오보에) 등 당대 최고의 음악가들이 모인 '올스타' 앙상블을 이끈 리더이기도 했다.

피젠델은 1687년에 카돌츠부르크Cadolzburg에서 칸토르의 아들로 태어났다. 어렸을 때 토렐리Giuseppe Torelli에게 바이올린을 배웠으며, 라이프치히 대학 시절 콜레기움 무지쿰◈에서 활동하면서 드레스덴 궁정악단의 악장 볼뤼미어Jean-Baptiste Volumier의 눈에 띄어 1712년에 궁정악단에 영입되었다. 그 후 1755년에 세상을 떠날 때까지 40년 넘게 드레스덴 궁정악단에서 활동했는데, 1728년에 볼뤼미어가 세상을 떠난 이후부터는 악장으로 앙상블을 이끌었다.

궁정악단에 들어가자마자 사실상 부악장으로 활동한 것을 보면 연주자로서의 역량은 이미 젊은 시절부터 완성형이었던 것 같다.

◈ 「정연한 교회 음악을 위한 짧지만 꼭 필요한 진정서Kurtzer, iedoch höchstnöthiger Entwurff einer wohlbestallten Kirchen Music」(1730)

◈ 텔레만이 1702년에 창설한 음악 단체. 대학생과 직업 음악가로 이루어진 일종의 세미-프로 앙상블로, 바흐는 1729년부터 1737년까지 이 단체를 이끌었다.

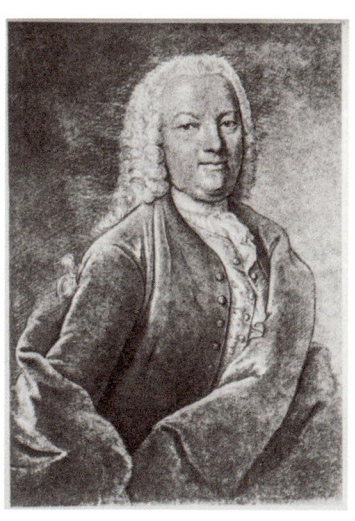

프랑크(?), 「요한 게오르크 피젠델」(1731년경)
이 초상화는 카를 필리프 에마누엘 바흐의 소장품이었다.

1716~1717년에 왕세자를 수행해서 베네치아에 아홉 달 머물렀을 때
는 비발디의 제자가 되었는데, 다른 사람(특히 바이올리니스트!)의 재
능을 인정하는 데 인색했던 비발디도 '마에스트로 피젠델'만은 극찬
했다. 그 후 피젠델은 드레스덴에서 스승의 음악을 적극 소개하며
'비발디 컬트'를 주도했다. 그런가 하면 크반츠는 피젠델의 느린 연
주가 너무나도 감동적이었다고 말했다. 심지어 키텔Johann Gottlob Kittel
이라는 작센 시인은 1740년에 드레스덴 궁정악단을 찬양하면서 쓴
시에서, 창공에 걸린 오르페우스의 리라를 피젠델의 바이올린으로
바꿔야 한다고 썼다. 하지만 21세기를 사는 우리에게는 그런 과장된
찬사보다는 피젠델의 작품이나 혹은 비발디를 비롯한 다른 작곡가

들이 그를 위해 만든 작품에 담긴 고난도의 기교와 이탈리아와 프랑스를 넘나드는 다양한 양식에서 그가 왜 당대 최고이자 '전대미문'의 바이올리니스트로 꼽혔는지 이해하게 된다. 가령 텔레만이 1719년에 피젠델과 드레스덴 궁정악단에 선사한 바이올린 협주곡 B플랫장조◇는 작곡가의 다른 바이올린 협주곡보다 눈에 띄게 화려하고 표현이 풍부하다. 특히 느린 악장에서 독주 바이올린이 연주하는 아름다운 칸틸레나는 마음을 끈다. 그런가 하면 바흐가 1733년에 선제후에게 바친 이른바 〈드레스덴 미사〉◈ 중 「주님을 기리나이다Laudamus te」에는 눈부신 바이올린 독주가 나오는데, 바이마르 시절부터 친분이 있던 피젠델의 바이올린을 염두에 두었음이 틀림없다. 바흐의 무반주 바이올린 소나타와 파르티타 역시 피젠델과 관련이 있을 가능성이 있다.

악장 피젠델은 탁월한 '오케스트라 조련사'로서 궁정악단장 하세와 긴밀하게 협력하면서 엄격한 규율을 강조했고, 프랑스 연주 양식을 추구했던 전임자 볼뤼미어와는 달리 '이탈리아파'에 가까웠다. 젊은 시절부터 두 나라를 직접 방문하고 음악을 두루 경험했던 그는 두 나라의 음악 양식을 하나로 엮은 음악 해석을 추구했는데, 여러 나라의 음악가가 모인 드레스덴 궁정악단만큼 이를 잘 구현할 수 있

◇ TWV 51:B1, 일명 '피젠델 협주곡Pisendel Konzert'이라 불린다.

◈ 「자비송Kyrie」과 「대영광송Gloria」으로 이루어진 미사 브레비스. 바흐는 훗날 이 곡을 확장해서 〈B단조 미사〉로 완성했다.

는 앙상블은 아마 없었을 것이다. 크반츠의 자서전과 힐러가 쓴 음악가 전기는 이와 관련된 귀중한 정보를 전해준다.

> 왕실악단은 (1716년 무렵에) 이미 높은 경지에 도달했습니다. 악단은 당시 악장 볼뤼미어가 도입한 프랑스풍의 부드러운 연주로 다른 궁정악단과는 확연히 다른 개성을 갖추었습니다. 나중에는 (현) 악장 피젠델 씨가 도입한 혼합 취향vermischter Geschmack으로 탁월한 연주를 이룩했는데, 평생 다녀본 어느 곳에서도 그보다 나은 연주를 들어본 적이 없습니다.
>
> — 크반츠(1754)

> 궁정악단장 하세는 작품을 쓰면 좋은 연주를 위해서 맨 먼저 모든 세부를 피젠델과 의논하고 그에게 의지했습니다. 그러면 피젠델은 필사가들이 마련한 악보를 모두 점검해서 세부적인 지시 사항을 기입했습니다… 그래서 실제 연주 때 모든 바이올리니스트의 손은 마치 보이지 않는 기계에 의해 움직이듯 똑같이 움직였습니다.
>
> — 힐러(1784)

그런가 하면 피젠델은 1752년에 친구 텔레만에게 보낸 편지에서 자신이 하세에게 더는 이탈리아 기악 연주자들을 고용하지 말자고 요청했다면서, 이탈리아인들은 연주할 때 자신을 드러내려고 할 뿐 동료들의 연주에 귀를 기울이지 않는다고 했다. 개인의 화려한 명

인기보다 일사불란한 앙상블이 먼저라는 그의 예술적 신념을 엿볼 수 있다. 장-자크 루소가 파리에서 이들의 연주를 듣고 '유럽 최고의 악단'이라고 부른 것도 이 무렵이었다. 궁정악단장 하세가 계약 조건에 따라 오페라를 상연하기 위해 자주 자리를 비울 때도, 크반츠가 베를린(포츠담) 궁정으로 자리를 옮기고 젤렌카(1745), 바이스(1750) 등 오랜 동료들이 세상을 떠나는 와중에도 드레스덴 궁정악단은 피젠델을 중심으로 연주력을 유지했다. 그야말로 드레스덴 궁정악단의 영혼이자 정신적 지주였다. 그는 7년 전쟁이 일어나기 1년 전인 1755년 11월에 세상을 떠났는데, 어쩌면 행복한 죽음이었다는 생각이 든다. (1745년에 이어) 다시 한번 선제후가 바르샤바로 도주하고 드레스덴은 몇 년 동안이나 프로이센 군대에 점령당한 채 평생 헌신한 궁정악단이 본격적인 쇠퇴기로 접어드는 모습을 보지 않았으니까 말이다. 텔레만은 피젠델이 세상을 떠났다는 소식을 접하고 "친구여, 위대함이 그대와 함께 죽었다"라면서 감동적인 시를 바쳤다.

'작곡가' 피젠델이 남긴 작품은 그다지 많지 않아서 오늘날 알려진 작품은 20곡 남짓이다.◈ 아마 악장의 책무가 너무 무겁고 또 특유의 완벽주의 기질 때문이었을 것이다. 힐러는 그가 자기 작품에 만족하지 못하고 몇 번이고 거듭 수정했다고 전한다. 하지만 숫자는 많지 않아도 수준이 대단히 높고 개성적이다. 가령 바이올린 협주곡

◈ 다만 드레스덴의 '피젠델 컬렉션'에 있는 작자 미상 작품 중 상당수는 피젠델 작품으로 추정된다.

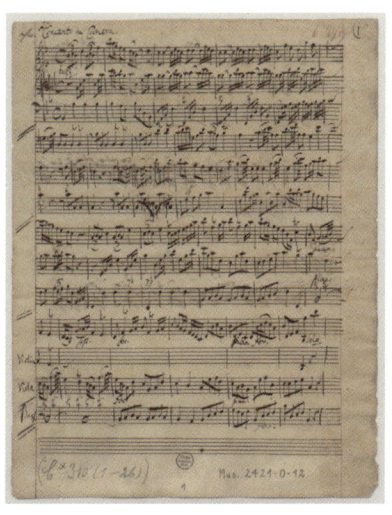

피젠델, 바이올린 협주곡 B플랫장조 자필 악보

을 보면 단지 독주 악기와 오케스트라(투티)의 구조가 아니라 동료
들이 모두 돋보이는 '악단 전체가 연주하는 협주곡'의 이상을 멋지
게 구현했다. 또한 피젠델은 당대의 가장 중요한 음악 수집가 중 한
명이었다. 예리한 감식안으로 비발디, 텔레만, 헨델, 바흐, 타르티니,
크반츠, 벤다, 그라운 등의 다양한 작품을 수집했으며, 세상에 알리
려고 노력하기도 했다. 가령 1749년에는 텔레만을 통해서 이미 세
상을 떠난 동료 젤렌카의 교회 음악 작품을 출판하려고 하기도 했
다(결국 실현되지는 못했다). 피젠델이 평생 모은 방대한 악보는 사후
왕실에서 사들였고, 오늘날까지 작센 주립 도서관에 있다. 다른 곳
에는 없는 악보도 많은 바로크 음악의 귀중한 자료인데, 어느 곡이
든 크반츠가 직접 기입한 연주 지시는 감탄스러울 정도로 꼼꼼하고

세심하다. 피젠델은 분명 18세기의 가장 위대한 악장 중 한 사람이었다.

트라베르소 플루트의 제왕, 크반츠

훗날 '대왕der Große'이라 불리게 될 프로이센 왕세자 프리드리히는 열여섯 살이던 1728년 1월, 아버지를 따라 방문한 드레스덴에서 신세계를 경험한다. 바로 드레스덴 궁정악단의 연주를 들은 것이다. 그는 악단원들과 함께 연주도 했는데, 특히 크반츠와 뷔파르댕Pierre-Gabriel Buffardin의 플루트 연주에 강렬한 인상을 받았고 뷔파르댕의 플루트를 선물로 받기도 했다. 얼마 후 5월에 이루어진 작센 선제후의

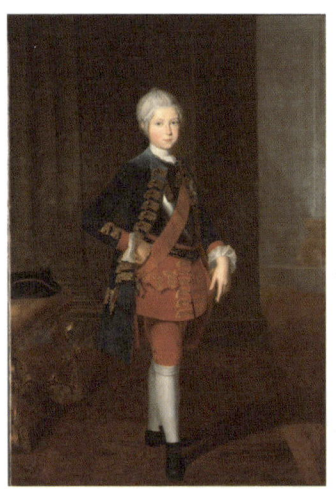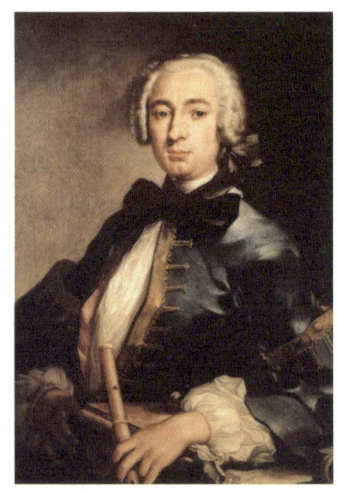

(좌) 게오르크 리시에프스키, 「왕세자 시절의 프리드리히 2세」
(우) 프란체스코 솔리메나, 「요한 요아힘 크반츠」(1725년경)

베를린 답방에도 크반츠, 뷔파르댕, 바이스, 피젠델이 동행했다. 이 만남은 프리드리히의 음악 취향을 완전히 바꾸었고, 그는 평생 플루트를 연주하게 된다.

한때 '독일 피리'로 알려지기도 했지만, 플루트가 목관 악기의 여왕으로 떠오른 것은 프랑스였다. 오테테르나 블라베Michel Blavet 같은 이들은 플루트를 "사랑의 한숨과 눈부신 화려함을 겸비한 악기"[10]로 만들었다. 그리고 드레스덴 궁정은 독일에서 처음으로 프랑스 트라베르소 플루트의 명인기를 본격적으로 탐구한 곳이었다. 크반츠는 명실상부한 독일 최고의 플루티스트였지만, 사실 처음 배운 악기는 바이올린, 오보에, 트럼펫이었다. 1716년 무렵부터 드레스덴에서 활동했는데, 프리드리히와 마찬가지로 그도 드레스덴 궁정악단의 연주에 큰 충격을 받았다.

> 나는 (1716년에) 드레스덴 궁정악단의 연주를 처음 들었을 때 음악 연주가 그저 작곡가가 쓴 음표를 올바로 연주하는 것 이상의 그 무엇이라는 사실을 깨달았습니다.
>
> — 크반츠(1754)

1718년에는 오보에 연주자로 폴란드 궁정악단Pohlnische Capelle[11]

---

[10] 프랑수아 라게네François Raguenet

[11] 작센과 폴란드는 군주만 공유하는 동군 연합이었기에 각자 별도의 궁정악단이 있었다.

단원이 되어 한동안 드레스덴과 바르샤바를 오가며 활동했다. 이 무렵 크반츠는 본격적으로 플루트 연주자가 되기로 결심했고, 넉 달 동안 뷔파르댕에게서 배웠다. 그리고 선제후의 지원으로 3년 남짓 유럽 전역을 돌아다니며 연마한 후 드레스덴 궁정악단에 합류했다. 그러면서 궁정악단은 탁월한 플루티스트 두 명을 보유하게 되었다. 앞서 언급한 바흐 〈드레스덴 미사〉의 「세상의 죄를 없애시는 주님Qui tollis peccata mundi」에는 아름다운 플루트 이중주가 등장하는데, 크반츠와 뷔파르댕을 염두에 두었음을 쉽게 짐작할 수 있다. 크반츠는 피젠델과 젤렌카에게서 작곡을 배웠고 또 드레스덴에서 플루트 제작도 배웠으니, 그야말로 드레스덴에서 완성된 음악가라고 할 만하다. 또 드레스덴은 이탈리아와 프랑스 음악 양식을 하나로 엮은 독일 양식의 중심지라는 점에서도 크반츠에게 큰 영향을 주었다. 직접 쓴 저 유명한 플루트 교본⚜에는 이런 사실이 잘 나타나 있다.

> 만약 사람들이 적절한 판단력을 갖추고 다양한 사람들의 다양한 음악 취향에서 최고의 것을 선택한다면, 자연스럽게 혼합 취향vermischter Geschmack이 만들어질 것입니다. 이것을 겸손한 마음으로 독일 취향den deutschen Geschmack이라고 부를 수 있습니다.
>
> — 크반츠(1752)

⚜ *Versuch einer Anweisung die Flöte traversiere zu spielen*(1752), 국내에는 『플루트 연주의 예술』이라는 제목으로 번역·출판되었다.

다시 1728년으로 돌아가 보자. 프리드리히 왕세자는 어머니를 설득해서 드레스덴 궁정 음악가들을 자주 초청했고, 크반츠를 영입하려 했으나 거절당하자 대신 1년에 두 번씩 정기적으로 초청해서 플루트 레슨을 받았다. 그리고 1740년에 마침내 왕위에 오르자마자 소규모의 왕세자 악단을 확장해서 본격적으로 드레스덴을 모방한 궁정악단[13]과 오페라 극장 건설에 나섰다. 음악가 선정은 물론 연봉 교섭까지 직접 나섰던 신왕의 '궁정악단 프로젝트'에서 핵심은 물론 크반츠였다. 그때까지 거듭 '이적'을 거절했던 크반츠를 데려오기 위해 프리드리히 2세는 그야말로 파격적인 제의를 했다. 연봉 2,000탈러[14]에 작품을 새로 쓰거나 악기를 만들 때마다 보수를 따로 지급하고(그가 500곡이 넘는 플루트 협주곡과 소나타를 쓴 이유가 있었다!), 다른 단원들과는 달리 오페라에서 연주할 의무도 없다는 내용이었다. 더불어, 국왕 말고는 그 누구의 명령도 받을 필요가 없다는 특혜까지 붙어 있었다.

도저히 뿌리칠 수 없는 제안이었을까? 결국 크반츠는 1741년에 '궁정 작곡가'로 포츠담 궁정악단에 합류했다. 궁정악단장 그라운 Carl Heinrich Graun과 악장 벤다Franz Benda가 궁정악단의 중심인물이었다

---

[13] 크반츠를 비롯해서 악단의 중심인물인 그라운 형제와 벤다 형제, 샤프라트Christoph Schaffrath 등은 모두 드레스덴에서 공부했거나 활동했다.

[14] 기악 연주자로는 전례를 찾아보기 힘든 높은 연봉으로, 크반츠가 드레스덴에서 처음 받은 연봉은 250탈러, 1733년에 대폭 인상된 연봉은 800탈러였다. 바흐는 1730년에 자신이 한 해에 버는 총수익이 약 700탈러라고 추정했다.

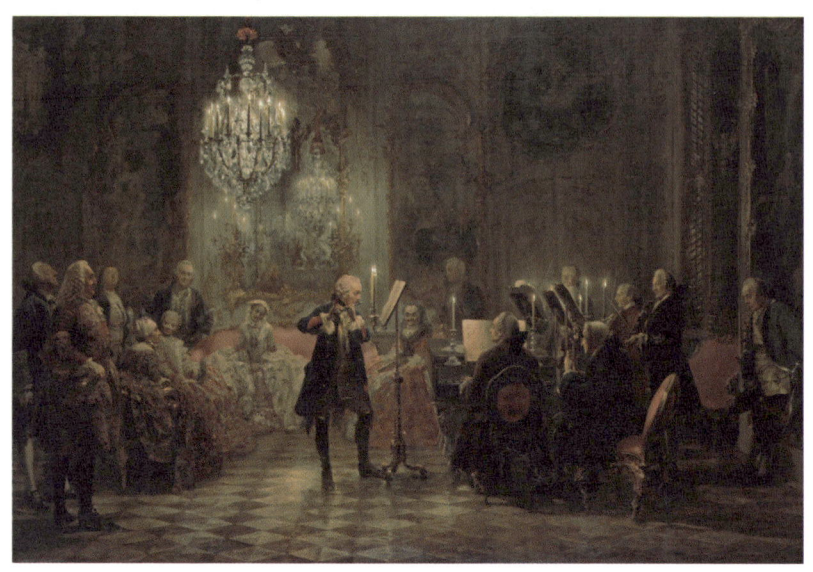

아돌프 폰 멘젤, 「플루트 연주회」(1852년경)
1750년에 누나인 바이로이트 공비 빌헬미네가 방문했을 때 상수시 궁전에서 열렸던
음악 야회를 묘사한 그림이다. 19세기 중반에 만들어진 일종의 상상화지만 고증이 잘된 그림이다.
중앙에 플루트를 연주하는 이가 프리드리히 2세이며, 맨 오른쪽에 서 있는 사람이 크반츠다.
그 옆에 있는 바이올리니스트는 벤다, 피아노 앞에 앉은 이는 카를 필리프 에마누엘 바흐다.

면, 크반츠는 그 모두를 초월하는, 어떤 면에서 악단과 별개의 존재
였다. 그는 작곡 외에는 국왕의 소규모 음악 야회soirée를 이끌며 가끔
연주했을 뿐, 계약대로 오페라에서 연주하지도 않았고 단원 선정을
포함한 악단의 모든 문제에 깊숙이 관여했다. 또 카레스티니 같은
정상급 오페라 가수를 제외한 그 누구보다도 높은 연봉을 받았다.
대왕은 노년에 접어들 때까지 전쟁 기간이 아니면 매일 밤 음악 야
회에서 크반츠가 제작한 플루트로, 크반츠(혹은 자기 자신)가 쓴 작

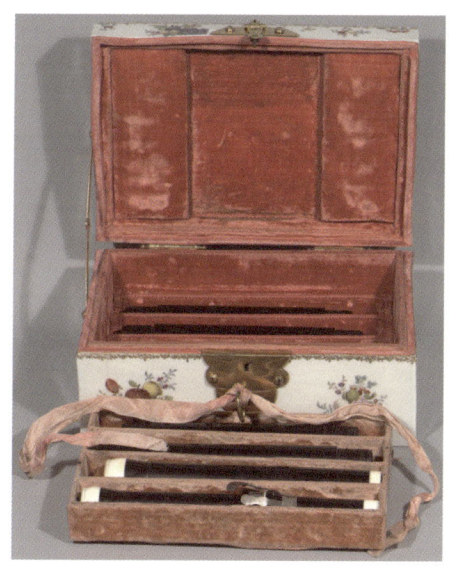

크반츠가 제작한 프리드리히 2세의 플루트(1740년경)
현재 크반츠가 만든 플루트는 약 열 대 정도 남아있다. 현재 미국 국회 도서관에 있는 이 악기는
베를린 악기 박물관에 있는 것과 더불어 원래 케이스까지 보존된 드문 예다.

품을 연주했다.

포츠담 궁정악단의 황금시대는 드레스덴보다 짧았다. 대왕이 음악 못지않게 전쟁을 좋아했기 때문이다. 그는 아버지로부터 물려받은 8만 명의 상비군을 이끌고 즉위하자마자 끊임없이 전쟁을 일으켰다. 특히 7년 전쟁(1756~1763)은 작센과 드레스덴 궁정악단에 악몽 같은 재난이었지만, 포츠담 궁정악단에도 큰 시련이었다. 전쟁이 길어지고 1760년에는 베를린이 점령당하는 등 험악한 전시 상황에서 많은 악단원이 다른 곳으로 떠났고, 남은 이들은 걸핏하면 연봉을 받지 못하거나 혹은 전쟁이 끝난 다음에나 쓸 수 있는 '쿠폰'으로 받는 등 어려움을 겪었다. 그래도 크반츠는 전쟁 중에도 국왕을 따라 베를린과 드레스덴, 라이프치히, 브레슬라우 등을 오가며 충실히 봉사했고 전쟁이 끝난 후 궁정악단과 오페라의 재건에 힘을 보탰다.

동시대인들의 증언에 의하면 크반츠의 플루트 연주는 빠른 패시지의 기교도 훌륭했지만 느린 음악에서 더욱 훌륭했는데, 특히 낮은 음역에서 드러내는 풍부한 감정은 그 누구도 따를 수 없었다고 한다. 그의 플루트 협주곡이나 소나타는 섬세하고 우아하면서도 감정이 풍부한 이른바 '다감 양식Empfindsamkeit'을 지향하지만 베를린 궁정에서 함께 활동했던 동료들, 가령 카를 필리프 에마누엘 바흐에 비하면 좀 더 바로크에 뿌리를 두고 있다. 어쩌면 약간 복고적이었던 대왕의 취향을 따랐기 때문이리라. 그가 쓴 작품은 국왕의 개인 자산으로 각각 단 세 부의 필사본만 만들어서 궁전 세 곳⑮에 둘 뿐 외부 반출은 금지되었다. 크반츠의 방대한 작품이 20세기까지 거의 알려지지 않고 심지어 지금까지도 소수만 출판된 이유다. 그 밖에도 많은 작곡가가 대왕과 크반츠를 위한 작품을 썼다. 가령 텔레만이 쓴 〈여섯 곡의 플루트 이중주〉(TWV 40:130~135)는 틀림없이 두 사람을 위한 작품이며, 대바흐가 대왕에게 바친 〈음악의 헌정 Musikalisches Opfer〉 중 트리오 소나타에도 대왕과 크반츠, 그리고 크반츠가 만든 플루트가 어른거린다.

---

⑮ 상수시Sanssouci, 샬로텐부르크Charlottenbourg, 신궁전Le Nouveau Palais

옛 음악, 새 연주

크반츠는 자존심이 강하면서도 인간적 매력을 갖춘 사람이었던 것 같다. 멋들어진 의상을 차려입은 그의 초상화에는 자신의 재능을 잘 아는 당당한 예술가의 모습이 엿보인다. 프리드리히는 왕세자 시절 누이에게 쓴 편지에서 크반츠가 '귀하신 분grand seigneur'처럼 군다고 투덜거리면서 뒷담화를 한 적이 있다. 또 크반츠는 국제적인 네트워크를 지닌 음악가이기도 했다. 젊은 시절 로마에서는 가스파리니Francesco Gasparini, 나폴리에서는 스카를라티 부자, 파리에서는 블라베, 런던에서는 헨델과 만나 교류했다. 하세를 상대로 드레스덴 궁정악단장 취임에 관한 비밀 협상을 주선한 것도 크반츠로 알려졌으며, 베를린으로 이주한 후에도 드레스덴 동료들과 계속 친밀하게 교류했다. 피젠델이 위대한 악장이었다면 크반츠는 아마 완벽한 궁정 음악가가 아니었을까.

† Pisendel: Concerti grossi, Sonatas & Sinfonias
Concerto Köln
(Berlin Classics)

† Zelenka, Pisendel: Concerti etc
Gottfried von der Goltz, Freiburger Barockorchester
(Deutsche Harmonia Mundi)

† Pisendel - Violin Concertos from Dresden
Johannes Pramsohler, International Baroque Players
(RaumKlang)

† Heinichen: Dresden Concerti
Reinhard Goebel, Musica Antiqua Köln
(Archiv)

† Per l'Orchestra Di Dresda
Les Ambassadeurs - La Grande Ecurie
(Aparté)

† The Flute King – Music from the Court of Frederick the Great
Emmanuel Pahud etc
(EMI)

14장

프랑스 고전주의 음악과 대혁명

흔히 18세기 중후반의 고전주의 음악을 '빈 고전주의'라고 부르며, 혹은 '(제1) 빈 악파'와 동일시하기도 한다. 하이든과 모차르트, 그리고 베토벤의 초중기 음악을 생각하면 이해할 만한 일이지만, 사실 당대 이탈리아와 프랑스 음악을 포괄하지 않거나 거론하지 않는 고전주의는 상상할 수 없다. 그리고 고전주의 음악의 핵심 중 하나가 '보편성'이라면, 인본주의와 계몽주의로 유럽 문화를 이끌었던 프랑스는 그 개념의 중심이었다. 프랑스 작곡가 르 쉬외르Jean-François Le Sueur는 자기 작품에 관해 설명하면서 "모든 음악적인 고딕 양식◈을

◈   여기서 '고딕'은 륄리 이래 프랑스 바로크 음악을 뜻한다.

피하고 장엄한 옛 취향을 따르면서 특정한 국가나 국민이 아니라 보편적인 인류를 지향한다"라고 했는데, 고전주의 음악의 핵심을 꿰뚫는 문장이다.

18세기 중반, 섬세하고 가벼운 갈랑트 양식을 강조했던 프랑스 음악은 북독일 다감 양식의 역동적인 음악 양식을 순화하고 질서를 잡는 과정에서 중요한 역할을 했다. 그런가 하면 1789년의 대혁명은 서구 문명을 뒤흔들며 여러 변화를 촉발하는 가운데 음악에도 큰 영향을 미쳤다. 그런 점에서 대혁명은 음악사에서도 매우 중요한 사건이었지만, 정작 프랑스 음악으로만 보자면 많은 음악 전통이 단절되고 19세기부터 서양 음악의 중심이 급격히 독일어권으로 기울면서 잊힌, '비운의 시간'이기도 하다. 리처드 터루스킨은 이 시대를 가리켜 "유럽 고전음악 역사에서 가장 체계적으로 무시된 시기"라고 말했을 정도로 오랫동안 깊이 있는 연구가 이루어지지 않았지만, 최근 들어 조금씩 재조명되고 있는 중이다.

프랑스 고전주의 음악?

음악사에서 프랑스 음악을 살펴볼 때 맞닥뜨리는 문제 중 하나는 용어와 명칭이다. 바로크 시대 프랑스 음악은 여러 가지 면에서 유럽의 다른 지역과 뚜렷이 구분되는 전통을 유지했기 때문이다. 가령 프랑스에서는 오래전부터 17세기와 18세기 프랑스 음악을 '바로크'라고 부르는 데 대한 끈질긴 거부감이 존재했다. 사실 음악에서 '바로크'라는 표현은 프랑스에서 처음 나왔는데도 말이다. 음악학자

노르베르 뒤푸르크Norbert Dufourcq는 '프랑스 바로크 음악'이라는 명칭 자체가 비역사적이라고 주장하면서 프랑스 최초의 아카데미가 설립된 1571년부터 대혁명, 혹은 베를리오즈까지 2세기가 넘는 시기 전체를 가리켜 '프랑스 고전음악la musique française classique'이라고 정의했다. 지휘자 장-프랑수아 파야르 역시 자신의 책◈에서 이 시기 프랑스 음악은 독일이나 이탈리아 음악과 같은 관점에서 볼 수 없다며 바로크가 아닌 '고전음악'이라고 규정했다.

물론 나름대로 설득력이 있는 주장이기는 하다. 하지만 '고전classic/classique'이라는 명칭이 지닌 범용성은 이해를 돕는다기보다는 문제를 더 복잡하게 만드는 것 같다. 게다가 프랑스 음악의 독특한 정체성을 지나치게 강조하다 보면 바소 콘티누오처럼 프랑스 음악에도 존재했던 바로크 양식이나 이탈리아 음악의 지속적인 영향을 간과할 위험이 있으며, 18세기 후반에서 19세기 초반 프랑스 음악을 따로 드러내거나 구분하기도 힘들다. 그래서인지 프랑스에서는 '17세기와 18세기 프랑스 음악'이라는 중립적인 표현을 쓰는 이들도 있다. 하지만 앞으로 보편적인 공감을 얻는 명칭이 나오기 전까지는 통상적인 방식대로 '프랑스 바로크 음악'과 '프랑스 고전주의 음악'이라는 명칭을 쓰는 게 좋을 듯하다.

◈　Jean-François Paillard, *La Musique Française Classique*(1960), 국내에는 『프랑스 고전음악』이라는 제목으로 번역·출판되었다.

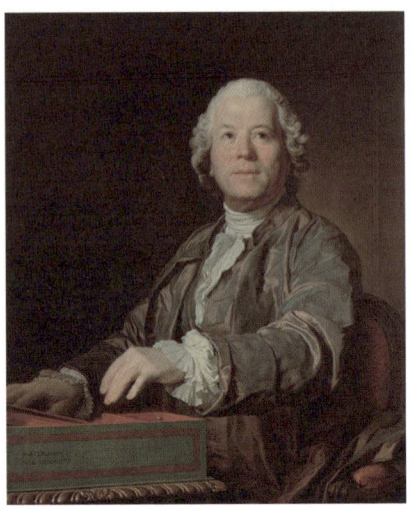

조제프 시프레드 뒤플레시스, 「크리스토프 빌리발트 글루크」(1775)

앙시앵레짐과 프랑스 음악

음악사에서는 간단하게 언급하고 넘어가는 경우가 많지만, 17세기 중반부터 18세기 초반까지 이탈리아 음악이 유럽을 휩쓰는 가운데 프랑스만 독자적인 전통과 취향을 고수하며 고립된 정체성을 지켰음은 놀라운 일이다. 1세기 넘게 오페라 극장의 정규 레퍼토리에서 사라지지 않았던 륄리의 음악 비극이 좋은 예다. 세상을 떠난 작곡가의 작품을 100년 이상 계속 연주한다는 건 ― 극소수의 예외를 제외하면 ― 상상하기 힘든 시대였기 때문이다. 독일이나 영국에서는 이탈리아 유행에 밀려서 오페라 전통이 사실상 없어지다시피 한 걸 생각하면 더욱 그렇다. 그 배후에는 루이 14세가 1669년에 설립한 이래 국가 기관으로서 수도와 지방의 모든 오페라를 통제했던 왕립 음악 아카데미Académie Royale de Musique◈가 있었다. 즉 아카데미와 륄리 오페라는 단순한 음악 기관이나 극장, 혹은 작품이 아니라 국가의 상징이었다.

하지만 이 모두를 절대왕정의 통제와 주도만으로 설명하기는 힘들며, 사회 전반에 걸쳐 프랑스 문화와 고유한 취향을 선호했기에 가능했다고 해야 옳다. 그 밖에 다른 나라에 비해 외국 (특히 이탈리아) 여행을 많이 하지 않았던 프랑스 귀족, 그리고 시즌이 훨씬 길었던 아카데미의 특수한 상황도 언급해야겠다. 아무튼, 그 이면에는 오랜 내란과 분열을 마감한 태양왕 루이 14세 치세에 이루어진 국가적 안정과 국제적 위신에 대한 환상, 혹은 노스탤지어가 있었다. 그렇기에 몇 차례에 걸쳐 이탈리아 오페라가 상연되었을 때 프랑스 청중의 반응은 대체로 호의적이지 않았고, 끈질긴 반대의 목소리가 있었다. 1750년대 초반에 일어났던 '부퐁 논쟁Querelle des Bouffons'도 옛 음악 비극을 극장에서 몰아내지는 못했다.◈ 오히려 그 반동으로 1760년대부터 1770년대 초까지 륄리 오페라의 연주 횟수는 예전보다 더

◈ 왕립 음악 아카데미는 사실상 국립 오페라단이었기 때문에 당대부터 흔히 오페라 Opéra라고 불렸고, 지금도 프랑스어에 그 흔적이 남아있다. 이 글에서는 혼동을 피하기 위해서 혁명 후 명칭이 바뀌는 시점까지 '아카데미'라고 통일해서 부르기로 한다.

◈ 루소Jean-Jacques Rousseau는 『고백록Confessions』에서, 프랑스 음악 양식을 공격하는 글을 발표한 후에 아카데미의 오케스트라 연주자들이 자신의 인형을 만들어서 목을 매달았다고 썼다.

늘어났다.

　이탈리아 음악의 영향을 많이 받았고 또 궁정의 총애를 받지도
못한 라모Jean-Philippe Rameau는 18세기 전반을 통틀어 매우 예외적이
면서 상징적인 존재로, 대체로 수준이 떨어지는 동시대 작품과 비교
하면 거의 혼자서 프랑스 오페라를 짊어졌다고까지 말할 수 있다.
하지만 너무나 독창적이고 어떤 면에서는 시대를 앞섰기에 보편적
인 모범이 될 수는 없었다. 라모가 세상을 떠나고 10년 후인 1774년
에 루이 16세가 즉위하면서 프랑스 음악에 대대적인 변화가 일어났
다. 먼저 륄리와 그 후계자들의 음악 비극이 사실상 아카데미 레퍼
토리에서 삭제되었고,⑤ 글루크와 몇몇 이탈리아 작곡가들, 그리고
그레트리André Grétry와 몽시니Pierre-Alexandre Monsigny 등의 오페라 코미
크가 빈자리를 채웠다. 콩세르 스피리튀엘Concert Spirituel에서도 옛 교
회 음악이 프로그램에서 사라지기 시작했다. 1784년에는 루이 16세
의 칙령으로 왕립 가창 학교École Royale de Chant가 설립되었으며, 대혁
명 후인 1795년에 최초의 현대적 교육기관인 파리 음악원Conservatoire
de Paris으로 이어진다. 당대인들은 이런 음악계의 변화를 가리켜 '음
악의 혁명'이라고 불렀다. 정치 혁명보다 15년 앞서 음악 혁명이 시
작된 셈이다.

---

⑤　륄리는 1779년의 〈테제Thésée〉, 라모는 1784년의 〈카스토르와 폴뤽스Castor et Pollux〉
　를 마지막으로 아카데미 레퍼토리에서 사라졌다.

오페라 - 글루크와 그레트리

파리의 상징 중 하나인 팔레 가르니에^{Palais Garnier}를 찾는 사람들은 현관^{Grand Vestibule}에서 륄리, 라모, 헨델, 그리고 글루크의 석상을 만날 수 있다. (최소한 이 극장을 건립한 19세기 후반 프랑스 음악의 관점에서) 오페라 역사상 가장 중요한 인물이라는 뜻이다. 그중 륄리와 글루크는 외국 출신으로서 프랑스 오페라를 새롭게 했다는 점에서, 또 독창적인 모험가라기보다는 기존의 것을 명쾌하게 정리하고 엮어낸 사람이었다는 점에서 비슷하다. 글루크는 자신의 약점을 오히려 자산으로 활용할 수 있는 사람이었다. 단순한 장조 선율과 화성으로 신랄하고 깊이 있는 감정을 표현했다는 점에서 헨델이나 모차르트와 견줄 만하다.

크리스토프 빌리발트 글루크^{Christoph Willibald Gluck}는 빈에서 1762년 〈오르페우스와 에우리디케^{Orfeo ed Euridice}〉로 시작해서 〈파리스와 헬레네^{Paride ed Elena}〉까지, 일련의 개혁 오페라를 발표한 후 1773년부터 1779년까지 다섯 차례에 걸쳐 파리를 방문해서 프랑스 오페라를 발표했다. 그가 추구한 오페라 개혁이 본질적으로 이탈리아와 프랑스 오페라의 결합이었다는 점에서 필연적인 결과였다. 글루크는 프랑스-오스트리아 동맹(1756) 이후 빈에 소개된 프랑스 오페라-코미크와 발레-판토마임을 편곡하며 영감을 얻었으며, 륄리와 라모 오페라를 주의 깊게 연구했다. 게다가 제자였던 마리-앙투아네트가 1770년에 프랑스 왕세자빈(1774년부터 왕비)이 되면서 아카데미에 직접 관여했고, 옛 스승을 초청했다.◈ 글루크가 파리에서 발표한 첫

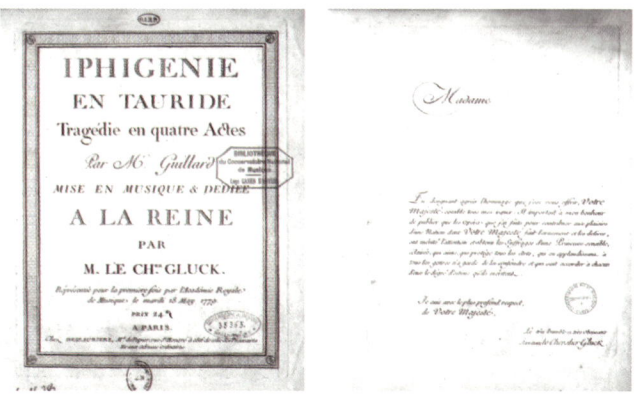

〈타우리스의 이피게네이아〉 출판본(1780)

오페라 〈아울리스의 이피게네이아Iphigénie en Aulide〉는 1774년 4월에 초연되어 대대적인 성공을 거두었고, 프랑스 양식으로 개작한 〈오르페우스와 에우리디케Orphée et Eurydice〉는 더 열광적인 반응을 얻었다.

글루크의 최고 걸작은 1779년에 초연된 〈타우리스의 이피게네이아Iphigénie en Tauride〉다. 지금도 신선하게 들리는 '현대적인' 음악 비극으로서 명쾌한 오케스트라와 다채로운 형식, 극과 음악의 조화, 잘 녹아든 발레와 합창 등 라모나 모차르트의 걸작과 나란히 비교할 수 있는 작품이다. 하이든이 중년의 원숙한 작품을 발표하기 시작하고 모차르트는 막 거장으로 발돋움하던 시기, 글루크는 고사 상태에

◇ 잘 알려지지 않은 사실이지만, 마리-앙투아네트는 글루크, 피치니, 사키니, 살리에리, 케루비니, 그레트리, 고세크 등을 적극적으로 후원하며 프랑스 음악의 개방과 국제화에 공헌했다.

옛 음악, 새 연주

이른 낡은 프랑스 음악 비극에 새로운 활력을 불어넣으며 고전파 오페라를 완성한 셈이다. 글루크 오페라는 파리를 뒤흔들었다. 디드로Denis Diderot나 그림Friedrich Melchior Grimm은 글루크 음악의 '단순미'가 프랑스 오페라를 망가뜨렸던 갈랑트 양식에 최후의 일격을 가했다고 평했으며 저 루소마저도 "글루크의 오페라가 내 생각을 뒤집었다… 지금까지 내 생각이 틀렸으며, 이제 프랑스어로도 강렬하고 풍부한 감정을 담은 음악이 가능함을 인정한다"라며 찬사를 보냈다. 그 후 그레트리, 르 쉬외르, 메윌Étienne Méhul, 케루비니Luigi Cherubini도 글루크의 모범을 따른 오페라를 썼으며 하이든과 프랑스 작곡가들의 교향곡도 글루크 오페라와 발레에서 큰 영향을 받았다. 19세기로 접어든 후에도 글루크의 영향력은 없어지지 않았고, 베를리오즈는 1859년에 〈오르페우스와 에우리디케〉의 이탈리아-프랑스어 판본을 절충해서 낭만주의 양식으로 편곡한 후 무대에 올려 큰 반향을 불러일으켰다.

글루크와 더불어 18세기 후반 프랑스에서 가장 중요한 오페라 작곡가는 글루크처럼 외국(벨기에 리에주) 출신이었던 그레트리였다. 글루크가 주로 음악 비극을 새롭게 했다면, 그레트리는 오페라-코미크opéra comique◇를 완성했다. 그레트리는 1767년에 파리로 이주

◇ 오페라-코미크는 '코믹 오페라'라는 뜻이지만 그 기원과 역사가 복잡하며, 의미도 시대에 따라 달라졌다. 본래는 18세기 초에 기존의 선율에 새로운 가사를 붙인 노래vaudeville가 곁들여진 풍자적인 연극을 뜻했는데, 18세기 중반이 되면 이탈리아 오페라 부파의 영향을 받은 음악에 말로 낭송하는 대사가 결합된 오페라 장르가 되었다.

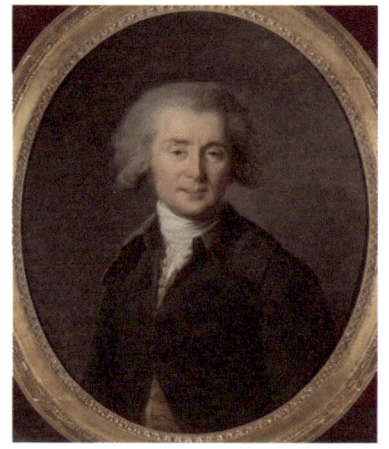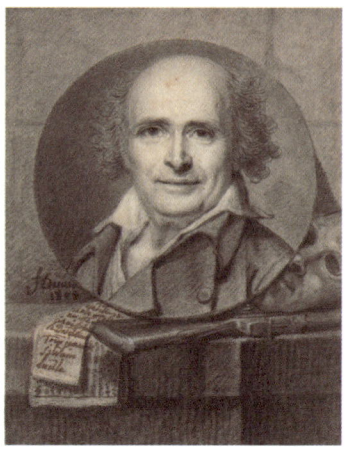

(좌) 엘리자베트 루이즈 비제 르 브룅, 「앙드레 그레트리」(1785)
(우) 프랑수아 뒤몽, 「앙드레 그레트리」(1808)
가발을 쓴 고전적 화풍의 1785년 초상화와 대머리를 드러내고 배경에 총이 있는
1808년 목탄 초상화가 대조적이다.

한 후 가벼운 오페라-코미크로 선풍적인 인기를 얻었는데, 1773년에
는 그때까지 '진지한' 오페라만 무대에 올렸던 아카데미에 진출해서
기존의 비극과 희극 오페라의 경계를 허문 작품을 발표했다. 백과전
서파가 추구했던 진보적인 취향을 반영한다고 할 만하다. 그의 대표
작으로 꼽히는 1784년작 〈사자심왕 리샤르(리처드)Richard Coeur-de-lion〉
는 좋은 예로, 오페라-코미크의 소재를 역사물이나 '정극'으로 확대
했다.⑧ 이탈리아풍 선율과 프랑스어 운율의 조화를 통해서 가사에

---

⑧ 이런 흐름은 그 후로 계속 이어져서, 가령 케루비니의 〈메데Médée〉나 비제의 〈카르멘
Carmen〉도 오페라-코미크지만 어둡고 무거운 소재를 다루었다.

담긴 감정을 현실감 있게 표현했고, 특정 선율을 상징적인 의미로 되풀이하는 기법도 눈에 띈다. 또 이 오페라에 담긴 '주인공의 구출'이라는 주제는 이후 베토벤의 〈피델리오〉에 이르기까지 큰 영향을 미쳤다.

　글루크와 그레트리가 재확립한 프랑스 오페라의 가장 중요한 계승자 중 한 명은 모차르트였다. 글루크처럼 파리 음악계에 진출하고자 했으나 실패했던 모차르트는◈ 파리에서 글루크 오페라에 감동했고, 1781년에 외형적으로는 이탈리아 오페라 세리아지만 실제로는 프랑스 음악 비극에 가까운 〈이도메네오Idomeneo〉를 발표하며 처음으로 오페라에서 전체 주제와 화성을 유기적으로 결합했다. 실제로 들어보면 작품 구성이나 화성 진행, 목관 앙상블과 합창단의 활용 등에서 두 편의 '이피게네이아' 오페라와 대단히 흡사한데, 글루크의 오페라 개혁에 대한 모차르트의 응답이라고 할 만하다. 모차르트는 빈으로 이주한 후에도 글루크와 그레트리 오페라를 계속 연구했고◉ 〈후궁으로부터의 유괴Die Entführung aus dem Serail〉나 다폰테 삼부

◈　모차르트가 1778년에 방문했을 당시 파리 음악계는 글루크와 피치니 지지자들 사이의 격렬한 갈등이 한창 펼쳐지는 중이었다. 모차르트는 글루크가 네 번째 파리 방문을 마치고 빈으로 돌아간 직후인 1778년 3월 말에 파리에 도착했고, 글루크가 다섯 번째 파리 방문을 하기 한 달 전인 9월 말에 파리를 떠났다.

◉　모차르트는 1781년 빈에서 〈타우리스의 이피게네이아〉가 초연되었을 때 모든 리허설에 참석했으며, 제자인 요제프 프랑크Joseph Frank의 회고에 의하면 빈 시절에도 극적인 효과를 공부하기 위해서 글루크와 그레트리의 '프랑스 오페라'를 계속 연구했다.

작에도 글루크와 그레트리의 흔적이 엿보인다.

기악 – 고세크와 슈발리에 드 생-조르주

18세기 후반 프랑스 음악의 변화는 기악 음악에서도 나타났다. 베르사유 궁정이 파리의 음악 문화를 이끌었던 루이 14세 시대와는 달리 18세기에 접어들어서는 파리가 음악 문화를 주도했고, 특히 콩세르 스피리튀엘(1725~1790)이나 콩세르 데 아마퇴르Concert des Amateurs, 1769~1781,[①] 콩세르 드 라 로주 올랭피크Concerts de la Loge Olympique, 1782~1789 같은 대중 음악회 시리즈는 1750년대부터 이탈리아와 만하임 악파의 국제적인 기악 양식을 파리 청중에게 소개하며 신선한 자극을 주었다. 4성부 텍스추어를 갖춘 도베르뉴Antoine Dauvergne의 1751년작 〈콩세르 드 생포니Concerts de simphonies〉는 프랑스 고전파 교향곡의 출발을 알리는 작품이며, 가장 중요한 작곡가는 고세크François-Joseph Gossec였다. 벨기에의 에노 출신인 고세크는 1751년에 파리로 이주했는데, 콩세르 데 아마퇴르(1769~1773)와 콩세르 스피리튀엘(1773~1777)의 음악감독, 아카데미의 음악감독과 총감독(1775~1789), 파리 음악원 교수(1795~1816) 등을 역임하며 거의 70여 년 동안 파리 음악계의 중심인물이었다. 고세크는 1756년에 첫 교향곡을 발표하면서 처음에는 3악장의 이탈리아 양식을 따랐지만, 점

[①] 고세크가 직접 창설한 단체로, 1773년에 경쟁 단체인 콩세르 스피리튀엘로 옮기면서 감독직을 슈발리에 드 생-조르주에게 넘겼다.

차 만하임 악파의 영향을 받아 미뉴에트 악장을 포함한 4악장 구조와 두 개의 주제를 포함한 소나타 양식, 그리고 풍성한 음향이 돋보이는 교향곡 형식을 확립했다. 그가 쓴 60여 곡의 교향곡은 하이든, 삼마르티니Giovanni Battista Sammartini와 더불어 초기 교향곡의 중요한 유산이라고 할 만하다. 가령 1761년에 발표한 교향곡 D장조는 프랑스에서 클라리넷을 처음으로 쓴 교향곡이며, 다양한 관악기를 활용한 풍부한 음색은 베를리오즈를 예고한다. 그런가 하면 외국 작곡가도 적극적으로 소개했는데, 1773년에 프랑스에서 처음으로 하이든 교향곡을 지휘해서 '하이든 신드롬'⑫을 불러일으킨 장본인이었으며 아카데미에 재직할 때는 글루크를 적극적으로 지지했다. 그 밖에 다보Jean-Baptiste Davaux의 〈대규모 오케스트라를 위한 세 곡의 교향곡〉(1784)도 중요한 작품이다.

협주곡 분야에서는 최근 들어 흑인 작곡가이자 바이올린 비르투오소로서 재조명받는 조제프 볼로뉴Joseph Bologne, 일명 슈발리에 드 생-조르주Chevalier de Saint-Georges를 주목할 만하다. 프랑스 식민지인 과달루페에서 프랑스인 아버지와 흑인 노예 사이에서 태어난 생-조르주는 일곱 살 때 프랑스로 이주해서 공부한 후 탁월한 펜싱 마스터로 명성을 날리다 1769년에 바이올리니스트로 데뷔해서 파리 사람들을

---

⑫ 하이든 교향곡은 그 후 프랑스 음악계에서 큰 인기를 끌었다. 그레트리는 『회고록 Mémoires』에서 하나의 주제를 기반으로 음악적 건축을 구축하는 하이든 음악에 찬사를 보내며 모범으로 삼아야 한다고 역설하기도 했다.

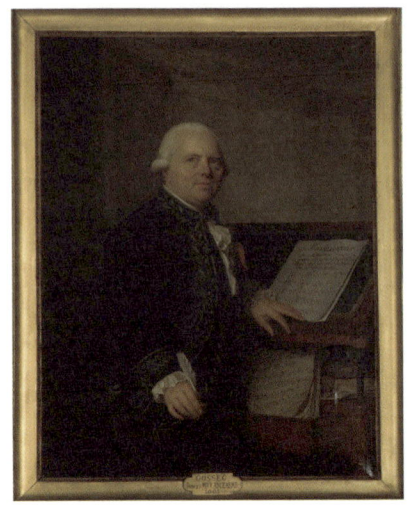
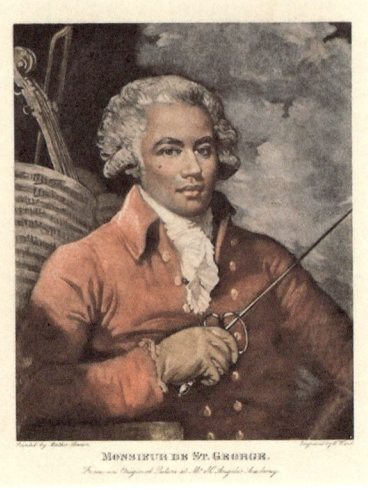

(좌) 앙투안 베스티에, 「프랑수아-조제프 고세크」(1791)
(우) 윌리엄 워드, 메이서 브라운, 「조제프 볼로뉴, 슈발리에 드 생-조르주」(1788)

놀라게 했다. 1771년에는 '아마퇴르'의 악장이 되었으며, 독주 활동은 물론 고세크의 뒤를 이어 '아마퇴르', 그리고 그 후신인 '올랭피크'의 음악감독으로 활동했다. 당시 '올랭피크' 오케스트라는 규모나 연주력 모두 유럽 최고 수준의 앙상블로, 1786년에는 생-조르주가 직접 하이든에게 〈파리〉 교향곡 여섯 곡(82~87번)을 의뢰해서 이듬해에 초연하기도 했다. 그가 1770년대에 발표한 열두 곡의 바이올린 협주곡과 여덟 곡의 생푸니 콩세르탕트⑬도 큰 인기를 얻었는데, 모차르

⑬ 여러 곡의 독주 악기가 등장하는 생포니 콩세르탕트는 프랑스에서 유독 많은 사랑을 받은 형식으로, 모차르트도 파리를 방문했을 때 이 장르의 작품을 썼다.

트를 떠올리게 하는 우아한 균형미에 하이포지션과 더블 스토핑 등 독주 바이올린의 화려한 기교를 강조한 인상적인 작품들이다.

실내악과 독주곡 분야에서도 의미 있는 움직임이 있었다. 1760년대와 1770년대에 하이든과 보케리니, 슈타미츠의 현악사중주가 출판되면서 프랑스에서도 현악사중주가 인기를 얻기 시작했으며, 이에 영향을 받아 고세크, 슈발리에 드 생-조르주, 그레트리, 다보, 자댕Hyacinthe Jadin도 현악사중주를 썼다. 프랑스에서는 네 악기가 대등하게 대화를 나누는 사중주를 '콩세르탕트(콘체르탄테) 사중주Quatuor concertants', 제1바이올린이 주선율을 도맡으며 주인공으로 활약하는 사중주를 '화려한 사중주Quatuor brillant'라고 불렀는데, 전반적으로 빈 작곡가들이 후자를 선호했고 프랑스 작곡가들은 전자를 선호했다. 이런 작품은 대개 갈랑트풍의 가벼운 음악으로 마지막 악장은 춤곡으로 마무리되며, 온슬로George Onslow와 케루비니, 라이하Anton(Antoine) Reicha까지 이어졌다.

프랑스 대혁명과 음악

프랑스 대혁명은 음악에도 큰 영향을 미쳤다. 무엇보다도 혁명은 예술이 무엇을, 누구를 위해 존재하느냐에 관한 근본적인 질문을 던졌다. 그리고 자연 현상과 혁명 사상, 음악적 수사를 하나로 연결하는 미학은 베토벤을 비롯한 당대 작곡가들에게 광범위한 영향을 미쳤다. 또 혁명은 현실적인 프랑스 음악 문화에도 변화를 몰고왔다. 구체제의 음악 수요자였던 궁정과 귀족, 교회가 사실상 붕괴했고, 아카데미의 특권과 독점권이 철폐되었다.⑭ 가장 큰 타격을 받은 분야는 교회 음악이었는데, 로베스피에르가 '이성'을 섬기는 종교를 세우고 가톨릭교회를 폐지하면서 1801년 정교 협약까지 사실상 교회 음악이 사라졌기 때문이다.⑮ 수천 대의 오르간과 방대한 악보, 음악 문헌이 파괴되었으며, 교회 음악가도 자리를 잃었다. 그래서인지, 19세기에 접어든 이후 제정과 왕정복고 시대의 프랑스 교회 음악에서는 케루비니의 레퀴엠 C단조(1816)나 대관식 미사(1819)에서 볼 수 있듯 18세기 프랑스 전통보다는 하이든과 모차르트, 그리고 오페라풍 음악을 결합한 새로운 양식을 엿볼 수 있다.

10여 년 동안의 혁명 시기에 실내외에서 행해졌던 다양한 행사에서는 장송곡이나 행진곡, 혁명가 등을 연주했는데, 고세크나 메윌, 케루비니, 자댕, 르 쉬외르 등이 모두 이런 작품을 썼다. 가령 고세크는 대혁명이 일어난 후 재빨리, 그리고 적극적으로 혁명에 협력했는데, 혁명가와 행진곡에 다양한 국가 행사를 위한 음악을 도맡다시피 해서 '혁명의 튀르타이오스Tyrtée de la Révolution'라는 호칭까지 받았고「라마르세예즈La Marseillaise」가 등장하는 〈자유에 바치는 헌정 L'Offrande à la liberté〉 같은 작품은 혁명 집정부의 공식 음악으로 지정되어 1792년부터 1799년까지 약 150번이나 상연되었다. 흔히 관악 파

---

⑭ 이름도 '국립 오페라Opéra national'로 바뀌었다.

⑮ 고세크가 바스티유 감옥 습격 1주년을 기념해서 쓴 〈테 데움Te Deum〉 같은 '행사 음악'은 예외적인 경우라고 할 수 있다.

트가 강조된 이런 대편성 작품들은 음악적으로도, 극적으로도 단순해서 오래가지 못했고 오늘날 거의 잊혔다.[16] 다만 당대 유럽 음악에 일정한 영향을 미쳤는데, 가령 독일 음악학자 아르놀트 슈미츠Arnold Schmitz와 지휘자 가디너John Eliot Gardiner에 의하면 베토벤 교향곡 5번 서두의 저 유명한 네 음표 리듬은 케루비니가 1794년에 쓴 「판테온 찬가Hymne du Panthéon」에서 영향을 받았다. 또 같은 교향곡의 피날레 악장이나 〈에로이카〉 교향곡의 장송행진곡Marcia funebre도 당대 프랑스 음악의 영향을 받은 예다.

하지만 정작 혁명 이후 프랑스 음악은 오페라를 제외하고서는 눈에 띄게 활력이 떨어졌다. 기악 분야가 특히 그런데, 가령 교향곡 장르를 예로 들면 혁명 전에 수백 곡이 출판된 데 비해서 1790년부터 베를리오즈의 〈환상교향곡Symphonie fantastique〉이 나온 1830년까지 40여 년 동안 출판된 교향곡은 60곡도 안 된다. 메윌은 하이든과 모차르트 교향곡이 압도적인 인기를 얻으면서 프랑스 작곡가들의 활동이 위축된 결과라고 말했다. 그래도 1809년에 발표된 고세크의 〈17성부 교향곡Symphonie à 17 parties〉, 그리고 메윌의 교향곡 네 곡은 언급할 만하다. 고세크 교향곡은 혁명 시기에 관악 파트가 확장된 대

---

[16] 지금도 프랑스 군가나 대통령 찬가 등으로 쓰이는 메윌의 「출정의 노래Chant du départ」 정도를 예외로 들 수 있다. 다른 장르도 마찬가지인데, 가령 1790년부터 1800년 사이에 프랑스 대혁명을 소재로 한 오페라가 50편 이상 만들어졌지만 지금까지 연주되는 것은 단 하나도 없다.

규모 야외 음악을 쓴 경험이 교향곡 장르에서 결실을 거두었다는 느낌이며, 메월 교향곡은 최근 들어 베토벤 교향곡과의 연관성이 주목받고 있다. 고세크 교향곡과 메월의 교향곡 1번, 베토벤 교향곡 5번은 거의 같은 시기에 초연되었는데, 들어보면 작곡가들이 서로 영향을 주고받으며 같은 시대정신을 공유했음을 느낄 수 있다.

혁명은 음악가들의 삶에도 크고 작은 변화를 가져왔다. 고세크나 메월처럼 재빨리 혁명과 공화주의를 지지하고 또 그런 다음에는 나폴레옹 제정에도 잘 적응하면서 변함없이 활약한 음악가도 있었고, 반대로 어려움을 겪은 음악가도 있었다. 궁정 음악가였다는 이유로 해고당하고 연금이 끊긴 발바스트르Claude Balbastre나 영국으로 망명했던 비오티Giovanni Battista Viotti가 대표적인 예다. 그래도 음악은 계속 이어졌다. 콩세르 스피리튀엘(1790) 등 몇몇 상설 연주회는 문을 닫았지만 오페라 극장 오케스트라가 예약제 연주회를 열었고, 하이든 교향곡과 비오티 협주곡, 글루크와 프랑스 작곡가들의 오페라는 혁명 후에도 변함없이 대중의 사랑을 받았다.

프랑스 고전주의 음악의 종말

나폴레옹 제정과 왕정복고(1814)를 거치며 파리 음악원이 조직한 음악회 시리즈가 파리 오페라와 더불어 파리 음악계의 중심으로 떠올랐다. 바이올리니스트이자 지휘자였던 아브네크François Habeneck가 연주회를 이끌었는데, 1828년에는 이를 더 발전시켜서 음악원 교수와 제자들로 이루어진 파리 음악원 오케스트라Orchestre de la Société des Concerts du Conservatoire⑰를 창단했다. 아브네크는 오케스트라를 유럽 최고 수준으로 끌어올렸으며,⑱ 베토벤 교향곡 대부분을 처음으로 프랑스에 소개하고 베를리오즈 〈환상교향곡〉을 초연하는 등 19세기 전반 파리 음악계를 이끌었다. 1814년에는 피에르 바요Pierre Baillot가 현악사중주 시리즈를 시작하면서 대중 음악회로서의 실내악 연주가 본격적으로 시작되었다.

프랑스 대혁명 이후 서양 음악의 주도권은 독일과 오스트리아로 기울었지만, 그래도 파리는 유럽 음악의 중심지로서 영향력을 잃지 않았다. 오페라 극장과 음악원은 자타가 공인하는 유럽 최고의 기관이었으며, 악기 제작과 악보 출판의 중심지이기도 했다. 로시니, 벨리니, 도니체티는 이탈리아에서 성공을 거둔 후 파리로 이주해서 벨칸토 오페라의 황금기를 이룩했고 두세크Jan Ladislav Dussek, 훔멜Johann Nepomuk Hummel, 칼크브렌너Friedrich Kalkbrenner, 리스트Franz Liszt, 쇼팽Frédéric Chopin, 탈베르크Sigismond Thalberg 등 비르투오소 피아니스트들도 파리로 몰려들었다. 다만 이런 '외국인'들에 비해 프랑스 작곡가들은 상대적으로 위축되었고, 1860년대까지 오페라를 제외하면 프랑스 음악은 활력을 잃었다. 베를리오즈의 무지갯빛 관현악과 벨칸토 오

---

⑰ 파리 음악원 오케스트라는 1967년에 정부 주도하에 발전적으로 해체되어 파리 오케스트라Orchestre de Paris로 재탄생했다.

⑱ 바그너는 1840년에 아브네크와 파리 음악원 오케스트라가 연주하는 베토벤 교향곡 9번을 듣고서 작품의 진가를 비로소 이해할 수 있었다고 썼으며, 베를리오즈는 "음악의 신세계가 열리는 느낌이었다"라는 찬사를 보냈다.

페라가 울려 퍼지는 가운데, 프랑스 고전주의 음악도 슬그머니 역사 속으로 사라졌다.

추천 음반

† Grétry, Gossec, Pieltain, Gresnick: Concertos & Symphonies
 concertantes
 Guy van Waas, Les Agrémens
 (Ricercar)

† Grétry: Richard Coeur de Lion
 Hervé Niquet, Le Concert Spirituel
 (Château de Versailles)

† Gossec: Symphonies
 Concerto Köln
 (Capriccio)

† Gossec: Aux Armes, Citoyens!
 Mathieu Lussier, Les Jacobins
 (Atma Classique)

† Saint-Georges: Violin Concertos
 Takako Nishizaki, Cologne Chamber Orchestra
 (Naxos)

† Beethoven, Méhul, Cherubini: Symphonies & Overtures
 Akademie für Alte Musik Berlin
 (Harmonia Mundi France)

15장

러시아, 우크라이나, 보르트냔스키

러시아의 우크라이나 침공은 고통스러운 장기전으로 접어든 것 같다. 이 전쟁은 무엇보다도 먼저 침략을 당한 우크라이나에 큰 비극이지만, 공격을 감행한 러시아도 마찬가지다. 역사적으로 우크라이나는 러시아에게 언제나 유럽과 바다로 열린 창이었으며, 러시아는 우크라이나를 통해서 유럽의 일부가 되었기 때문이다. 즈비그뉴 브레진스키Zbigniew Brzezinski가 "우크라이나는 중부 유럽의 일부가 되어야 하며… 러시아가 이런 연계를 받아들인다면 러시아 또한 유럽의 일부가 된다는 결정을 의미한다"◇라고 한 이유다. 아무튼, 지금

◇　브레진스키, 『거대한 체스판The Grand Chessboard』(1997)

옛 음악, 새 연주

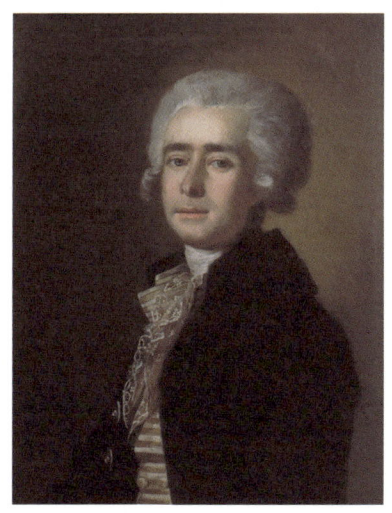

미하일 벨스키, 「드미트리 보르트냔스키」(1788)

러시아가 스스로 정체성을 부인하고 유럽의 일원이기를 포기하는 자기 파괴적인 몸부림을 하고 있음은 틀림없다. 17~18세기에 이루어진 러시아 음악의 태동은 러시아와 우크라이나의 복잡한 관계를 보여주는 좋은 예다.

러시아 음악의 독특한 정체성

언뜻 보면 러시아 고전음악은 19세기에 시작된 것처럼 보인다. 무리도 아니다. 그만큼 글린카^{Mikhail Glinka}에서 시작해서 '5인조', 그리고 무엇보다도 차이콥스키에 의해서 이루어진 폭발적인 '압축 성장'이 강렬하기 때문이다. 다만 이들은 저마다 러시아 음악 전통에 서유럽 음악의 형식을 접목하는 과정에서 유기적인 음악 형식, 특히 소나타 형식에서 어려움을 겪었다. 전통적인 러시아 음악의 선율과 화성, 구성 원칙은 소나타 형식의 근본 원리인 기승전결의 '성장과 발전'과 대치되기 때문이다. 서유럽 예술의 원리가 근본적으로 '운동'이라면 러시아 예술의 원리는 '정체'에 가깝다. 러시아의 전통적인 소설이나 희극을 봐도 저마다 독립된 '장면tableaux'으로 연결되는 경우가 많고, 민요 역시 대개 독립적인 선율이 계속 조금씩 바뀌면서 이어지는 일종의 변주 형태로 이루어진다. 따라서 한 주제에서 다른 주제로 논리적으로, 유기적으로 이행하는 '전개부transition', 즉 전조modulation가 러시아 작곡가들에게는 낯설고 성가신 개념이었다. 무소륵스키는 "독일인들은 생각할 때 먼저 이리저리 이야기한 다음에 입증한다. 하지만 러시아인들은 먼저 요점으로 직행한 다음에 이야기를 즐긴다"[2]라는 말로 이를 비유적으로 표현했다.

차이콥스키 교향곡은 좋은 예다. 일반적인 인식보다 훨씬 더 러시아적이었고 태생적으로 선율을 중시했던 차이콥스키는 건축물처럼 유기적으로 작품을 쌓아 올리는 소나타 형식을 받아들이기 힘들었다. 형식을 이해하지 못한 것이 아니라 그냥 자신에게 맞지 않았다고 해야겠다. 음악을 건축물처럼 생각했던 모차르트나 베토벤(그들의 작곡 방식에서도 선명하게 드러난다)과 반대로 차이콥스키는 먼저 선율을 떠올렸으며, 그 선율은 자체로 완전하고 독립적이어서 오히려 형식 안에서 변화하기가 힘들었다. 하지만 차이콥스키는 초기

---

[2] 무소륵스키가 림스키코르사코프에게 보낸 편지(1868. 8. 15)

옛 음악, 새 연주

교향곡에서 분투한 끝에 4번에서 드디어 성공을 거두었다. 그는 리스트를 비롯한 서유럽 작곡가들의 교향시를 주의 깊게 관찰해서 같은 주제를 여러 악장에서 재현하는 '순환 형식cyclic form', 서로 다른 주제를 하나로 결합하는 방식, 주제를 변용해서 또 다른 독립 주제로 전개하는 방식을 습득했다. 즉 '잘 정리된 대화'가 아니라 선율과 화성, 리듬, 음색을 서로 독립적으로 다루는 '병치와 대조'로 소나타 형식을 돌파했다. 이렇게 러시아 음악의 역사는 서로 완전히 다른 두 음악 전통을 하나로 엮으려 했던 분투의 흔적이다. 그 과정은 차이콥스키나 글린카보다 훨씬 전부터 시작되었고, 생각보다 복잡하다.

정교회 음악과 러시아

러시아 음악의 기원을 이야기하자면 우크라이나와 맞닥뜨리게 된다. 두 나라가 키예프(키이우) 공국이라는 하나의 뿌리를 공유하기 때문이다. 키예프 공국(9세기 후반~13세기 중반) 시절부터 음악에 관한 기록이 엿보이는데, 서유럽이나 비잔틴 제국에서 들어온 구슬리gusli(치터 비슷한 현악기)나 구독gudok(레벡 비슷한 현악기) 같은 악기들이 등장했다. 가령 림스키코르사코프의 오페라로 유명한 사드코Sadko는 구독 연주자로 묘사된다. 키예프 공국은 10세기에 동로마(비잔틴) 제국으로부터 정교회 신앙을 받아들였는데, 13세기에 몽골의 침략으로 나라가 붕괴한 후에도 정교회 신앙은 그 뒤를 이은 여러 동슬라브 국가들의 토대가 되었다. 러시아 역시 모스크바 공국을 거쳐 루스 차르국, 러시아 제국으로 이어지면서 계속 정교회의 강한

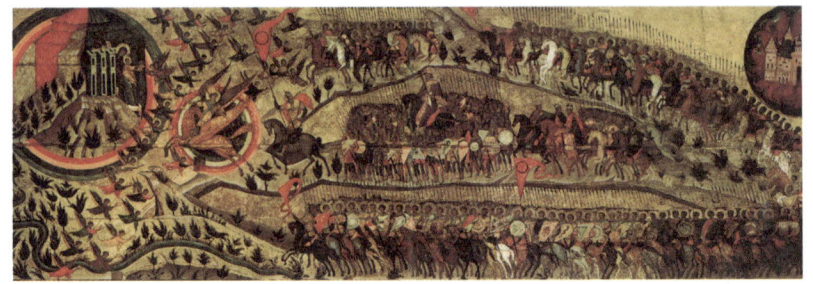
작자 미상, 이콘 「복된 천상 군대」(1550~1560년경)

영향을 받았다. 정교회 신앙에서는 말씀과 전례와 미술, 음악이 모두 상호보완적인 존재로, 창조주의 계시는 단지 말씀이 아니라 그 모두를 통해서 전해진다. 따라서 엄격한 도상을 따라야 하는 성상인 이콘 icon에서도 엿볼 수 있듯이 정교회의 종교 예술은 기본적으로 창작보다는 보존에 가깝고 '발전'이라는 개념이 희박하다. 음악도 마찬가지여서 정교회 교회 음악은 오랫동안 엄격한 단성가를 고수했고 종소리를 제외한 어떤 악기도 금지했다. 더불어 세속음악에도 매우 적대적이었다. 그렇기에 12세기부터 즈나메니znamenny/знаменный 성가라 불리는 화려한 단성가 전통이 꽃을 피웠지만 서유럽에서 펼쳐진 음악적 변화는 러시아에 별다른 영향을 주지 못했다. 뇌제雷帝라 불리는 이반 4세(재위 1533~1584)처럼 음악에 관심이 많은 이들이 서유럽 음악에 흥미를 보였지만, 단편적이고 제한적이었을 뿐이다.

하지만 17세기부터 정교회에서도 제한적으로 다성음악을 허용하기 시작했고 서유럽의 콘체르타토 양식을 정교회 찬가에 접목하려는 시도가 등장했다. 그 통로는 우크라이나였다. 우크라이나는 가

270

톨릭 신앙을 믿는 폴란드-리투아니아의 지배를 받으면서 폴리포니 교회 음악을 받아들였다. 그런데 러시아가 17세기 중반부터 1세기에 걸쳐 우크라이나를 조금씩 자국 영토로 병합하면서(서쪽은 오스트리아-헝가리 영토가 되었다) 폴리포니 음악이 다시 러시아로 전파되었기 때문이다. 가령 우크라이나(코사크 헤트만국)⊗의 수도였던 흘루히브Hlukhiv에는 1738년에 음악 학교가 설립되었는데, 반세기 이상 상트페테르부르크의 황실 경당 가수들은 이곳 출신으로만 채워졌고 저명한 음악가를 많이 배출했다. 이렇게 러시아로 유입된 서유럽풍의 종교음악은 토속어로 노래하는 교회 바깥의 종교적 노래에서 처음 등장한 이후 딜레츠키Nikolai Diletsky, c.1630~c.1680와 티토프Vasily Titov, c.1650~1715 같은 작곡가들이 서유럽 음악의 화성과 콘체르타토 양식을 가미한 정교회 찬가를 만들었다. 이들이 쓴 성악 콘체르토를 들으면 단성가 전통에 충실하면서도 음악이 텍스트의 감정을 표현하려고 한다는 점에서 몬테베르디나 하인리히 쉬츠를 떠올리게 된다.

러시아 음악과 서유럽 음악의 만남

1682년에 등극한 표트르 1세가 강력한 서구화 정책을 펼치면서 러시아 음악도 큰 변화를 맞게 된다. 표트르 1세는 딱히 음악

⊗ 코사크 헤트만국: 1649~1764년에 존재했던 자포리자 코자키 국가. 오늘날의 우크라이나 중부에 해당하며, 러시아의 종주권을 인정하면서 자치를 누렸다. 예카테리나 2세에 의해 점차 자치권이 축소되었고 최종적으로 러시아 제국 직할령으로 예속되었다.

을 좋아하지는 않았지만 음악을 포함한 서유럽 예술이 문명의 상징이라고 생각했고, 새로 건설한 수도인 상트페테르부르크 궁정에 외국인 음악가들을 초청하기 시작했다. 뒤를 이은 통치자들, 특히 세 명의 여성 차르인 안나 이바노브나(재위 1730~1740), 엘리자베타(1741~1762), 예카테리나 2세(재위 1762~1796)는 모두 이런 생각을 물려받았다. 안나 이바노브나는 자신의 즉위식을 축하하기 위해서 당시 폴란드 왕 겸 작센 선제후 아우구스트 2세를 통해서 이탈리아 오페라단을 초청했다. 1731년에 모스크바에서 초연된 리스토리 Giovanni Alberto Ristori의 코믹 오페라 〈칼란드로Calandro〉는 러시아에서 상연된 최초의 오페라였다. 또 비발디와 타르티니의 제자였던 달로글리오Domenico Dall'Oglio를 비롯한 이탈리아 음악가들을 영입해서 궁정 오케스트라를 조직했고 1732년에는 황실 예술원을 설립했다. 1735년에 궁정악단장에 취임한 나폴리 출신의 프란체스코 아라이아 Francesco Araja는 25년 동안 봉직하면서 이탈리아 오페라단을 상설 기구로 만들었으며, 거의 매해 한 편씩 궁정에서 자신의 오페라를 상연했다. 그중 1755년에 발표한 〈세팔루스와 프로크리스Tsefal I Prokris/ Цефал и Прокрис〉는 역사상 최초의 러시아어 오페라로, 대본은 러시아 고전 문학의 대가 알렉산드르 수마로코프Aleksandr Sumarokov가 썼고 러시아 성악가들이 무대에 섰다. 그런가 하면 1734년에는 프랑스 출신의 랑데Jean-Baptiste Landé, 1736년에는 이탈리아 출신의 리날디Antonio Rinaldi 등 뛰어난 무용수들이 등장해서 러시아 발레의 기초를 놓았고 1738년에는 러시아 황실 발레학교가 설립되었다. 이런 과정을 거치

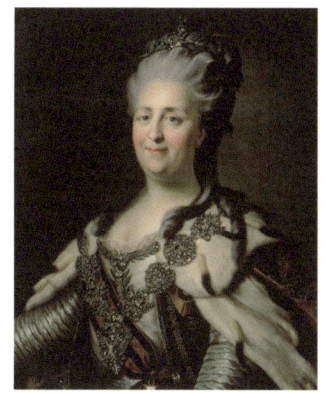
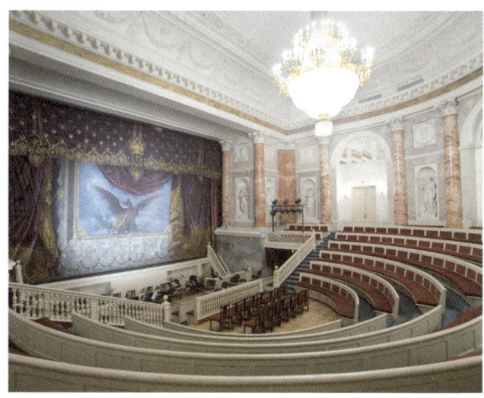

(좌) 요한 밥티스트 람피, 「예카테리나 2세」(1780년경)
(우) 에르미타주 극장

며 서유럽 음악, 특히 이탈리아풍의 오페라와 실내악, 건반 음악은 러시아 귀족 사회에 단단히 자리 잡았다.

  엘리자베타와 예카테리나 2세는 더욱 적극적으로 외국 음악가들을 초청했다. 1755년에는 당대 최고의 카스트라토 가수 중 한 명으로 헨델, 하세와 함께 작업했던 카레스티니가 상트페테르부르크 궁정을 방문해서 아라이아의 오페라에 등장했고, 만프레디니Vincezo Manfredini, 갈루피, 파이시엘로Giovanni Paisiello, 사르티Giuseppe Sarti, 치마로사Domenico Cimarosa 등 저명한 이탈리아 오페라 작곡가들이 궁정악단장으로 활동했다. 점차 프랑스와 독일 음악가들도 등장했는데, 가령 라우파흐Hermann Friedrich Raupach는 1758~1762년에 궁정악단장으로 활동하기도 했다. 예카테리나 2세의 치세로 접어들면서 모스크바 볼쇼이 극장(1776), 상트페테르부르크 볼쇼이(카메니) 극장(1783)

을 필두로 주요 도시에 공공 극장이 설립되고 부파 오페라가 큰 인기를 끌게 되었다. 열렬한 음악애호가였던 엘리자베타와는 달리 예카테리나 2세는 오페라를 아주 좋아하지는 않았지만(프랑스 연극과 문학을 더 선호했다) 황실의 위신을 위해서 저명한 일류 음악가를 초청하는 데 아낌없이 돈을 썼다. 가령 갈루피와 파이시엘로는 각각 1765~1768년과 1776~1784년에 걸쳐 궁정악단장으로 활동하면서 4,000루블◇의 연봉을 받았다고 한다.

현지 음악가와 '러시아 양식'의 등장

이들 외국인 음악가는 이탈리아 양식(더 자세히 말하자면 바로크와 갈랑트 양식)의 서유럽 음악을 러시아에 소개했고 러시아 궁정악단과 합창단의 수준을 끌어올렸다. 이들의 가장 중요한 장르는 오페라였지만 기악 분야도 빼놓을 수 없는데, 가령 만프레디니와 갈루피는 건반 음악에서도 중요한 공헌을 했다. 또한 외국인 음악가들은 러시아 음악 전통에도 관심을 보이기 시작했다. 가령 갈루피와 사르티는 무반주 정교회 찬가에 베네치아풍의 화려한 성악 기법과 대위법을 엮어 넣어서 향후 러시아 교회 음악이 나아갈 길을 제시했다.

이들은 새로운 세대의 러시아 음악가들을 열심히 길러냈다는 점에서도 러시아 음악의 개척자라고 할 만하다. 1770년대부터는 드디어 이들에게서 가르침을 받거나 영향을 받은 현지 작곡가들이 본

◇ 현대 금 시세로 환산하면 대략 6억 원에 해당한다.

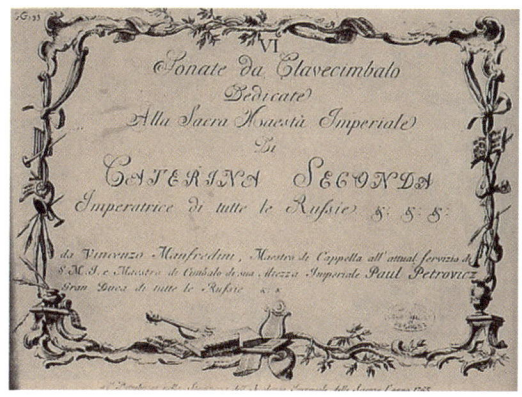

만프레디니, 예카테리나 2세에게 헌정한 피아노 소나타 6번(1765)

격적으로 등장하기 시작했다. 오페라 작곡가로는 파슈케비치Vasily Alexeyevich Pashkevich와 포민Yevstigney Ipat'yevich Fomin, 다비도프Stepan Davydov 가 차례로 등장해서 러시아어 오페라를 발표했다. 이반 칸도슈킨Ivan Yevstafyevich Khandoshkin은 '18세기 최고의 러시아 바이올리니스트'로 명성을 떨치며 이탈리아 바이올리니스트들과 대등한 경쟁을 펼쳤다. 그가 쓴 바이올린 소나타들은 복잡한 더블 스토핑과 화려한 장식, 바리올라주 등 현란한 기교, 그리고 카를 필리프 에마누엘 바흐를 연상케 하는 다감 양식풍의 변화무쌍한 감정 표현이 인상적이다. 한편 교회 음악에서는 보르트냔스키Dmitry Stepanovich Bortniansky를 비롯해서 베레좁스키Maxim Berezovsky, 베델Artemy Vedel이 가장 중요하다.

18세기 후반이 되면 현지 음악가들을 중심으로 러시아-우크라이나의 민요와 춤곡에 대한 관심이 생겨났다. 서유럽 음악을 수용하면서 자신을 되돌아보기 시작한 것이다. 황실 음악가였던 트루톱스

키|Vasily Fyodorovich Trutovsky가 네 권(1776, 1778, 1779, 1795)에 걸쳐 처음으로 러시아 민요 모음집을 출판했고, 이어서 실레지아 출신으로 젊은 시절에 상트페테르부르크로 이주해서 평생 활동한 프라치Johann Gottfried Pratsch가 트루톱스키의 작품을 보완, 확장한 모음집(1790)을 출판했다. 두 사람의 민요집은 큰 인기를 얻으며 훗날 무소륵스키나 림스키코르사코프 등 후배 러시아 작곡가에게 많은 영감을 주었고, 국제적으로도 알려져서 베토벤, 훔멜, 로시니 등 외국인 작곡가들이 러시아 선율이 필요할 때 여기에 의지했다.

러시아 민속 음악의 영향을 가장 먼저 보여준 분야는 건반 음악이었다. 톨스토이의 『전쟁과 평화』에서도 묘사되듯, 러시아는 서유럽과 달리 19세기 초까지도 하프시코드가 인기를 잃지 않았고 수입품은 물론 현지 제작자들도 다양한 형태의 악기를 만들었다. 만프레디니와 파이시엘로가 처음에 러시아에서 쓴 건반 소나타는 순수한 이탈리아 양식이었지만 트루톱스키가 러시아 민요를 주제로 쓴 두 곡의 건반 변주곡(1780)을 시작으로 코즐롭스키Osip Antonovich Kozlovsky, 카라울로프Vasily Semyonovich Karaulov 등이 러시아 민요를 활용한 작품을 썼고 이런 전통은 리조구프Aleksander Ivanovich Lizogub와 글린카로 이어졌다. 그리고 앞서 언급한 칸도슈킨 역시 바이올린 소나타 G단조에서 러시아 민요에 의한 변주곡을 넣었고 러시아 민요 여섯 곡을 바이올린 독주곡으로 편곡하기도 했다(그중 한 곡은 베토벤이 〈라주몹스키〉 사중주에서 인용했던 바로 그 노래다).

그런가 하면 이탈리아 출신의 카테리노 카보스Catterino Cavos는 카메니 극장의 책임자로 재직하면서 러시아 오페라를 직접 작곡하고 또 후원했는데, 1815년에 초연된 카보스의 〈이반 수사닌Ivan Susanin〉은 러시아 역사를 소재로, 평민을 주인공으로 삼고 또 러시아 민요를 활용했다는 점에서 진정한 의미의 첫 러시아 오페라라고 부를 만하다. 또 카보스는 20여 년 후인 1836년에 같은 주제를 이용한 글린카의 〈황제에게 바친 목숨〉이 초연되었을 때 지휘를 맡기도 했다. 카보스 가문은 러시아에 굳게 뿌리를 내렸는데, 마린스키 극장과 모스크바 볼쇼이 극장을 건축-개축한 알베르트 카보스Albert Cavos는 카테리노의 아들이며 화가 지나이다 세레브랴코바, 배우 피터 유스티노프 등은 카보스의 직계 후손이다.

　　그런데 러시아 음악의 새로운 시대를 주도한 '현지' 작곡가들은 트루톱스키와 코즐롭스키◈ 정도를 제외하면 신기하다 싶을 만큼 대부분 우크라이나 출신이거나 우크라이나 혈통이었다. 즉 이들은 모두 러시아 제국의 통치를 받는 '러시아인'이면서 문화적, 혈통적으로는 '우크라이나인'이었다. 마치 구스타프 말러가 유대인이자 보헤미아인이면서 오스트리아인이었듯이 말이다. 러시아가 우크라이나를 지배하면서 우크라이나의 문화와 언어를 억압하는 가운데 예술 분야에서는 반대의 현상이 일어났다고도 할 수 있겠다. 우크라이나와 외국인 음악가들의 공헌이 없었다면 19세기 중반부터 펼쳐진 러시아 음악의 놀라운 전력 질주는 더 늦게, 조금 다른 방향으로 진행

◈　코즐롭스키가 태어난 슬라우하라트는 현재 벨라루스 영토다.

되었을 것이다. 그중에서 가장 중요한 인물은 '네바강의 오르페우스'라 불리며 예카테리나 2세부터 파벨 1세를 거쳐 알렉산드르 1세까지 3대에 걸친 러시아 황제의 후원을 받으며 러시아 음악의 중심인물로 활동했던 보르트냔스키가 아닐까 싶다.

보르트냔스키의 시대

드미트리 스테파노비치 보르트냔스키는 1751년 우크라이나의 수도 흘루히브의 코자키(코사크)◈ 집안에서 태어났다. 일찍부터 음악적 재능을 드러내서 그곳 음악 학교에 들어갔고, 수많은 우크라이나 출신 소년 가수들이 그랬듯이 일곱 살 때 상트페테르부르크로 이주해서 황실 경당의 합창단원이 되었다. 당시 음악감독이던 폴토라츠키Mark Fyodorovich Poltoratsky나 보르트냔스키보다 몇 살 더 많은 동료 베레좁스키가 모두 같은 경로로 황실 경당 합창단에 있었음을 생각하면, 수많은 우크라이나 출신 예술가들이 이렇게 러시아에 진출했으리라고 짐작할 수 있다. 폴토라츠키는 보르트냔스키가 성인이 될 때까지 보호자가 되었으며, 이들은 당연히 상트페테르부르크에서 활동하는 우크라이나 출신 예술가들의 서클에 속했다.

◈ 자포리자 코자키라고 불렸던 슬라브 계통의 군사 집단으로, 15세기부터 역사에 등장했다. 러시아에 충성했던 '돈 카자크'와는 구분해야 한다. 코자키는 폴란드, 러시아, 오스만, 오스트리아 등 주변 국가들과 협력과 갈등을 반복하면서 끊임없이 독립을 추구했는데, 현대 우크라이나의 정체성을 이루는 뿌리라고 할 수 있다. 차이콥스키 오페라로 유명한 이반 마제파가 이 집단의 수장이었다.

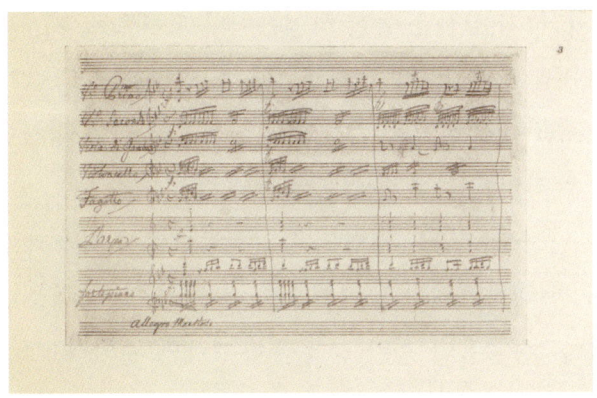

보르트냔스키, 신포니아 콘체르탄테 B플랫장조 자필 악보(1790)

　　보르트냔스키는 상트페테르부르크에서 공부하면서 라우파흐
와 갈루피에게 작곡을 배웠다. 라우파흐가 1758년에 발표한 〈알체
스테Alceste〉는 앞서 언급한 〈세팔루스와 프로크리스〉에 이은 역사상
두 번째 러시아어 오페라였는데, 소년 보르트냔스키는 이 오페라에
등장해서 아름다운 노래로 찬사를 받았다. 엘리자베타 여제도 보르
트냔스키의 재능을 아꼈는데, 한번은 성당에서 지쳐 잠든 그를 보
고 자신의 침실에서 재운 적도 있다고 한다. 제자의 재능을 알아본
갈루피는 1769년에 이탈리아로 돌아갈 때 여제의 허락을 받아 매년
500루블을 받는 일종의 국비 장학생으로 보르트냔스키를 데려갔다.
그는 베네치아에서 스승 밑에서 공부한 후 10년 동안 이탈리아에서
오페라와 교회 음악 작곡가로 성공을 거두었고 러시아 외교관들의
통역으로도 일했다. 1779년에 러시아로 돌아온 후 황실 경당의 음악
감독이 되어 세상을 떠날 때까지 재직하며 수준 높은 음악 앙상블을

유지했으며, 자기 작품은 물론 하이든이나 모차르트, 케루비니 같은 동시대 서유럽 작곡가들의 작품도 꾸준히 연주했다. 그런가 하면 어린이들의 교육에도 신경을 기울여서 변성기를 맞아 합창단을 떠난 후에도 좋은 직업을 얻을 수 있도록 했다.

보르트냔스키는 황실 경당의 음악감독으로서 제국의 전례 음악을 표준화, 현대화하려고 노력했으며, 알렉산드르 1세는 1816년에 제국 내 모든 종교음악 출판 감독권을 그에게 주었다. 그는 즈나메니 성가 편곡을 비롯해서 아홉 곡의 케루빔(헤루빔) 찬가, 라틴어 작품까지 다양한 교회 음악을 썼는데, 가장 중요한 것은 역시 합창 콘체르토로 보르트냔스키의 작품은 이 장르의 정점이다. 그가 출판한 '공식' 합창 콘체르토는 35곡의 4성부 합창곡과 10곡의 복합창곡이 있고 미출판 작품도 있다. 정교회 전통에 따라 무반주로 부르는 합창 콘체르토khorovoi kontsert/хоровой концерт는 서유럽 음악에서는 찾아볼 수 없는 독특한 형식으로, 여러 개의 악장으로 구성되었고 독창과 합창이 교차한다는 점에서는 합주협주곡concerto grosso과 비슷하다. 이 작품들은 정교회의 성찬 예배Liturgia에서 쓰기 위한 것으로, 성직자들이 이코노스타시스iconostasis◇ 뒤의 지성소로 들어가서 성찬식을 거행할 때 연주된다. 즉 신자들이 시각적으로 전례를 보기 힘든 순간에 이를 청각적으로 대신하는 핵심 매개체라고 할 수 있다. 보르트냔스키의 합창 콘체르토는 깊은 명상과 화려한 음향, 섬세한 다

◇ 제대와 신자석을 나누는 성화벽(성화대)

옛 음악, 새 연주

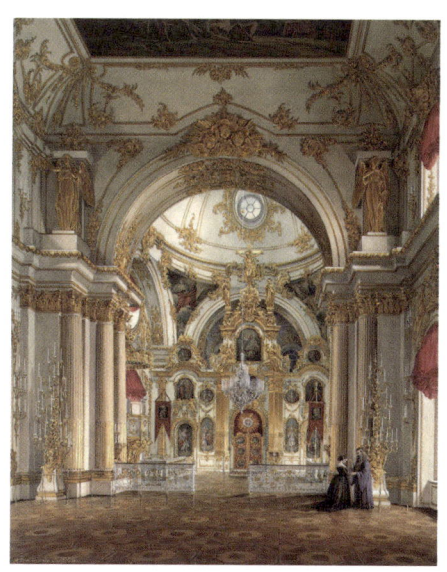

에두아르트 하우, 「겨울궁전 성당」(1866)

이내믹으로 강렬한 감정을 표현하며, 더불어 예카테리나 2세 시대의 장엄한 궁정 예식을 위한 작품답게 반드시 종교적이라고만은 할 수 없는 화려한 오페라풍의 효과도 담겨 있다. 비록 합창 콘체르토 장르는 1820년대 이후 인기를 잃었지만, 그의 작품은 러시아 정교회 음악의 새로운 표본으로 19세기 내내 연주되며 많은 영향을 미쳤다. 라흐마니노프나 스비리도프Georgy Sviridov, 멀리는 시니케Alfred Schnittke 의 합창 작품에서도 그 흔적을 느낄 수 있다.

한편 보르트냔스키는 실내악과 건반 음악 장르에서도 중요한 작곡가다. 이탈리아에서 돌아온 후 보르트냔스키는 1880년대에 황태자 부부, 특히 황태자비 마리야 표도로브나를 위해서 다양한 작품을 썼다. 그의 기악 작품은 한 곡도 출판되지 않았고 러시아 혁명을 거치며 황실 경당 아카이브가 흩어지면서 아쉽게도 많은 작품이 소실되었지만 세 곡의 건반 소나타(1784), 5중주 C장조(1787), 건반 협주곡 D장조(단편), 신포니아 콘체르탄테 B플랫장조(1790) 등 남아있는 작품들은 요한 크리스티안 바흐나 모차르트의 초중기작을 연상케 하는 가볍고 우아한 매력이 돋보인다. 합창 콘체르토와는 달리 러시아적인 면은 별로 없지만 대부분 초기작이고 고전파의 시대정신이 개성보다는 보편성이었음을 감안하면 비판할 만한 일은 아니다.

에필로그

보르트냔스키의 음악은 작곡가가 세상을 떠난 후에도 권위를 잃지 않았고 러시아에서 꾸준히 연주되었다. 베를리오즈는 1847년에 러시아를 방문했을 때 보르트냔스키의 합창 콘체르토를 듣고 "숨이 멎고 경련이 일어났다"라고 표현할 만큼 크게 감동했다.◈ 하지만 정작 19세기 러시아 음악가들의 평가는 대체로 냉담한 편이었다. 슬라브 민족주의를 강조하는 낭만주의적 관점에서 그의 음악이 지나치게 '이탈리아적', 혹은 '서구적'이라고 느꼈기 때문이다. 가령 글린카는 그를 비꼬면서 '설탕 꿀예비치 당밀씨Sakhar Medovych Potokin'라고 불렀고◈ 림스키코르사코프도 러시아 정교회 양식을 이해하지 못했다

◈　베를리오즈, 『오케스트라와 함께 하는 저녁Les soirées de l'orchestre』(1852)
◈　글린카가 불가코프Bulgakov에게 보낸 편지(1855. 11. 8)

고 비판했다. 심지어 악보를 직접 편집한[10] 차이콥스키마저 얄팍하고, 정형화되었고 지나치게 화려하다고 불평했다. 콘체르토 32번이나 케루빔 찬가를 비롯한 몇몇 개별 작품을 높이 평가하기는 했지만 말이다. '5인조'는 글린카에서 자신들에게 이어지는 '계보'를 강조하면서 의도적으로 그 이전 작곡가들의 존재를 무시했고, 러시아 혁명 이후에도 소련 음악계는 글린카 이전 시대나 종교음악에 관심을 보이지 않았다. 게다가 우크라이나 민족주의자들은 러시아 황실에서 일한 음악가들을 비판적으로 바라보았고, 서구권에서도 낯선 정교회 음악에 큰 관심을 보이지 않았다.

하지만 1960~1970년대부터 상황이 달라지기 시작했다. 먼저 소련 음악학자들이 그의 음악에 담긴 러시아적, 민속적인 요소를 재평가하기 시작했고, 소련이 무너지면서 러시아와 우크라이나에서 정교회가 부흥하며 더욱 널리 연주되기 시작했다. 80년대와 90년대에 멜로디야 레이블에서 제작한 음반들은 보르트냔스키의 명성을 서구에 알리는 데 공헌했다. 뒤를 이어 서유럽과 미국의 합창단도 그의 작품을 연주하고 녹음하기 시작했다. 21세기에 접어든 지금, 우크라이나에서는 보르트냔스키가 우크라이나 음악의 황금기를 대표하는 '우크라이나 작곡가'라고 힘껏 강조한다. 반면 러시아에서는 그를

---

[10] 차이콥스키가 출판업자 유르겐손의 의뢰를 받고 작업한 편집판(1882)은 오늘날 지나치게 자의적인 수정과 삭제가 많다는 비판을 받는다. 가령 보르트냔스키의 섬세한 장식음과 다이내믹이 매우 단순하게 바뀌었다.

'러시아의 팔레스트리나'라고 부르면서 러시아 정교회 음악의 가장 위대한 거장으로 여긴다. 서방 세계에서도 그를 향한 관심이 꾸준히 커지는 중이다.

이렇게 보르트냔스키의 삶과 음악, 그에 대한 평가는 18세기부터 20세기까지 러시아 음악의 흐름, 그리고 서로 다르면서도 긴밀하게 얽힌 러시아와 우크라이나의 관계를 상징적으로 드러낸다. 마치 키예프(키이우) 루스라는 한 뿌리에서 나왔지만 수 세기를 거치며 서로 다른 정체성을 갖게 된 두 나라의 역사와 문화를 보는 듯하다. 2025년은 보르트냔스키 서거 200주년이 되는 해다. 그때는 우크라이나와 러시아에서 모두 편안한 마음으로 '우크라이나인이면서 러시아인'이었던 그를 기릴 수 있기를, 그래서 그의 진면목이 좀 더 국제적으로 널리 알려지기를 바란다.

추천 음반

† Russian Clavichords of the 18th Century
Aleksei Lubimov
(RCD)

† Récital de Saint-Pétersbourg
Olivier Baumont
(Erato)

† Bortnyansky: Sacred Concertos
Valeri Polyansky, Russian State Symphonic Cappella
(Chandos)

† Bortnyansky - The Russian Album
Pratum Integrum Orchestra
(Caro Mitis)

† The Powers of Heaven
Paul Hillier, Estonian Philharmonic Choir
(Harmonia Mundi France)

16장

공공 연주회
– 근대 서양 음악의 여명

음악은 다른 예술과 달리 탄생하는 순간 사라진다. 악보 위의, 혹은 머릿속에 있는 이미지는 오직 연주를 통해서 실현될 수 있을 뿐이다. 그런 면에서 연주자와 청중이 만나는 연주회는 음악의 핵심 요소이다. 하지만 현대적 개념의 공공 연주회, 즉 관官이나 민民이 주도하는 전문적인 조직이 음악 프로그램을 기획하고 대중을 상대로 표를 판매해서 이루어지는 음악 연주회는 생각만큼 오래되지는 않았다. 이런 공공 연주회는 바로크 시대부터 시민혁명이 일어날 때까지 2세기에 걸쳐 서서히 만들어진 것으로, 지금 우리가 접하는 '클래식 음악'의 탄생이라고 할 만하다. 그렇게 보면 지금까지 연주 전통이 끊이지 않고 이어지는 음악 작품이 바로크 시대에 최초로 나타난

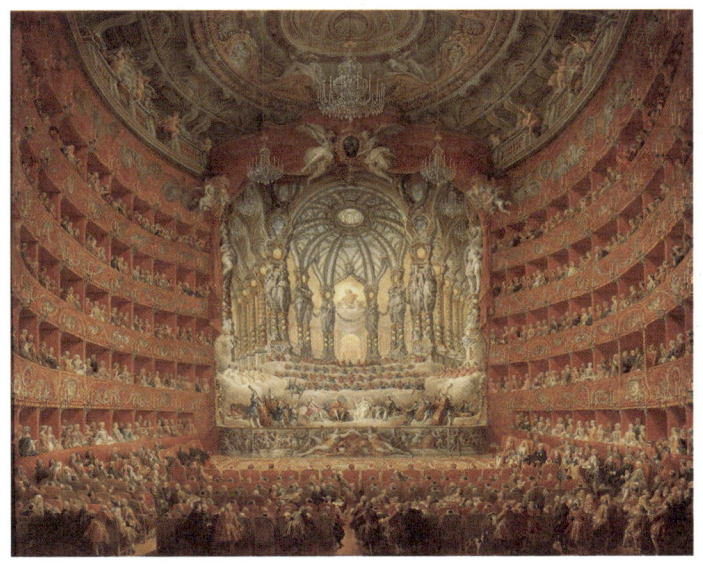

조반니 파올로 파니니, 「로마의 테아트로 아르젠티나」(1747)

것도 우연은 아니다.

오페라와 극장

바로크 시대가 개막될 무렵 음악 환경은 그 이전과 별로 다르지 않았다. 권력의 도구로서 음악이 지닌 상징적이고 정치적인 역할은 18세기까지도 계속 이어졌으며, 따라서 궁정과 교회, 대귀족이 중요한 음악 활동을 후원하고 주도했다. 심지어 프랑스 같은 나라에서는 극장과 공연장이 국가(왕실)의 독점 사업이기까지 했다. 하지만 '철의 세기'라 불릴 정도로 수많은 전쟁이 일어났던 17세기, 새로운 장르인 오페라에서 중요한 변화가 시작되었다.

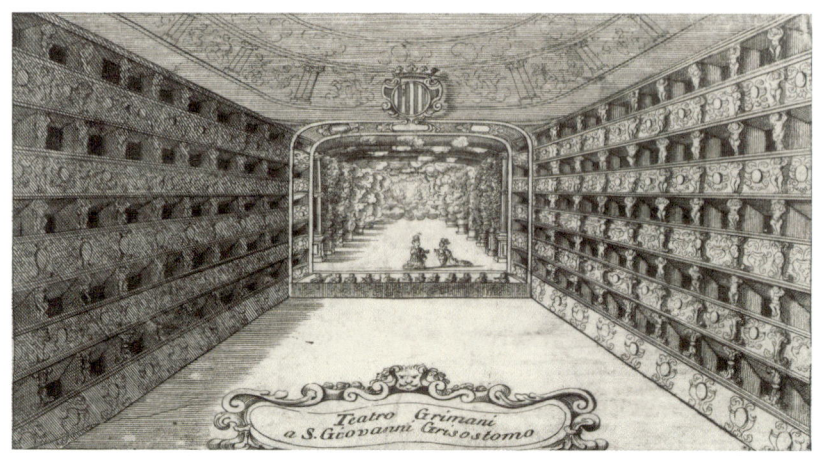

빈첸초 마리아 코로넬리, 「산 조반니 그리소스토모 극장」(1709)

1600년 무렵 카치니나 야코포 페리, 몬테베르디는 오페라를 작곡하면서 극장을 대관하고 티켓을 팔아서 상연한다는 생각은 해보지도 못했을 것이다. 하지만 17세기 중반부터 베네치아를 필두로 이탈리아 곳곳에서, 더 나아가 유럽 전역에 공공 극장이 생겨나면서 빠르게 남녀노소를 사로잡는 최고의 '산업'이 되었다. 1730년대 런던의 헨델과 베네치아의 비발디는 분명 작곡가인 동시에 '흥행주impresario'이기도 했다. 그리고 1786년에 모차르트가 빈에서 오페라 〈극장 지배인Der Schauspieldirektor〉을 상연했을 때는 그 직업이 무엇인지 모르는 사람은 하나도 없었을 것이다.

물론 당대 오페라 극장은 몇 가지 근본적인 점에서 현대와는 달랐다. 공공 극장이라 할지라도 대부분은 왕실(프랑스)이나 유력 귀족 가문(이탈리아)의 소유였으며, 거의 모든 나라에서 왕실의 중요한 행사와 축제를 위한 정치적 행사의 핵심으로 오페라(특히 오페라 세리아)를 상연했다. 또 좌석은 신분과 계급에 따라 엄격하게 구분되었다. 그래도 이곳에서 왕실과 귀족, 교회로부터 새롭게 늘어나는 시민 계급으로의 전환이 시작된 것은 틀림없다. 또한 다양한 부류의 사람들이 중립적인 장소에 모여 함께 음악을 듣는 일은 다른 장소, 다른 수단을 통해서는 좀처럼 이룰 수 없는 사회적 일치와 화합이었다.

저녁 음악회

오페라 극장에 이어 성악과 기악 음악을 연주하기 위한 콘서트가 등장했다. 먼저 17세기 중후반, 유럽 곳곳에서 공공 연주회의 전 단계라고 할 만한 연주회들이 등장했다. 가령 코펜하겐이나 암스테르담, 함부르크 같은 교역 도시에서는 교회에서 상인과 시민을 위한 음악회가 열렸다. 그중 하나가 북독일 뤼베크의 성 마리아 교회에서 열렸던 '저녁 음악회Abendmusiken'로, 1640년대에 시작되어 19세기 초반까지 150년 이상 이어졌다. 부유한 상인들의 후원으로 시민들에게 공짜로 음악을 들려주었던 이 연주회는 큰 인기를 누렸는데, 처음 연주회를 시작했던 툰더Franz Tunder에 이어 그 사위인 디트리히 북스테후데가 맡으면서 전성기에 올랐다. 1705년 말에 아른슈타트의 젊은 오르간 연주자였던 스무 살의 요한 제바스티안 바흐가 이 저녁 음악회를 듣기 (그리고 아마도 참여하기) 위해서 뤼베크까지 450km를 걸어가 몇 달씩 머물렀던 이야기는 유명하다. 지금도 교회에서 열리는 공연은 종종 '저녁 음악회'라 불린다.

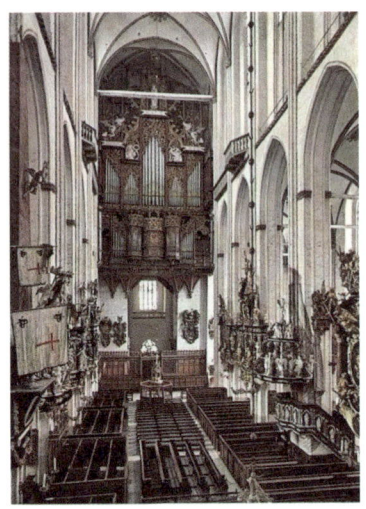

뤼베크의 마리아 교회(1935년경)

　　다만 '저녁 음악회'와 그 비슷한 종류의 행사는 부유한 상인들이 돈을 댔고 입장권을 팔지 않았기 때문에 현대적인 의미의 대중 음악회는 아니었다. '수익 사업'으로서의 음악회는 18세기 접어들어 시민 사회가 발달한 영국과 프랑스에서 등장했다. 그중 1672년에 존 바니스터John Banister라는 바이올리니스트가 런던에 있는 자기 집에서 열었던 콘서트가 현재까지 알려진 최초의 경우였다. 관객은 1실링을 내고 입장했고 듣고 싶은 곡을 요청할 수도 있었다. 그러나 이런 공연은 규모가 한정적이었고 꾸준히 이어지지도 못했다. 대중적인 파급력과 확고한 정체성, 오랜 역사를 갖춘 최초의 음악회 시리즈 중 하나는 프랑스 파리의 콩세르 스피리튀엘이었다. 왕실의 허가를 받고 1725년에 처음 시작된 콩세르 스피리튀엘은 오페라 극장이 문을

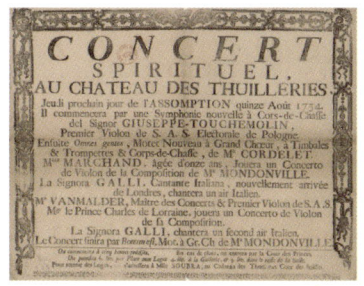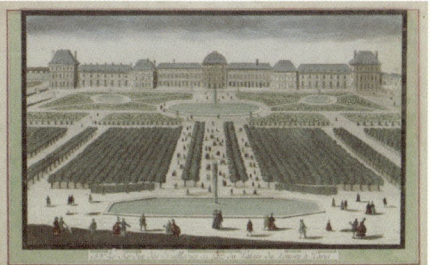

(좌) 콩세르 스피리튀엘 포스터(1754)
(우) 콩세르 스피리튀엘이 열렸던 튈르리 궁전(1780)

닿는 종교적 축일에 열린 것이 시초라서 이런 이름이 붙었지만, 곧
세속음악도 프로그램에 포함되었으며 프랑스 혁명으로 1790년에
문을 닫을 때까지 이어지면서 같은 이름을 딴 연주회가 런던이나 빈
에서도 생겨날 정도로 영향력이 컸다. 음악회는 들랄랑드Michel-Richard
Delalande, 몽동빌Jean-Joseph de Mondonville, 르클레르Jean-Marie Leclair 등 초기
에 프랑스 음악가들의 작품을 주로 연주했지만 시간이 흐르면서 점
점 더 외국 음악도 많이 연주했으며, 코렐리, 비발디, 하이든의 작품
이 프랑스에서 큰 인기를 누리는 데 중요한 역할을 했다. 모차르트
가 1778년에 콩세르 스피리튀엘에서 교향곡 D장조(〈파리〉 교향곡)를
연주한 일화는 유명하다.

바흐-아벨 콘서트와 하이든

영국에서도 이와 비슷한 대중 공연 시리즈가 시작되었다. 당시
런던은 유럽 최대의 국제도시이자 세계무역의 중심지로, 18세기 후

반이 되면 인구가 100만 명에 도달해서 파리의 두 배, 빈의 네 배였으며 도시 경계도 계속 확장되었다. 런던은 화려한 상류 사회와 빈민가, 국제무역에 종사하는 사업가들과 전원적인 지주 계급이 공존하는 도시였다. 무엇보다 중요한 점은 신분 제도의 제약에서 벗어나 부를 축적한 중산층이 급증하면서 이들이 주도하는 활발한 문화생활이 이루어졌다는 점이다. 더불어 음악의 위상이 점점 높아져서 마침내 문학이나 미술과 동등한 위치로 받아들여지기 시작했고 음악사상 처음으로 고전으로서의 '옛 음악ancient music'을 찬양하는 분위기도 생겨났다. 18세기 중반 헨델이 주도했던 오라토리오 시즌이나 복스홀 가든Vauxhall Gardens 같은 유람지에서 열리는 연주회가 시초였다면, 1760~1780년대부터 직업 음악가들의 예약제 연주회가 열리기 시작했고 음악애호가들이 모인 협회도 여러 개 생겼다. 영국 최초의 예약제 공공 연주회는 바흐-아벨 연주회로, 바흐의 제자이자 비올라 다 감바의 명수인 아벨Carl Friedrich Abel과 바흐의 막내아들 요한 크리스티안Johann Christian Bach이 함께 주최했다. 바흐-아벨 연주회는 1765년부터 바흐가 세상을 떠나는 1782년까지 이어졌다. 그리고 1780년대부터는 뛰어난 연주력을 갖춘 오케스트라가 조직되어 예약 연주회 시리즈를 시작했다.◈ 이 모든 유리한 환경을 누린 상징적 존재가 바로 요제프 하이든이었다. 하이든은 바이올리니스트이자

◈ 1783년에 처음 시작된 'The Professional Concerts'가 가장 대표적인 존재로, 5기네아를 내면 열두 번의 연주회에 참석할 수 있었다.

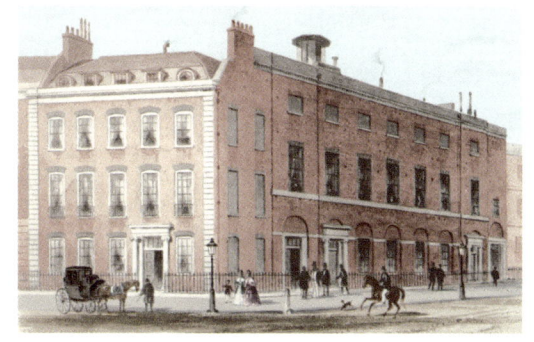

런던의 하노버 스퀘어 룸스(1830년경)
바흐-아벨 콘서트와 하이든-잘로몬 콘서트 대부분이 이곳에서 열렸다.

흥행주였던 잘로몬Johann Peter Salomon의 초청을 받아 1791~1792년과 1794~1795년, 두 차례에 걸쳐 런던을 방문했는데, 런던은 그에게 새로운 세계를 열어주었다. 그는 1795년, 4년 전에 런던으로 출발했던 사람과는 완전히 다른 세계적인 거장이 되어 빈으로 돌아갔다. 12곡의 〈런던〉 교향곡 세트나 피아노 트리오 G장조◈는 그 빛나는 증거이다.

콜레기움 무지쿰

반면 독일어권 지역에서는 대규모 공공 음악회가 상대적으로 늦게 등장했다. 그래도 앞서 언급한 '저녁 음악회'를 비롯한 선구적인 움직임은 여기저기서 일어났는데, 또 하나 언급할 만한 것은 '콜레

◈　Hob. XV:25

기움 무지쿰Collegium Musicum'이다. 독일에서는 16세기부터 콜레기움 무지쿰이라는 이름의 단체가 생겨났는데, 프랑크푸르트나 라이프치히 같은 대학도시에서는 대개 직업 음악가와 대학생이 함께 모여 일주일에 한 번이나 두 번 음악을 연주했다. 현대적인 의미로 보자면 일종의 세미-프로 앙상블이었던 셈이다. 우리에게 가장 친숙한 콜레기움 무지쿰은 아마도 침머만이 운영하는 카페에서 열렸던 라이프치히의 것이다. 바흐는 1729년에 이 단체를 맡았는데, 무엇보다도 19세기까지 화려하게 이어질 건반 협주곡 전통이 이곳에서 태어났다. 하지만 콜레기움 무지쿰에서 바흐보다 훨씬 중요한 음악가는 그의 친구 텔레만Georg Philipp Telemann으로, 사실 라이프치히의 콜레기움 무지쿰도 텔레만이 만들었다. 뛰어난 음악 재능과 빈틈없는 사업 감각을 겸비한 텔레만은 라이프치히(1702년경), 프랑크푸르트(1713), 함부르크(1721) 등 가는 곳마다 콜레기움 무지쿰을 창설(혹은 부활)했다. 그중 함부르크의 콜레기움 무지쿰은 점차 규모가 커져서, 처음에는 텔레만의 집에서 열었지만 1724년부터는 도시 방어군 행사를 위한 '함장 음악Kapitänsmusik'을 연주하는 대규모 공연장인 드릴하우스Drillhaus에서 일주일에 두 번씩 성대한 음악회를 열었다. 또 티켓도 팔았고 대규모 홍보도 이루어졌다니, 텔레만의 손에서 사적인 성격이 강한 콜레기움 무지쿰이 규모가 큰 공공 음악회로 변신한 셈이다. 텔레만의 대자代子이자 후임자가 된 카를 필리프 에마누엘 바흐는 이를 이어받아 더욱 확장했다. 에마누엘 바흐의 이른바 〈함부르크〉 교향곡과 〈함부르크〉 협주곡은 새로운 장르(교향곡, 협주곡)와

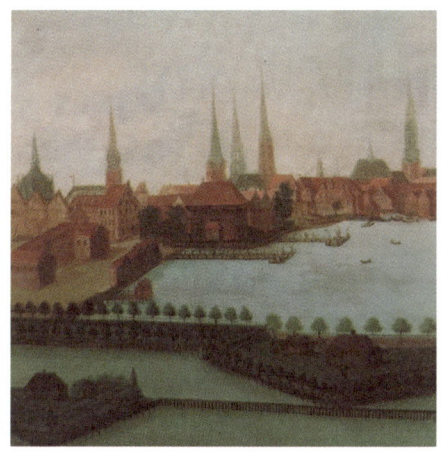

함부르크 콜레기움 무지쿰이 열렸던 드릴하우스(1750)

새로운 청중, 새로운 연주회장◈의 만남이라고 할 만하다.

　18세기 중반 이후 독일의 콜레기움 무지쿰은 차츰 더 규모가 크고 조직적인 음악 협회로 발전한다. 라이프치히에서는 '대규모 음악회Grosses Concert'라는 이름의 협회가 1743년에 대중 음악회 시리즈를 시작했으며, 1781년에 직물 상인들의 건물Gewandhaus을 연주회장으로 삼으면서 게반트하우스 오케스트라로 불리게 되었다. 게반트하우스 오케스트라는 여전히 궁정악단이 주류이던 시대에 시민 악단으로서 새로운 길을 제시했다. 멘델스존은 1835년부터 세상을 떠날 때까지 게반트하우스 오케스트라의 음악감독(카펠마이스터)으로 재직하며 슈포어와 더불어 최초의 현대적인 지휘자로 떠올랐다.

◈　1761년에 개관한 Konzertsaal auf dem Kamp

19세기 시민사회의 등장과 음악회

이렇게 19세기에는 그 이전 어느 시대보다도 큰 변화가 이루어졌다. 오랜 세월 음악 문화를 이끌었던 궁정과 교회는 그 힘을 점차 잃게 되었다. 그러면서 서로 잘 알고 지내는 비슷한 신분과 문화적, 지적 배경을 지닌 사람들이 모인 살롱과 궁정 음악 모임은 우리가 아는 형태의 연주회로 바뀌었다. 이런 변화는 음악계의 모든 면에 영향을 미쳐서 가령 오페라 극장의 구조나 음악 협회의 구성마저도 바뀌었다. 그리고 19세기 후반이 되면 음악 조직의 광범위한 '표준화'가 이루어졌다. 물론 그 모든 변화는 산업화와 시민혁명, 정치 개혁을 거치며 근본적으로 사회가 바뀌었기 때문에 가능했다. 사실 18세기 후반 잘로몬이 주최했던 런던의 하이든 콘서트나 라이프치히의 게반트하우스 콘서트마저도 현대적 공공 연주회의 구조는 갖추었지만 실제로는 입장권이 너무 비싸고 분위기도 배타적이어서 서민층은 참석하기 힘들었고, 그래서 날카로운 비판을 받기도 했다. 런던이나 라이프치히보다 전근대적이었던 빈은 더 심해서, 비슷한 시기 모차르트가 시도했던 예약제 콘서트Akademie의 실제 참석자 명단을 보면 대부분 귀족이었음을 알 수 있다. 하지만 18세기 중후반부터 대도시를 중심으로 부유하고 교육 수준이 높은 시민 계급이 상류계층beau monde과 섞이기 시작했고, 그러면서 형성된 확대된 엘리트 계층이 19세기 유럽 사회를 이끌게 되면서 공공 연주회는 진정한 생명력을 얻을 수 있었다.

우리가 찾는 현대의 오페라 극장과 콘서트홀에는 이렇게 바로크

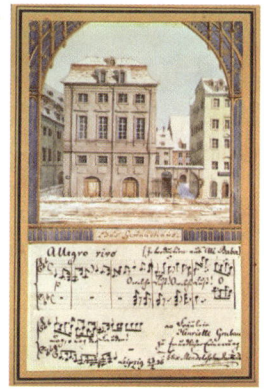
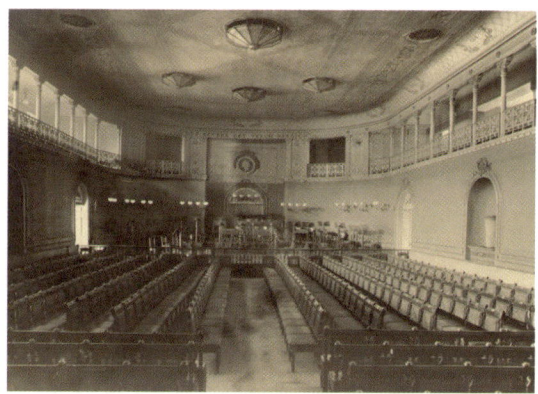

(좌) 멘델스존이 직접 그린 옛 게반트하우스(1836)
(우) 옛 게반트하우스 콘서트홀(19세기)

시대에 시작되어 19세기까지 이어진 이 모든 역사적 변화가 담겨 있다. 엄격한 드레스 코드와 보수적이고 형식적인 분위기가 은근히 사람을 주눅 들게 하는 곳이 있는가 하면, 안네 조피-무터나 라파우 블레하츠가 나이트클럽에서 공연하기도 한다. 또 연주회에는 다양한 관습이나 코드가 있어서 이를 즐기는 사람도 있지만 처음 접하는 이들에게는 일종의 진입 장벽일 수도 있다. 그래도, 같은 음악을 듣기 위해서 모인 사람들의 공감만큼은 시공을 초월해서 똑같다고 생각한다. 그리고 팬데믹 상황에서 우리는 연주회의 중요함에 관해 다시 한번 생각하게 되었다. 클래식 음악의 미래가 새로운 음악과 새로운 환경, 이 두 가지에 달려 있다면 '공공 연주회'는 17세기나 18세기 못지않게 지금도 우리의 가장 중요한 화두 중 하나가 아닐까.

추천 음반

† Delalande: Grand Motets
 Olivier Schneebeli, Collegium Marianum
 (Glossa)

† Leclair: Violin Concertos
 Leila Schayegh, La Cetra Barockorchester Basel
 (Glossa)

† Telemann: Kapiänsmusik 1744
 Manfred Cordes, Weser-Renaissance
 (CPO)

† J.S.Bach: Concerts avec plusieurs instruments Intégrale
 Café Zimmermann
 (Alpha)

† C.P.E.Bach: Hamburg Symphonies & Fantasias
 Marcin Świątkiewicz, Arte dei Suonatori
 (BIS)

† Haydn: The 12 'London' Symphonies
 Frans Brüggen, Orchestra of the 18th Century
 (Philips/Decca)

옛 음악, 새 연주

17장

벨칸토의 종말과
새로운 '노래'의 시작

우리가 고음악, 혹은 시대악기 하면 가장 먼저 떠올리는 건 무엇일까? 아마도 양의 창자를 꼬아서 만든 거트현을 매고 둥글고 뾰족한 활로 연주하는 바이올린이나, 건반이 둘 달린 하프시코드, 나무로 만든 플루트 같은 악기가 아닐까? 하지만 카운터테너 가수 정도를 제외하면 사람의 목소리를 떠올리는 경우는 많지 않다. 악기와는 달리 사람은 옛날이나 지금이나 똑같다고 생각하기 때문이 아닐까 싶다. 그리고 이른바 '성악 발성'이 너무나 사람들의 뇌리에 각인되어 있어서 실제로 이런 근대적인 가창 방식이 확립된 게 그리 오래되지 않음을 알아채기 쉽지 않다. 하지만 '사람의 목소리' 역시 악기와 마찬가지로 시민혁명 이후 큰 변화를 맞이한 분야였다.

벨칸토와 카스트라토

이제는 사라져버린 옛 가창을 탐구할 때 열쇠가 되는 단어는 바로 '벨칸토bel canto'이다. '아름답게 노래하기' 혹은 '아름다운 노래'라는 뜻의 '벨칸토'는 성악의 역사에서 가장 흔히 쓰이는 말 중 하나지만, 정작 무슨 뜻인지는 명확하지 않다. 17세기부터 등장했지만 19세기 중반에 이르러서야 본격적으로 쓰이기 시작했고, 시대와 지역에 따라 다양하게, 심지어 때로는 상반된 의미로 쓰였기 때문이다. 오늘날 우리는 벨칸토 하면 무엇보다도 19세기 초반 로시니, 벨리니, 도니체티 같은 이탈리아 작곡가의 오페라를 떠올리지만, 정작 그들에게 벨칸토는 직접 종말을 목격한 옛 전통을 의미했다. 1866년, 노년의 로시니가 한 말을 인용해보자.

> 젊었을 때 나는 운 좋게 뛰어난 카스트라토 가수들의 노래를 들었고, 이제까지 잊지 않았습니다. 그 순수하고 놀랍도록 유연한 목소리, 그리고 무엇보다도 마음 깊이 침투하는 그들의 억양에 내가 얼마나 감동했는지 이루 다 표현할 수 없습니다… 카스트라토 가수들이야말로 '영혼으로 느끼는 노래cantar che nell'anima si sente'를 창조한 사람들이었으며, 그들이 사라지면서 이탈리아의 벨칸토도 쇠퇴하기 시작했습니다.[1]

---

[1] 로시니가 루이지 크리소스토모 페루치Luigi Crisostomo Ferucci에게 보낸 편지(1866)

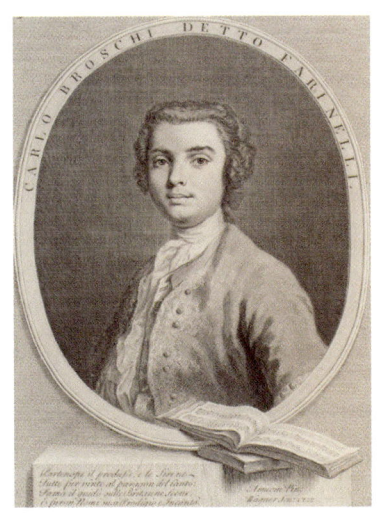

요제프 바그너, 「카를로 브로스키 '파리넬리'」(1735)

　　로시니가 이야기하는 벨칸토 전통은 바로 바로크 시대부터 고전
주의 시대까지, 카스트라토의 황금시대를 의미했다. 그의 말대로 오
페라 장르가 등장한 16세기 말부터 19세기 초까지, 약 250년은 화려
한 명인기virtuosity의 시대였다. 작곡가와 가수는 끊임없이 서로를 자
극하고 서로 도전하면서 함께 발전했다. 이 시기에 등장한 위대한
카스트라토와 여성 가수는 뛰어난 기술적 역량과 자유로운 창의성
을 갖춘 음악계의 엘리트 계층이었다. 황제와 교황의 사랑을 받았던
이들은 절대주의 체제의 대변인이면서, 극장과 성당에서 대중을 상
대로 자신의 존재를 드러냈던 선구적인 예술가였다.

　　헨델이나 비발디, 알레산드로 스카를라티의 오페라, 사람들의

기록, 그리고 무엇보다도 이 시기에 나온 여러 성악 교본을 보면 바로크 시대 사람들이 이상적으로 생각했던 노래가 무엇인지 짐작할 수 있다. 가령 코나 목구멍으로 노래하지 말 것, 올바르게 호흡하고 단어를 정확하게 발음할 것 등은 현대와 똑같지만 중요한 차이점도 있다. 그것은 포르타멘토portamento, 아르페지오arpeggio, 빠른 트릴trill 등 다양한 장식음 기법과 오늘날에는 잘 쓰지 않는 메사 디 보체messa di voce 등 음을 부풀리고 약하게 하는 기법을 강조한다는 점이다. 그리고 교본마다 빠짐없이 등장하는 바로크 벨칸토의 핵심적인 기교는 두성da testa과 흉성di petto이 바뀌는 것을 듣는 이가 알아챌 수 없을 정도로 자연스럽고 민첩하게 오가는 것이었다. 이것은 남녀를 막론하고 중요한 기술이었지만 특히 카스트라토 가수에게 필수적이었는데, 가령 파리넬리는 완전히 똑같은 음색과 음량으로 세 옥타브를 자유롭게 노래할 수 있었다고 한다.

1550년대 북부 이탈리아와 로마에 등장한 카스트라토 가수들은 17세기 중반부터 이탈리아 전역으로 퍼졌고 곧이어 프랑스를 제외한 유럽 전역을 뒤흔들었다. 전성기에는 해마다 이탈리아 남부를 중심으로 수천 명의 남자아이가 거세 수술을 받았는데, 6년에서 8년이 걸리는 혹독한 교육을 견디고 스타의 자리에 오른 극소수의 카스트라토는 누구나 부러워하는 부와 명예를 얻었다. 하지만 18세기 중후반부터 계몽주의와 인본주의 사상이 퍼지고, 프랑스 대혁명이 일어나고, 또 대중의 음악 취향이 바뀌면서 카스트라토 가수들은 조금씩 입지를 잃게 되었다. 가령 루소가 쓴 『음악백과사전』의 카스트라토

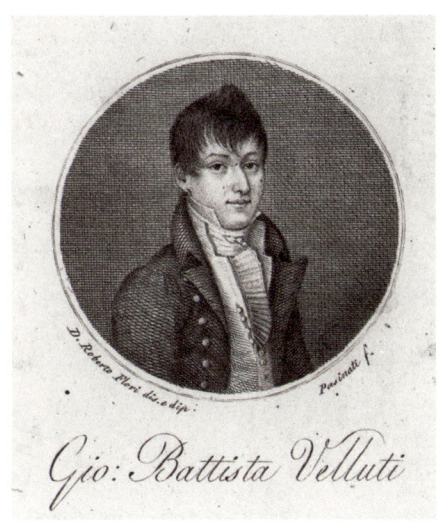

주세페 파시나티, 「조반니 바티스타 벨루티」(1821)

항목은 온갖 부정적인 평가로 가득하다. 또 1760~1770년대부터 오 페라에서 카스트라토 가수들의 배역은 점차 신화 속의 인물이나 화 려한 기교를 과시하는 역으로 한정되기 시작했다. 모차르트만 봐도, 빈으로 이주한 이후에는 오직 고풍스러운 오페라 세리아인 〈티토 황 제의 자비La clemenza di Tito〉에서만 카스트라토 가수◈를 썼음을 알 수 있다.

　　최초의 '현대적 카스트라토'라 평가받는 가에타노 과다니Gaetano Guadagni는 이런 변화를 대변하는 가수였다. 이른바 오페라 개혁을 알

◈　소프라노 카스트라토인 도메니코 베디니Domenico Bedini가 세스토Sesto 역을 노래했다.

린 글루크의 〈오르페오와 에우리디체〉 초연(1762)에서 오르페오(오르페우스) 역을 맡았던 그는 화려한 기교보다는 단순하고 절제된 표현과 훌륭한 연기로 유명했기 때문이다. 19세기로 접어들면서 카스트라토 가수의 쇠퇴는 더욱 두드러졌다. 가혹하리만치 엄격한 교육과 훈련으로 유명했던 나폴리의 음악원들이 하나둘 문을 닫으며 가창 전통의 중심은 이탈리아에서 프랑스로 넘어갔다. 나폴레옹이 총애했다는 크레셴티니Girolamo Crescentini와 로시니와 마이어베어 오페라에서 주역을 맡았던 벨루티Giovanni Battista Velluti◇를 마지막으로 오페라 극장에서 카스트라토의 시대는 막을 내렸다. 스탕달이 쓴 로시니 전기◇에 의하면, 로시니는 1814년에 오페라 〈팔미라의 아우렐리아노〉를 초연할 때 벨루티의 노래에 감탄하면서도 지나치게 화려한 장식음을 남발하는 걸 견디지 못하고 자신이 직접 모든 장식을 악보에 쓰겠다고 선언했다고 한다. 그리고 베를리오즈와 멘델스존은 카스트라토에 대한 혐오감을 숨기지 못했다.◇ 시대가 변한 것이다.

◇ 로시니는 〈팔미라의 아우렐리아노Aureliano in Palmira〉의 아르사체Arsace 역을, 마이어베어는 〈이집트의 십자군Il crociato in Egitto〉의 아르만도Armando 역을 벨루티를 위해서 썼다. 특히 1824년에 초연된 〈이집트의 십자군〉은 카스트라토가 주인공을 맡은 역사상 최후의 오페라로 꼽힌다. 발자크Honoré de Balzac가 1830년에 쓴 소설 『사라진Sarrasine』에 등장하는 카스트라토 가수 잠비넬라Zambinella도 벨루티를 염두에 두고 썼다고 알려졌다. 벨루티는 1833년에 무대에서 은퇴했다.

◇ 『로시니의 생애Vie de Rossini』(1824)

◇ 멘델스존은 1829년 5월 런던에서 벨루티의 노래를 듣고 악몽까지 꾸었다고 썼다.

테너, 오페라의 새로운 주인공

그러면서 바로크 시대에는 별로 중요하지 않았던 테너, 바리톤, 베이스의 비중이 늘어나기 시작했다. 특히 카스트라토가 퇴장하면서 생긴 거대한 공백을 메꾼 것은 테너와 메조-소프라노였다. 우선 19세기 초중반에 활동한 여러 메조-소프라노, 혹은 소프라노 스포가토soprano sfogato◎는 카스트라토들의 장식음, 기풍, 제스추어를 전수받았거나 모방한 '카스트라토풍' 가수였다. 스탕달은 오페라에서 카스트라토 가수가 사라졌음을 매우 아쉽게 여긴 사람인데, 그가 주디타 파스타Giuditta Pasta◎를 가리켜 카스트라토가 사라진 손실을 치유하는 상징적 존재라고 선언한 건 의미심장하다. 그런가 하면 조르주 상드George Sand와 쥘 상도Jules Sandeau가 공동으로 쓴 소설 『장미와 백색Rose et Blanche』을 보면 주인공이 로시니 오페라 〈탕크레디Tancredi〉를 보면서 거의 끝부분에 가서야 전사 역을 맡은 가수가 주디타 파스타임을 알아채는 대목이 나온다. 또 마이어베어는 초연 이듬해인 1825년에 〈이집트의 십자군〉을 파리 무대에 올리면서 벨루티를 위해서 썼던 주인공 배역을 파스타에게 맡기고 악보도 수정했다. 오늘날 이

◎ 소프라노 스포가토는 콜로라투라 소프라노의 음역까지 부를 수 있는 알토 및 메조-소프라노 가수를 일컫는 명칭이다. 19세기 초중반에 활동했던 주디타 파스타, 마리아 말리브란Maria Malibran, 폴린 비아르도Pauline Viardot, 그리고 20세기의 마리아 칼라스Maria Callas가 이에 해당된다.

◎ 도니체티의 〈안나 볼레나Anna Bolena〉, 벨리니의 〈몽유병에 걸린 여인La sonnambula〉, 〈노르마Norma〉의 여주인공 역은 파스타를 위해서 만들어졌다.

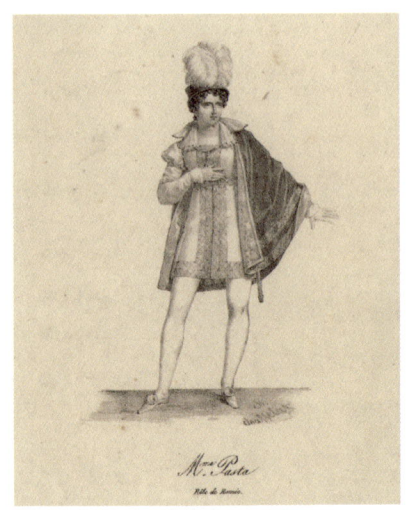
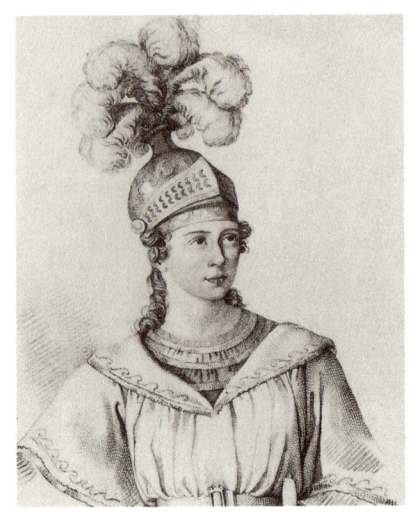

(좌) 로미오로 출연한 주디타 파스타(1821)
(우) 로미오로 출연한 마리아 말리브란(1832)

들의 흔적은 위대한 벨칸토 오페라의 여주인공 역, 그리고 벨리니 오페라 〈카풀레티가와 몬테키가 I Capuletti e i Montecchi〉의 로미오 같은 이른바 '바지 배역'에 남아있다.

하지만 오페라의 새로운 주인공으로 떠오른 주인공은 무엇보다도 테너였다. 프랑스를 제외하면◈ 바로크 시대에 테너 가수는 대체

◈ 프랑스 작곡가와 청중은 카스트라토보다 일종의 하이 테너인 오트-콩트르 haute-contre를 선호했다. 륄리와 라모 오페라에는 카스트라토 가수가 등장하지 않으며, 글루크도 1774년에 〈오르페오와 에우리디체〉를 파리에서 상연할 때 오르페우스 역을 카스트라토(알토)에서 오트-콩트르로 수정했다.

옛 음악, 새 연주

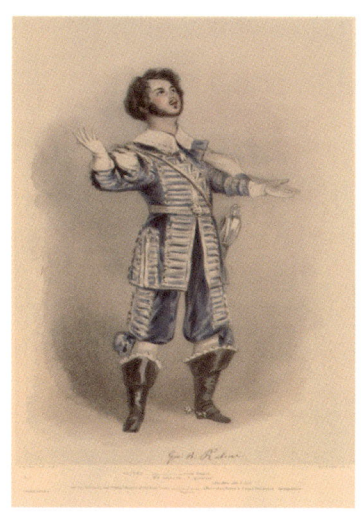

제임스 레인, 〈청교도〉에 출연한
조반니 바티스타 루비니(1835년경)

로 오페라에서 조역을 맡았다. 대부분 음색이 어둡고 음역이 낮은 이른바 바리테너^{baritenor}로, 가령 헨델 오페라의 테너 음역은 A음 이상 올라가는 법이 없다. 하지만 이제 새로운 테너들이 등장했다. 테노레 콘트랄티노^{tenore contraltino}라 불렸던 이들 테너 가수는 대부분 카스트라토에게 가창을 배웠거나 그들의 영향을 많이 받아서◇ 흉성과 두성을 자연스럽게 오르내리며 노래했다. 남성의 힘과 여성의 부드러움을 결합했다는 점에서 현대의 카운터테너들과 비슷한 면이 있다.

◇ 주디타 파스타 역시 크레센티니에게 배웠다.

1816년에 로시니의 〈세비야의 이발사Il barbiere di Siviglia〉의 알마비바 백작 역을 초연한 마누엘 가르시아Manuel García는 19세기에 등장한 최초의 '근대적' 테너라고 불린다. 그는 1812년에 이탈리아에 와서 벨칸토 가창을 습득했으며 새로운 시대의 감성에 어울리는 좀 더 무거운 음성을 내게 되었다. 하지만 그 역시 혼자서 소프라노-테너 이중창을 노래할 수 있을 정도로 완벽한 팔세토 창법을 지녔다고 한다. 실제로 가르시아가 쓴 성악 교본을 보면 포르타멘토를 설명하면서 벨루티의 가창을 실례로 든다. 이어서 등장한 조반니 바티스타 루비니Giovanni Battista Rubini는 최초의 슈퍼스타 테너로 꼽힌다. 벨리니의 1834년작 〈청교도I puritani〉의 남자 주인공 아르투로 역은 루비니를 위해서 쓰였는데, 4중창 「불행한 여인Credeasi, misera」에서 거의 소프라노 음역인 하이F음까지 올라간다. 또 도니체티의 〈연대의 딸La fille du régiment〉에 나오는 테너 아리아에서는 하이C음이 여덟 번 등장한다. 이는 루비니 같은 당시 테너 가수들이 21세기 가수들을 압도하는 고음을 지녔기 때문이 아니라, 카스트라토들이 200년 동안 연마했던 장식음 기교를 모방하여 흉성과 두성을 절묘하게 오가면서 노래했기 때문이었다. 오늘날 오페라 무대에서 테너들이 팔세토로 하이C를 노래한다면 누구나 비웃겠지만, 이런 섬세함과 부드러움이야말로 19세기 초반까지 빛을 발했던 벨칸토 가창의 핵심이었다.

현대적 테너의 등장
그런 면에서 카스트라토가 오페라 극장에서 완전히 사라진

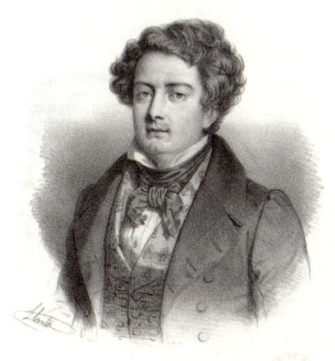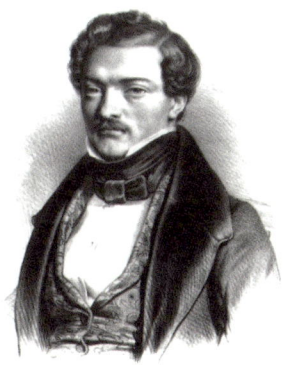

(좌) 자크 프랑수아 얀타, 「아돌프 누리」(1830)
(우) 루이 후아르트, 샤를 필리퐁, 「질베르 뒤프레」(1839)

1830년대부터 흉성으로 강력한 하이C를 내는 새로운 타입의 테너 가수들tenore di forza이 등장하기 시작한 건 우연이 아니다. 카스트라토 교습법이 아니라 자신들만의 새로운 음향을 추구하는 테너 가수들이 나타난 것이다. 그리고 마침내 질베르 뒤프레Gilbert Duprez가 1837년 4월 17일, 로시니 〈기욤 텔Guillaume Tell〉 파리 공연에서 사상 처음으로 무대에서 흉성으로 내는 하이C를 선보이며 파란을 일으켰다. 뒤프레는 훗날 직접 쓴 성악 교본에서 흉성을 가능한 한 고음까지 올려서 강한 효과를 내라고 주문했는데, 그야말로 '현대 테너의 탄생'이라고 할 만하다. 물론 처음부터 모든 이들이 새로운 가창을 환영하지는 않았고 청중의 반응은 극과 극으로 나뉘었다. 뒤프레가 등장하기 이전 파리 오페라 극장의 간판스타이자 우아한 옛 가창법을 고수했던 아돌프 누리Adolphe Nourrit는 혐오감을 표명했고, 로시니는 뒤프레의 고음이 "거세한 수탉의 목을 딸 때 나는, 꽥꽥거리는 소리"처럼 들린다고 혹평했다. 하지만 이미 시대의 흐름은 바뀌었고, 누구도 이를 되돌릴 수는 없었다. 파리 청중은 점점 더 뒤프레에게 열광했고, 정상에서 밀려난 누리는 자신도 새로운 가창법을 배우고자 파리를 떠나 이탈리아로 갔지만, 끝내 실패하고 자살하고 말았다. 이렇게 벨칸토의 전설은 역사의 뒤안길로 사라졌다.

벨칸토의 전설을 탐구하다 보면, 결국 클래식 음악의 상징처럼 된 테너와 소프라노의 화려한 고음은 비교적 '새로운 현상'이면서 내면에는 훨씬 더 오래된 전통을 품고 있음을, 그리고 벨리니나 도니체티 오페라를 불렀던 19세기 초 명테너들의 노래는 파리넬리 같은 카스트라토 가수처럼 영원히 사라졌음을 깨닫게 된다. 옛 음악과 연주 관습을 다시 찾는 여행은 흥미진진하고 소중하지만, 때로는 이렇게 쓸쓸하기도 하다.

추천 음반

† Arias for Rubini
Juan Diego Flórez, Robert Abbado, Accademia Nazionale di
Santa Cecilia
(Decca)

† Contra-Tenor
Michael Spyres, Francesco Corti, Il Pomo D'oro
(Erato)

† Baritenor
Michael Spyres, Marko Letonja, Orchestre philharmonique de
Strasbourg
(Erato)

† Maria
Cecilia Bartoli, Ádám Fischer, Orchestra La Scintilla
(Decca)

† The Age of Bel Canto
Joan Sutherland
(Decca)

† Souvenir of a Golden Era
Marilyn Horne, Henry Lewis, Orchestre de la Suisse Romande
(Decca)

18장

다양한 음악과 다양한 피아노

클래식 음악 하면 가장 먼저 떠오르는 악기는 무엇일까? 수많은 대답이 있겠지만, 아마 가장 많이 선택받는 악기는 피아노가 아닐까 싶다. 그만큼 대중적인 악기고, 또 최근에는 젊은 우리나라 연주자들이 큰 인기를 얻으면서 더 그런 것 같다. 그런데 피아노가 지난 300여 년 동안 그 어떤 악기와도 비교할 수 없을 만큼 극적이고 근본적인 변화를 거친 악기라는 사실은 잘 알려지지 않았다. 다행스럽게도 지난 반세기 동안 옛 피아노의 복원 및 복제 기술이 크게 발전하고 음악에 대한 이해가 깊어지면서 과거 '모든 면에서 열등한 악기'라고 폄하되었던 옛 피아노가 사실은 현대 피아노와는 전혀 다른 표현과 장점을 갖춘 악기이며, 악기의 변화에는 음악뿐만 아니라

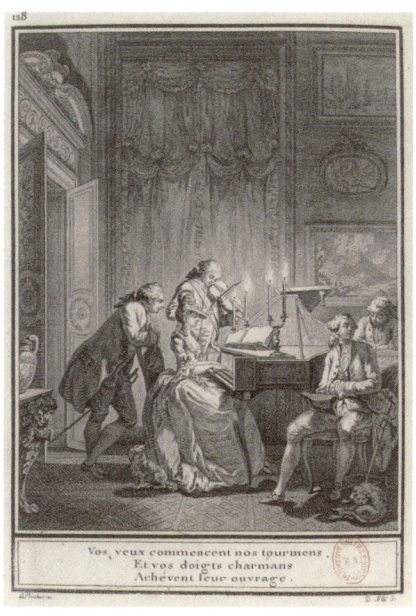

프랑수아 드니 네, 「연주회」(1773)
살롱에서 펼쳐지는 내밀하고 친밀한 가정 음악회를 묘사한 그림.
당시 바이올린 반주가 달린 건반 소나타는 총보만 출판되는 경우가 많아서
바이올리니스트는 건반 연주자 어깨 너머로 악보를 봐야 했는데, 이 그림에서도 여성이 연주하는
하프시코드에만 악보가 있고 남성은 건반 앞에 놓인 악보를 보며 연주한다.

사회의 변화도 숨어있음을 알게 되었다. 악기가 '진화'한 것이 아니
라 '변화'한 것이라는 인식이 공감을 얻었다고나 할까? 그렇다면 그
변화는 어떻게 일어났던 것일까?

◇ 현대에는 '포르테피아노'가 옛 피아노를 아우르는 명칭으로 주로 쓰인다. 대개 19세
기 초반의 피아노까지를 포르테피아노로 부르는데, 그 경계에 대해서는 다른 의견도
있다.

피아노의 등장

'망치(해머)'로 줄(현)을 때려서 음을 내는 건반 악기, 즉 타현 건반 악기는 사람들이 흔히 생각하는 것보다 훨씬 오래된 개념이다. 하지만 그런 악기가 일관적인 흐름으로 이어지지는 못했고, 17세기 후반 이탈리아의 악기 제작자 크리스토포리Bartolomeo Cristofori가 등장하면서 드디어 '피아노'의 역사가 시작되었다. 크리스토포리는 피렌체의 메디치 궁정에서 일하면서 기존의 건반 악기를 개선하기 위한 다양한 시도를 했는데, 1700년 무렵 '부드러운 소리와 큰 소리를 낼 수 있는 새로운 방식…di nuova inventione, che fa'il piano, e il forte…의 대형 건반 악기'를 만들었다. 피아노의 탄생이었다. 물론 크리스토포리가 만든 악기는 오늘날의 피아노와는 상당히 달랐다. 하지만 회전하는 해머와 이스케이프먼트escapement,[2] 강한 장력을 갖춘 현 등 혁신적인 발상 대부분이 현대 피아노까지 이어졌다는 점에서 그를 '피아노의 아버지'라고 부르는 것은 당연한 일이다.

크리스토포리는 자신이 만든 악기가 장차 기존의 건반 악기를 모조리 밀어내고 '악기의 여왕'이 되리라고는 예상하지 못했을 것이다. 실제로 새 악기는 이탈리아에서 그다지 인기를 얻지 못했고, 마페이Scipione Maffei는 1711년에 쓴 글[3]에서 소리가 작고 부드러운 피

---

[2] 이스케이프먼트(이탈 장치)는 피아노 건반을 눌렀을 때 해머가 현을 때리고 다시 원위치로 돌아가게 만드는 장치로, 피아노 제작에서 핵심적인 요소다.

[3] *Nuova invenzione d'un Gravecembalo col piano, e forte*(1711)

옛 음악, 새 연주

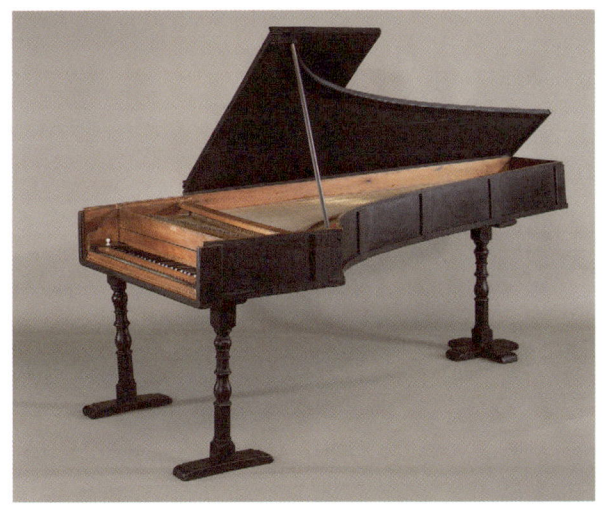
크리스토포리 피아노(1720)

아노는 성악이나 악기 한 대를 반주하기엔 좋지만 대규모 앙상블에
는 적합하지 않다고 기술했다. 하지만 시간이 흐르면서 서서히 유
럽 각지로 퍼져 나갔는데, 가령 에스파냐에서 활동했던 도메니코 스
카를라티의 건반 소나타 중 일부는 피아노를 위한 작품인 듯하다.
피아노를 위한 것이라고 명기된 최초의 작품은 루도비코 주스티니
Lodovico Giustini의 소나타집(1732)이다. 하지만 피아노가 진정한 의미
에서 새로운 생명을 얻은 것은 독일로, 18세기 말이 되면 이탈리아
사람들조차 피아노가 '독일 악기'라고 생각할 정도였다. 피아노는 이
미 1720년대에 독일에 알려졌으며 곧 독일 제작자들이 크리스토포
리 모델을 따른 악기를 제작하기 시작했다. 바흐가 쾨텐에서 라이프
치히로 이주한 때와 비슷한 시기였다.

바흐의 피아노

오르간을 제외하면, 바흐가 활동했던 18세기 전반의 가장 대표적인 건반 악기는 하프시코드harpsichord◈와 클라비코드clavichord였다. 하지만 바로크 시대에는 우리가 생각하는 것보다 훨씬 더 다양한 건반 악기가 있었고, 바흐는 새로운 악기를 실험하는 데 매우 적극적이었다. 바흐가 연주한 건반 악기는 꽤 다양했던 것 같다. 세상을 떠났을 때 작성된 유산 목록을 보면 다섯 대의 하프시코드와 두 대의 류트-하프시코드lautenwerck에 스피넷spinet도 보인다. 바흐가 아주 좋아했다고 알려진 클라비코드가 목록에 없고 또 세상을 떠나기 전에 이미 중요한 악보와 유산을 분배했음을 고려하면 본래는 이보다 더 많은 건반 악기가 있었던 것 같다. 그렇다면 피아노는 어떨까?

1733년 6월, 『라이프치히 신문』은 바흐가 음악감독으로 활동했던 콜레기움 무지쿰 연주회를 알리면서 "이곳에서 이제까지 선보인 적이 없는 새로운 클라비침벨Clavicymbel을 연주한다"라는 광고를 냈다. 이 악기가 피아노였는지에 관해서는 여전히 논란이 있지만, 혹시 아니었다고 하더라도 바흐가 이 무렵 실제로 피아노를 직접 접하고 연주했음은 의심의 여지가 없다. 바흐와 가까운 사이였던 악기

◈ 영어로는 하프시코드, 독일어로는 쳄발로cembalo, 프랑스어로는 클라브생clavecin, 이탈리아어로는 클라비쳄발로clavicembalo 등 다양한 명칭으로 불린다. 이 책에서는 일관성을 위해서 하프시코드라고 표기했지만, 이 챕터에서는 문맥을 이해하는 데 필요하기 때문에 독일어 명칭인 쳄발로도 함께 사용하기로 한다.

옛 음악, 새 연주

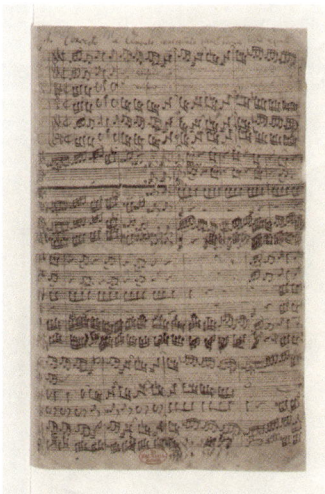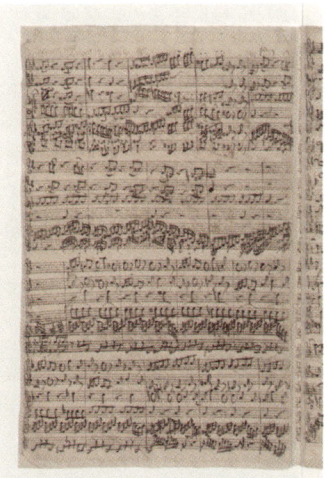

바흐, 건반 협주곡 D단조 BWV 1052 자필 악보
첫머리에 'cembalo'라고 쓴 바흐의 필적을 확인할 수 있다.

제작자 질버만Gottfried Silbermann이 1730년대 초반부터 피아노를 만들어서 작센 선제후에게 바치고 또 판매하기 시작했기 때문이다. 바흐의 제자였던 아그리콜라Johann Friedrich Agricola는 질버만에게 직접 들은 이야기를 전해준다. 바흐가 질버만이 제작한 피아노를 연주해본 다음에 음색은 아름답지만 고음역이 약하고 액션이 무겁다며 비판했고, 몇 년 뒤 그의 조언에 따라 개량된 악기에는 만족했다는 것이다. 이 이야기는 흔히 바흐가 피아노를 별로 좋아하지 않았다는 예로 많이 인용되지만, 엄밀히 말하면 정반대의 뜻으로도 해석할 수 있다.

이와 관련해서 에바 바두라-스코다Eva Badura-Skoda를 비롯한 몇몇 음악학자들은 바흐가 건반 협주곡 악보에 기입한 '쳄발로cembalo'가 현재 우리가 '쳄발로(하프시코드)'라고 부르는 악기만을 뜻한다는 생각은 선입견이라고 말한다. 당시 '쳄발로'는 '피아노와 포르테를 낼 수 있는 쳄발로cembalo che fa il piano e il forte', 즉 피아노도 포함하는 포괄적인 개념이었다는 뜻이다. 실제로 1770년대까지도 독일에서는 ― 이탈리아나 영국에서는 더 늦게까지 ― 피아노를 그냥 쳄발로나 침발로cimbalo라고 부르는 경우가 많았다.◈ 그런가 하면 프로이센 국왕 프리드리히 2세는 질버만의 피아노를 좋아해서 여러 대 사들였는데 (지금도 세 대가 남아있다), 노바흐가 1747년 5월에 포츠담 궁정을 방문했을 때 대왕이 내준 주제에 의한 푸가를 피아노로 즉흥 연주한 일화는 유명하다. 그렇게 보면 앞서 언급한 유산 목록에 나오는 하프시코드 중 일부는 피아노였을 가능성도 있고, 1730년대 이후에 쓴 작품에는 피아노의 흔적이 담겼을 수 있다. 특히 건반 협주곡은 사실은 '피아노 협주곡'일 수도 있다! 물론 바흐나 프리드리히 2세, 카를 필리프 에마누엘 바흐가 알았던 피아노는 현대의 그랜드 피아노와는 많이 다른 악기였지만 말이다.

◈   가령 모차르트는 피아노 협주곡 악보의 피아노 파트에 거의 언제나 '쳄발로'라고 썼고, 심지어 슈베르트도 10대 시절인 1812년에 쓴 피아노 트리오 B플랫장조(D28) 표지에 '쳄발로'라고 썼다가 나중에 '피아노포르테'라고 고쳐 쓴 적이 있다. 또 하이든이 1790년에 런던에서 교향곡을 연주했을 때, 영국 신문은 작곡가가 하프시코드를 연주하면서 지휘했다고 보도했지만 사실은 피아노였다.

C. P. E. 바흐의 피아노

이렇게 보면 바흐와 피아노의 관계는 우리가 생각하는 것보다 훨씬 더 가까웠지만, 근본적으로 보면 피아노가 바흐의 악기는 아니었던 것 같다. 결국 독일에서 피아노 음악은 바흐의 아들 세대에서 만개하게 된다. 자연이나 이상을 따르고자 했던 바로크 시대의 '모방의 미학'에서 벗어나 개인의 솔직한 감정을 표출하는 '표현의 미학'으로 옮겨가면서 중북부 독일에서는 흔히 '다감 양식'이라 불리는 새로운 사조가 등장했는데, 단지 갈랑트 양식의 아류라고 볼 수 없는 독자적인 음악이었다. 이 시대를 이끌었던 대표적인 작곡가는 바로 대바흐의 둘째 아들 카를 필리프 에마누엘 바흐Carl Philipp Emanuel Bach로, 그의 음악에 담긴 격렬한 화성이나 변화무쌍한 악상, 강렬한 셈여림의 대조는 19세기 낭만주의를 예고한다.

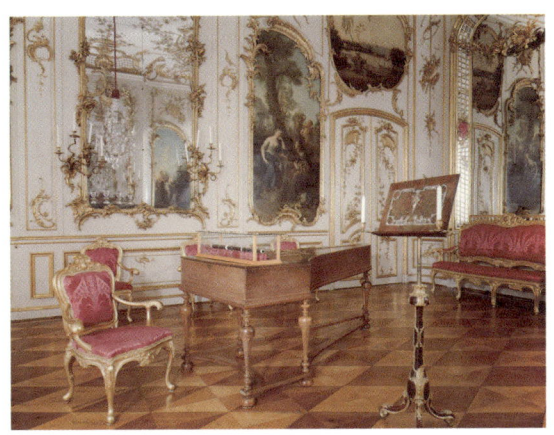

포츠담 상수시 궁전에 있는 질버만 피아노(1746)

그런 의미에서 새로 등장한 피아노는 갈랑트와 다감 양식에 부합하는, 바로 이들 세대를 위한 악기였다. 사실 바흐가 세상을 떠날 무렵부터 건반 악기와 연주법은 큰 변화를 보이기 시작했고, 에마누엘 바흐는 피아노 음악과 연주법에 크게 공헌했다. 에마누엘 바흐는 젊은 시절 클라비코드를 적극 옹호했지만, 시간이 흐르면서 뚜렷하게 피아노를 선호하게 되었다. 그가 쓴 역사적인 저서인 『참된 건반 악기 연주법에 관한 에세이Versuch über die wahre Art das Clavier zu spielen』◇나 후기 건반 작품을 보면 클라비코드와 하프시코드를 위한 음악과 연주법이 점차 새로운 피아노가 낼 수 있는 효과를 반영하며 변화하는 과정이 보인다. 가령 『에세이』 1부에서는 클라비코드가 피아노보다도 더 훌륭한 최고의 건반 악기라고 주장했던 에마누엘 바흐가 2부에서는 "음량을 서서히 늘이거나 줄일 수 있고… 댐퍼를 들어 올리는 스톱은 가장 즐거운 음역으로 즉흥 연주에 가장 매력적인 도구"라면서 피아노를 훨씬 더 긍정적으로 평가한다. 급기야 1780년대에 출판된 건반 소나타와 환상곡 작품집 표지에는 악기가 피아노fortepiano라고 명기되기에 이른다.

모차르트와 베토벤의 피아노
대략 1770년대부터는 각자 독자적인 두 가지 방식의 피아노가 나란히 발전하기 시작했는데, 그 액션 메커니즘이 서로 확연히 달랐

◇　1부는 1753년, 2부는 1762년에 출판되었다.

다. 먼저 빈식 피아노로, 악기의 몸체는 가벼웠고 액션은 단순하며 대단히 빠르고 가벼웠다. 즉 음량이 상대적으로 작고 소리도 빨리 사라지지만 연주자에게 대단히 민감하게 반응하는 악기였다. 가령 모차르트가 연주했던 슈타인Johann Andreas Stein이나 발터Anton Walter 피아노◇를 현대 피아노와 비교하면, 아니 심지어 베토벤의 악기와 비교해도 놀랄 만큼 투명하고 선명하며 낭랑하게 울린다. 1777년 아우크스부르크에서 슈타인의 공방을 방문한 모차르트는 아버지에게 악기를 칭찬하는 편지를 썼는데, 빈식 액션의 특징을 정확하게 설명하고 있다. 실제로 모차르트의 피아노 작품을 보면 섬세한 아티큘레이션으로 다채로운 표현을 만들어내고 또 각 음역의 서로 다른 음향을 잘 이용하는데, 선명하고 밝은 고음역과 독특하면서도 투명한 저음이 선명하게 구분되는 빈식 피아노를 떠나서는 설명할 수 없다.

　그다음으로는 영국식 피아노가 있었다. 이 피아노는 상대적으로 무겁고 깊은 터치를 요구했고 댐퍼도 (의도적으로) 다소 둔중했는데, 어쩌면 큰 연주회장에서 열리는 대중 음악회가 가장 먼저 발달한 영국의 음악 환경과도 관련이 있는 듯하다. 말하자면 소리가 풍부한 대신 상대적으로 둔하고 투박한 악기였다. 영국에서는 1767년에 최초로 대중 음악회에서 피아노가 등장했는데, 특히 요한 크리스티안 바흐의 협주곡과 소나타는 피아노가 널리 인기를 얻는 데 큰 역할을

◇　모차르트가 1782년 무렵에 구입해서 연주했던 안톤 발터 피아노는 현재 잘츠부르크 모차르테움 소장품이다.

했다. 또 18세기 후반 영국 최고의 피아노 제작자로 떠오른 브로드우드John Broadwood가 두세크Jan Ladislav Dussek의 요청으로 기존 5옥타브 건반의 아래위를 각각 반 옥타브씩 확장한 일화는 유명하다. 크게 볼 때 현대 피아노는 영국식 피아노의 후손인 만큼 영국식 피아노가 승리했다고 할 수 있다. 하지만 하이든, 모차르트, 베토벤, 슈베르트 등 피아노 음악을 확립한 작곡가들이 주로 빈식 피아노를 연주하고 이 악기에 어울리는 음악을 썼다는 점은 대단히 중요하다.

"새 악기(피아노)는 결코 장엄한 하프시코드를 왕좌에서 밀어내지 못할 것이다"◈라거나 "하프시코드와 비교하면 피아노는 철물상에나 어울리는 악기"◈라는 반발도 있었지만, 1770~1780년대가 되면 피아노는 유럽 곳곳에서 경쟁자들을 압도하기 시작했다. 바야흐로 피아노의 시대가 열린 것이다. 베토벤은 바로 이 무렵, 피아노가 급격하게 변화하는 시기에 등장했다. 가령 음역만 보아도 베토벤의 초기 피아노 작품은 5옥타브에 머물지만 〈하머클라비어Hammerklavier〉 소나타에 이르면 6옥타브 반에 이르는 건반을 활용한다. 그는 어린 시절에 슈타인이나 발터 등의 빈식 피아노를 연주하며 성장했지만, 나이가 들면서 에라르Érard나 브로드우드 등 영국식 피아노도 두루 섭렵했다. 베토벤과 빈식-영국식 피아노의 관계는 복잡하고 난해한 문제지만,⑩ 점차 음역이 넓어지고 음향이 풍부해지는 새로운 악기

◈　클로드 발바스트르가 1774년에 영국식 피아노를 듣고 파스칼 타스캥에게 한 말
◈　볼테르, 뒤 데팡 후작 부인에게 보낸 편지(1774)

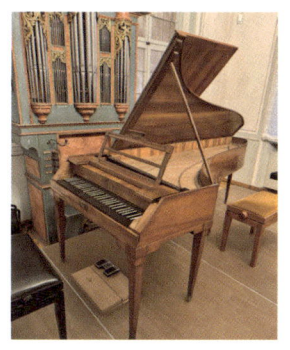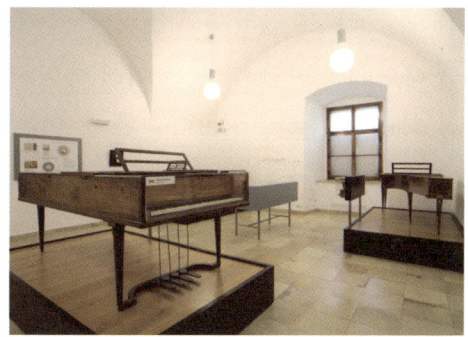

(좌) 모차르트의 피아노(안톤 발터, 1782년경)
(우) 베토벤의 피아노(에라르, 1803)

가 베토벤에게 영감을 주었고 또 그가 빈 제작자들에게 영향을 미쳤음은 분명하다. 특히 최근에는 에라르 피아노가 베토벤에게 미친 영향에 관해서 적극적인 토의가 이루어지는 중이다. 물론 19세기까지 이어진 빈식 피아노의 핵심인 가벼운 액션과 명쾌한 저음은 베

◈ 영국식 피아노가 베토벤의 후기 소나타에 미친 영향에 관해서는 서로 다른 견해가 맞선다. 특히 빈식 피아노를 지지하는 이들은 베토벤이 에라르와 브로드우드 피아노에 만족하지 못했다는 사실을 강조하는 경향이 있다. 하지만 최근에는 이들 악기, 특히 에라르 피아노가 〈발트슈타인〉 소나타 이후 베토벤 음악에 미친 영향에 관해서 좀 더 다양하고 깊이 있는 논의가 이루어지는 중이다.

◈ 베토벤의 에라르 피아노에 관해서는 한 가지 재미있는 '전설'이 있다. 세바스티앙 에라르가 1803년에 베토벤에게 피아노를 선물했다는 이야기다. 하지만 실제로는 베토벤이 외상으로 구입한 악기였다. 하지만 베토벤은 끝내 대금을 지불하지 않은 채 악기가 선물이었음을 몇 차례에 걸쳐 암시했고, 훗날 베토벤이 위대한 거장으로 명성을 떨치게 되면서 에라르도 악기가 선물이었다고 주장했다.

토벤과 슈베르트 음악에도 뚜렷한 흔적을 남겼다. 가령 베토벤 피아노 소나타에서 만날 수 있는 여러 마디에 걸친 페달링이나 스포르찬도sforzando, 슈베르트 소나타에 흔히 등장하는 촘촘한 왼손 화음 위로 높이 치솟는 오른손 선율 같은 부분은 현대 피아노로는 만족스럽게 표현하기 쉽지 않다.

쇼팽과 브람스의 피아노

19세기에도 다양한 형태의 피아노가 공존하면서 서로 경쟁했다. 프랑스의 세바스티앙 에라르는 이중 이스케이프먼트 액션(1821)을 고안해서 '현대 피아노 액션의 아버지'라 불린다. 하지만 연주회장이 점점 더 커지고 리스트나 탈베르크, 안톤 루빈시테인Anton Rubinstein 같은 화려한 비르투오소들이 등장하면서 점차 영국식 피아노가 주도권을 잡게 되었다. 그리고 1820년대에서 1850년대에 걸쳐 해머를 감싸는 부드러운 펠트, 엄청난 장력을 견디는 금속 프레임과 여기에 교차로 배열된 현 등 새로운 고안이 속속 등장했다. 1853년 미국에서 설립된 스타인웨이Steinway 피아노는 19세기 중후반의 이런 흐름을 상징하는 악기로, 지난 100여 년 동안 만들어진 피아노는 대부분 스타인웨이 모델을 따랐다고 해도 과언이 아니다. 그 결과 피아노는 넓은 연주회장을 채울 수 있는 큰 소리, 노래하듯 길고 부드럽게 지속되는 음향과 모든 음역에서의 고른 음색을 갖춘 악기가 되었다. 라흐마니노프의 피아노 작품은 아마 현대 피아노의 완성을 알리는 상징적인 결과물이라고 할 수 있겠다. 무대 위에서 위용을 뽐내

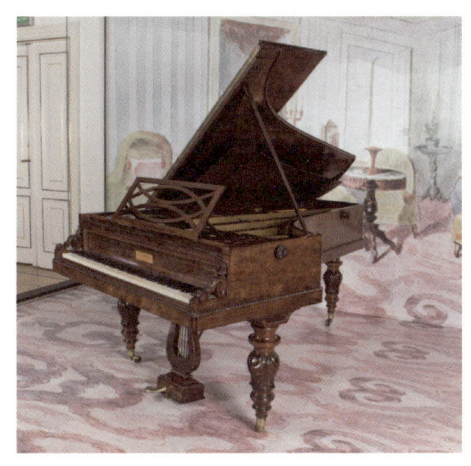

쇼팽의 피아노(플레옐, 1848)
현재 폴란드 쇼팽 협회의 소장품인 이 악기는 쇼팽이 생애 마지막에
소장했던 악기로, 일련번호는 14810번이다.

는 그랜드 피아노는 크리스토포리 이래 피아노 제작 기술의 결정체
이자 완성품인 동시에, 풍요로운 다양성을 배제하고 고도로 기계화
된 '공산품'이기도 하다.

　하지만 19세기 후반까지 옛 전통을 따른 피아노도 사라졌던 것
은 아니다. 여러 피아노 제작자들이 옛 전통과 새로운 변화의 균형
을 추구하면서 악기를 만들었고, 섬세한 음향을 선호하는 음악가와
청중에게 사랑받았다. 평생 악기에 대단히 민감했던 쇼팽이 대표적
인 경우다. 그는 파리로 이주한 뒤 프랑스를 대표하는 플레옐^{Pleyel}과
에라르 피아노를 모두 연주했지만, 에라르보다 섬세한 뉘앙스에 예
리하게 반응하는 플레옐 피아노를 더 좋아해서 "더할 나위 없는^{non}
plus ultra 악기" 라고 불렀다. 또 자신이 선호하는 피아노에 관해서

"기분이 가라앉은 날에 나는 이미 다듬어진 음색을 쉽게 찾을 수 있는 에라르 피아노를 연주한다. 하지만 활력이 넘치고 내 소리를 찾을 수 있을 정도로 기운이 좋은 날에는 플레옐 피아노가 필요하다"라고 말했다고 한다.[43] 에라르 피아노를 더 좋아했던 리스트와는 대조적이다. 그런가 하면 브람스 역시 목제 프레임과 평행으로 배열된 현을 갖춘 전통적인 빈식 슈트라이허J.B.Streicher 피아노를 좋아해서 세상을 떠날 때까지 소장했다. 그런데 다른 한편으로는 말년에 자신의 피아노 협주곡을 연주할 때는 최신 베히슈타인Bechstein이나 스타인웨이 피아노로 연주하라고 주문하기도 했다. 어쩌면 19세기 피아노의 두 가지 상반된 모습을 상징적으로 보여주는 일화가 아닐까 싶다.

피아노가 이렇게 큰 변화를 거치면서 피아노의 사회적 역할과 상징성도 바뀌었다. 18세기에 건반 악기는 여성을 상징하는 악기였다. 연주 자세 같은 사회 통념과 규범 측면에서도 여성에게 어울리는 악기라는 인식이 있었지만, 더불어 귀족뿐만 아니라 중산층 시민, 특히 여성도 음악 교육을 받게 되면서 대개 집안에서 가장 음악적으로 뛰어난 여성들이 연주하는 하프시코드나 피아노가 주도하고 바이올린(주로 남성이 연주했다)이 반주하는 형식이 가정(살롱) 음악에 잘 어울렸기 때문이다. 당대에 만들어진 그림과 판화를 보면 대

---

[42] 티투스 보이치에호프스키Tytus Woyciechowski에게 보낸 편지(1831)

[43] 이폴리트 바르베데트Hippolyte Barbedette, *Chopin. Essai de critique musicale*(1861)

개 여성이 건반 악기를 연주하고 남성은 바이올린을 연주하는 경우가 많다. '바이올린 반주가 붙은 건반 소나타'인 모차르트 초기 바이올린 소나타가 바로 그런 시대적 상황을 반영하는 작품이다. 이렇게 피아노가 여성에 어울리는 '거실의 악기'라는 인식은 19세기 내내 지속되었지만 오케스트라에도 맞설 수 있는 강력한 힘을 갖춘 악기로 변하면서 조금씩 옅어졌고, 지금은 오히려 남성에게 유리한 악기라고 생각하는 견해도 있는 듯하다.

다양한 세상의 다양한 피아노

이렇게 피아노는 지난 3세기 동안 계속 변화하며 오늘에 이르렀다. 그러면서 성인 남성 체중 정도의 무게였던 피아노는 500kg이 넘는 거인으로 탈바꿈했다. 음악가와 제작자, 청중, 연주회장, 그리고 대중의 인식이 끊임없이 서로 영향을 주고받은 결과다. 하지만 모던 피아노의 승리가 확실해진 것 같았던 20세기 중반부터 박물관에나 어울릴 것 같았던 옛 피아노와 그 복제 악기가 다시 무대에 등장하기 시작했고, 오늘날에는 당대 (스타일의) 피아노로 연주하는 모차르트나 베토벤도 자연스러운 우리 음악 문화의 일부가 되는 중이다. 가령 크리스티안 베자위덴하우트Kristian Bezuidenhout 같은 연주자는 스타의 반열에 올랐고, 세계 최고의 음악 콩쿠르 중 하나로 꼽히는 쇼팽 콩쿠르를 주최하는 폴란드의 쇼팽 협회도 2018년부터 역사적인 피아노로 연주하는 콩쿠르를 따로 개최하기 시작했다.

그렇다면 이제 현대 피아노로 옛 음악, 특히 바흐를 연주하면 안

되는 걸까? 물론 그렇지는 않다. 바흐나 바로크 음악의 경우, 배음^{倍音}이 상대적으로 부족하고 타악기적인 특성이 강한 현대 피아노가 잘 어울리지 않는다는 건 사실이다. 또 꼭 단점이라고 말할 수는 없지만, 아고기크^{agogic}⑪처럼 하프시코드에서는 대단히 중요한 표현 방법이 피아노에서는 과장되기 쉽다는 점도 덧붙여야겠다. 그런데 배음이 부족한 피아노가 오케스트라의 다른 악기들과 잘 섞이지 않아서 콘티누오 악기로 적합하지 않다지만, 로버트 레빈^{Robert Levin} 같은 연주자는 다채로운 상상력으로 콘티누오에서도 인상적인 연주를 들려준다. 일찍이 "문제는 언제나 악기가 아니라 연주자에 있다"라고 했던 로잘린 투렉의 선언이 다시금 생각나는 대목이다. 옛 건반 악기뿐만 아니라 현대 피아노로도 모차르트나 베토벤은 물론 바흐를 멋지게 연주할 수 있고, 또 당연히 그래야만 한다. 우리가 바흐와 모차르트와 베토벤을 연주하고 듣는 이유는 당대로 돌아가고자 함이 아니고 지금 현재를 위해서이기 때문이다. 다만 고유한 특징과 매력을 지키면서도 음악 양식에 관한 이해를 바탕으로 클라비코드와 하프시코드, 옛 피아노의 특성과 연주 양식을 참조해서 더욱 다채로운 '어휘'를 갖춰야 한다. 그것이 다양성의 시대에 사는 현대 피아노가 짊어져야 하는 의무이자 영예다.

---

⑪　엄격한 템포나 리듬에 미묘한 변화를 주어 다양한 색채감을 표현하는 연주 방법

추천 음반

† Giustini: Sonate da cimbalo di piano e forte
Wolfgang Brunner
(CPO)

† Bach: Musical Offering
Il Gardellino
(Passacaille)

† Mozart: Piano Concertos K467, K491
Robert Levin, Academy of Ancient Music
(AAM)

† Beethoven and His French Piano
Tom Beghin
(Evil Penguin Records Classic)

† The Real Chopin – Complete works on period instruments
Various Artists
(The Fryderyk Chopin Institute)

도판 출처

옛 음악 새 연주

초판 1쇄 펴냄   2024년 7월 10일
초판 3쇄 펴냄   2025년 10월 20일

지은이   이준형

펴낸곳   풍월당
출판등록   2017년 2월 28일 제2017-000089호
주소   [06018] 서울시 강남구 도산대로53길 39, 4,5층
전화   02-512-1466
팩스   02-540-2208
홈페이지   www.pungwoldang.kr

만든사람들
편집   조민영
디자인   정승현

ISBN 979-11-89346-70-6 03670